体育强国视域下
中外体育文化比较

何宁宁 丁毅 刘晨曦 田玮伦 编著

东华大学出版社·上海

图书在版编目(CIP)数据

体育强国视域下中外体育文化比较/何宁宁等编著. —上海:东华大学出版社,2022.9
ISBN 978-7-5669-2116-1

Ⅰ.①体… Ⅱ.①何… Ⅲ.①体育文化—对比研究—中国、国外 Ⅳ.①G80-054

中国版本图书馆 CIP 数据核字(2021)第 173183 号

责任编辑:竺海娟
封面设计:魏依东

体育强国视域下中外体育文化比较

何宁宁　丁　毅　刘晨曦　田玮伦　编著

出　　　版:东华大学出版社(上海市延安西路 1882 号　邮政编码:200051)
本 社 网 址:http://dhupress.dhu.edu.cn
天猫旗舰店:http://dhdx.tmall.com
营 销 中 心:021-62193056　62373056　62379558
印　　　刷:常熟大宏印刷有限公司
开　　　本:890 mm×1240 mm　1/32
印　　　张:10.25
字　　　数:300 千字
版　　　次:2022 年 9 月第 1 版
印　　　次:2022 年 9 月第 1 次印刷
书　　　号:ISBN 978-7-5669-2116-1
定　　　价:85.00 元

前　言

　　2019 年 8 月中共中央办公厅、国务院办公厅印发了《体育强国建设纲要的通知》，指出要大力弘扬中华体育精神，将其融入社会主义核心价值体系建设，倡导文明观赛、文明健身等体育文明礼仪，促进社会主义思想道德建设和精神文明创建；传承中华传统体育文化，加强优秀民族体育、民间体育、民俗体育的保护、推广和创新，推进传统体育文化的挖掘和整理，开展传统体育类非物质文化遗产的展示、展演活动，推动传统体育类非物质文化遗产进校园。中国要真正成为体育强国必须要有文化自信，而五千年的华夏文明孕育了多姿多彩的中国传统体育文化，足以让我们昂首挺胸立于世界之巅。

　　世界体育文化在"东学西渐"和"西学东渐"的双向迁移中，在经历了历史的文化碰撞之后走向融合，这是东西方体育文化发展的必然趋势，也是任何事物发展变化的一般规律。国际奥委会执行委员何振梁先生认为："普遍性必然要求文化上的多样性。当多种文化受到同样尊重的时候，普遍性才得以真正体现。"世界各民族丰富多彩的传统体育，不仅是民族文化的组成部分，也是世界文化的组成部分。

　　在中国倡导"人类命运共同体"的大背景下，高效的体育文化交流将会成为促进多元文化融合的重要手段，为"人类命运共同体"的进一步推进打下坚实基础。在当今世界文化多元交融的形势下，我们必须在平等基础上，一方面强调文化的多元性，理解和尊重各民族文化；另一方面倡导多元文化相互竞争，促进彼此交流融合。古语云："知己知彼，百战不殆"，值此"百年未有之大变局"，知己知彼不再是为了以武力战胜对方，而是为了更好地交流沟通，求同存异、取长补短，将人类的命运联结在一起。

在此背景下，《体育强国视域下中外体育文化比较》应运而生。本著旨在让国人对历史悠久且缤纷多彩的中国传统体育文化有更深入的理解，增强文化自觉与文化自信。本著共分六个章节，分别对中国传统体育文化渊源、中国传统体育文化的运动形态、世界各国体育文化、中外体育文化的比较与中外体育文化的交流与融合进行深入分析。通过对世界各国体育文化的阐述，以及与中国传统体育文化的比较，让读者清楚地了解各国体育文化的异同。

由于时间紧迫以及作者的能力限制，本著可能存在一定的局限性以及疏漏之处，希望各位专家学者不吝赐教，编著者将在再版之时加以修正。

最后，向为本著提供珍贵资料与宝贵建议的上海外国语大学曹德明教授、王骏教授、陆经生教授、汪宁教授、王有勇教授、谢建文教授、张建教授、吴其尧教授、高健研究员、杨阳教授、胡晶晶副教授。两位上海外国语大学学生张琦和崔雅晴收集资料并撰写第六章的第七节与第九节，在此也向他们表示衷心的谢意！

2022 年 9 月

目　录

第一章　绪论

第一节　研究背景 ·· 1

第二节　相关概念界定 ·· 2

　一、体育强国 ·· 2

　二、体育文化 ·· 5

第三节　国内外研究现状 ·· 8

　一、中外体育文化互动交流 ·· 8

　二、中外校园体育文化比较 ·· 9

　三、中外体育文化对体育产业发展的影响 ························· 9

第二章　中国体育文化的中国传统文化渊源

第一节　中国体育文化理念和思想渊源 ····························· 11

第二节　传统养生基础 ··· 16

　一、中国传统养生简介 ··· 16

　二、中国传统养生学的流派与内容 ································· 16

　三、中国传统养生的特点 ··· 17

　四、中国传统养生的功能 ··· 18

　五、中国传统养生的意义 ··· 19

　六、中国传统养生的规律 ··· 19

　七、中国传统养生学的境遇 ······································· 19

第三节　传统养生法与体育保健养生 ······························· 19

　一、四时养生法 ··· 20

　二、低温养生 ··· 21

　三、生活起居养生法 ··· 21

　四、饮食养生 ··· 22

　五、休闲养生 ··· 22

六、养生的六大要点 ……………………………………… 23

七、调理膳食　饮食养生 ………………………………… 25

八、适量运动　劳逸结合 ………………………………… 26

九、起居有常　作息规律 ………………………………… 26

第三章　中国传统体育文化的运动形态

第一节　传统养生功法之五禽戏 ………………………… 27

一、五禽戏的起源和发展 ………………………………… 27

二、各戏的练法欣赏 ……………………………………… 28

第二节　传统养生功法之易筋经 ………………………… 32

一、易筋经的起源和发展 ………………………………… 32

二、易筋经概述 …………………………………………… 32

三、易筋经动作 …………………………………………… 33

第三节　传统养生功法之八段锦 ………………………… 34

一、八段锦的起源和发展 ………………………………… 34

二、八段锦概述 …………………………………………… 35

三、八段锦欣赏 …………………………………………… 37

第四节　传统养生功法之六字诀 ………………………… 38

一、六字诀的起源和发展 ………………………………… 38

二、六字诀概述 …………………………………………… 39

三、六字诀欣赏 …………………………………………… 42

第五节　中国象棋 ………………………………………… 43

一、中国象棋的起源和发展 ……………………………… 43

二、中国象棋简介 ………………………………………… 44

三、中国象棋欣赏 ………………………………………… 45

第六节　围棋 ……………………………………………… 47

一、围棋的起源和发展 …………………………………… 47

二、围棋简介 ……………………………………………… 48

三、围棋欣赏 ……………………………………………… 49

第七节　中国太极拳 ……………………………………… 51

一、中国太极拳的起源和发展 …………………………… 51

二、太极拳简介 …………………………………………… 52

　　三、太极拳欣赏 …………………………………………………… 53

第八节　咏春拳 …………………………………………………… 54

　　一、咏春拳的起源和发展 ………………………………………… 54

　　二、咏春拳简介 …………………………………………………… 55

　　三、咏春拳欣赏 …………………………………………………… 57

第九节　赛龙舟 …………………………………………………… 58

　　一、赛龙舟的起源和发展 ………………………………………… 58

　　二、赛龙舟概述 …………………………………………………… 59

　　三、赛龙舟文化欣赏 ……………………………………………… 60

第十节　射艺 ……………………………………………………… 61

　　一、射艺的起源和发展 …………………………………………… 61

　　二、射艺概述 ……………………………………………………… 62

　　三、射艺欣赏 ……………………………………………………… 63

第四章　世界各国体育文化

第一节　法国体育文化 …………………………………………… 65

　　一、法国体育文化概览 …………………………………………… 65

　　二、法国传统体育项目 …………………………………………… 68

　　三、体育之于法国经济 …………………………………………… 75

第二节　美国体育文化 …………………………………………… 88

　　一、美国体育文化概览 …………………………………………… 88

　　二、美国传统体育项目 …………………………………………… 89

　　三、体育之于美国政治 …………………………………………… 102

第三节　日本体育文化 …………………………………………… 105

　　一、日本体育文化概览 …………………………………………… 105

　　二、日本传统体育项目 …………………………………………… 111

　　三、体育之于日本课程改革 ……………………………………… 127

第四节　西班牙体育文化 ………………………………………… 131

　　一、西班牙体育文化概览 ………………………………………… 131

　　二、西班牙传统体育项目 ………………………………………… 132

　　三、体育之于西班牙国家现代化改革 …………………………… 146

第五节　英国体育文化 …………………………………………… 147

一、英国体育文化概览 …………………………………………… 147

二、英国传统体育项目 …………………………………… 148

三、体育之于英国现代文化 …………………………………… 160

第六节　德国体育文化 …………………………………………… 164

一、德国体育文化概览 …………………………………………… 164

二、德国传统体育项目 …………………………………………… 170

三、体育之于德国文化和经济发展 …………………………… 176

第七节　俄罗斯体育文化 ………………………………………… 184

一、俄罗斯体育文化概览 ……………………………………… 184

二、俄罗斯传统体育项目 ……………………………………… 186

三、俄罗斯体育史 ……………………………………………… 189

第八节　阿拉伯体育文化 ………………………………………… 190

一、阿拉伯体育文化概览 ……………………………………… 190

二、阿拉伯传统体育项目 ……………………………………… 193

三、体育之于阿拉伯历史 ……………………………………… 194

第九节　希腊体育文化 …………………………………………… 196

一、希腊体育文化概览 ………………………………………… 196

二、希腊传统体育项目 ………………………………………… 200

三、希腊传统赛会活动 ………………………………………… 214

四、奥林匹亚赛会之于古希腊 ………………………………… 217

第五章　中外体育文化的比较

第一节　中法体育文化比较 ……………………………………… 221

一、体育文化内涵比较 ………………………………………… 221

二、中法体育文化差异形成的原因 …………………………… 222

第二节　中美体育文化比较 ……………………………………… 223

一、体育文化内涵比较 ………………………………………… 223

二、传统体育项目比较 ………………………………………… 224

三、中美体育文化差异形成的原因 …………………………… 226

四、美国体育文化对我国的启示 ……………………………… 228

第三节　中日体育文化比较 ……………………………………… 229

一、体育文化内涵比较 ………………………………………… 229

二、传统体育项目比较——以日本相扑

运动与我国武术运动为例 ·············· *230*

三、中日体育文化差异形成的原因 ·············· *232*

第四节　中西体育文化比较 ·············· *233*

一、体育文化内涵比较 ·············· *233*

二、传统体育项目比较 ·············· *234*

三、中西体育文化差异形成的原因 ·············· *235*

四、西班牙体育文化对我国的启示 ·············· *236*

第五节　中英体育文化比较 ·············· *237*

一、体育文化内涵比较 ·············· *237*

二、传统体育项目比较 ·············· *239*

三、中英体育文化差异形成的原因 ·············· *240*

四、英国体育文化对我国的启示 ·············· *241*

第六节　中德体育文化比较 ·············· *242*

一、体育文化内涵比较 ·············· *242*

二、中德体育文化差异形成的原因 ·············· *242*

三、德国体育文化对我国的启示 ·············· *245*

第七节　中俄体育文化比较 ·············· *246*

一、体育文化内涵比较 ·············· *246*

二、俄罗斯体育文化对我国的启示 ·············· *247*

第八节　中希体育文化比较 ·············· *249*

一、轴心时代的中国与希腊世界 ·············· *249*

二、轴心时代的中国与古希腊体育文化概念 ·············· *252*

第六章　中外体育文化的交流与融合

第一节　中法体育交流与合作 ·············· *257*

一、法国体育国际合作理念 ·············· *257*

二、法国体育在中国 ·············· *258*

三、中国体育在法国 ·············· *260*

四、中法体育人文交流机制 ·············· *261*

第二节　中美体育交流与合作 ·············· *261*

一、中美体育交流历史渊源 ·············· *261*

二、中美体育合作之于两国关系 ……………………………… 263

三、中美友好结对城市的体育交流 ……………………… 265

第三节　中日体育交流与合作 …………………………………… 268

一、中日体育交流历史渊源 ……………………………… 268

二、中日体育合作之于两国关系 ………………………… 269

三、中日友好结对城市的体育交流 ……………………… 269

第四节　中西体育交流与合作 …………………………………… 270

一、中西体育合作之于两国关系 ………………………… 270

二、中西友好结对城市的体育交流 ……………………… 272

第五节　中英体育交流与合作 …………………………………… 274

一、中英"足球外交"历史渊源 ………………………… 274

二、中英体育交流活动 …………………………………… 279

第六节　中德体育交流与合作 …………………………………… 282

一、中德体育交流历史渊源 ……………………………… 282

二、中德体育合作之于两国关系 ………………………… 288

第七节　中俄体育交流与合作 …………………………………… 291

一、中俄体育交流历史渊源 ……………………………… 291

二、新时代中俄体育外交的发展策略 …………………… 298

第八节　中阿体育交流与合作 …………………………………… 302

一、中阿文化交流中的体育文化 ………………………… 302

二、中阿体育交流历史渊源

　　——"一带一路"背景下 ………………………… 304

三、中阿体育合作之于两国关系 ………………………… 310

四、中阿体育文化交流路径的优化 ……………………… 311

第九节　中希体育交流与合作 …………………………………… 317

第一章 绪 论

第一节 研究背景

党的十八大报告指出，文化是民族的血脉，是人民的精神家园。全面建成小康社会，实现中华民族伟大复兴，必须推动社会主义文化大发展大繁荣，兴起社会主义文化建设新高潮，提高国家文化软实力，发挥文化引领风尚、教育人民、服务社会、推动发展的作用。"党的十九大正式提出建成"体育强国"的目标后，"体育强国"成为体育学界的热点议题。

2020年9月22日，习近平总书记在教育文化卫生体育领域专家代表座谈会上的讲话指出："党的十八大以来特别是十三五时期，我们全面推进群众体育、竞技体育、体育产业、体育文化等各方面发展。在体育强国建设过程中，文化是一国体育软实力的重要象征，而体育本身是一种精神文明或观念文化，它既是一种文化形态，又是一种文化载体。首先，体育本身就是人类文化和历史文明的生动体现，不但与其他文化形态相伴而生、同步而行，还与经济社会的发展相辅相成、相互促进。其次，体育本身聚集了各种文化、艺术形态于一身，是世界不同文明之间的共通语言，是人类不同文化之间的交流方式。可以说，体育集政治影响力、经济生产力、文化传播力、社会亲和力于一体。当今世界，体育运动正在蓬勃发展，体育被赋予了丰富的文化内涵和社会意义。顾拜旦曾说："对于精神的塑造、意志的培养、品格的熏陶，如果没有体育运动这条途径，一定是不完整，不健全的。健全的思想寓于健全的身体，灵魂与肉体应当是统一、和谐的，怎么能够设想一个学识丰富、目光远大的理想者，却是一个病魔缠身的人呢？这样的人并不少见，但那是有理智的人应该竭力避免的，绝不是值得效仿的榜样。"

毛泽东曾在《体育之研究》中指出："体育者，人类自养其生之道，使身体平均发达，而有规则次序之可言者也。"并且阐述了体育具有"强筋骨、增知识、调感情、强意志"的四大作用。因此他说："故夫体育非他，养乎吾生、乐乎吾心而已。"即体育是人类自己的养身之道，通过体育活动，不仅能够让身体均衡发展，并且还能使人感到快乐，达到身心两方面完善人之自我的效果。虽然体育文化作为一种思想文化并不能直接作用于身心健康的发展。但是，从人的行为过程来说，任何行为都是在一定的观念驱使下形成的，当然体育活动也不例外。培养人的体育文化观念，使体育运动成为人们的一种生活方式，这对于体育文化、社会发展都具有重要的意义。

体育的竞争不仅指狭义的竞技体育从技术、技能方面的竞争，而且是一种体育价值观、体育文化发展模式的竞争。体育强国的建设离不开丰厚的体育文化土壤，本书主要梳理、对比中外体育文化的思想渊源、特征、表现形式、人们对体育文化的内部精神追求，以及体育文化的目标导向等问题，汲取中外体育文化的有益经验，促进当代体育文化的发展。

第二节　相关概念界定

一、体育强国

随着社会的发展，"体育强国"不断地被赋予新的时代含义。其实"体育强国"并非一个新的名词，早在1983年，原国家体委《关于进一步开创体育新局面的请示》中，第一次明确提出了要在本世纪末把我国建设成为"世界体育强国"

的目标，并且提出了四个主要指标：①全国半数左右的人经常参加体育活动，青年一代的身体形态、素质、机能有明显提高；②在奥林匹克运动会上名列前茅，大多数项目达到或接近世界水平；③建成可以举办亚运会和奥运会的场地；④彻底改善体育队伍的结构，干部实现"四化"。这可以看做是"体育强国"较早的内涵表述，可以发现在实际语境中主要强调竞技体育，换句话说，当时的体育强国指的是竞技体育强国。

2008年胡锦涛总书记在北京奥运会、残奥会总结表彰大会上的讲话指出："进一步推动我国由体育大国向体育强国迈进。"他还强调："我们要坚持以增强人民体质、提高全民族身体素质和生活质量为目标，高度重视并充分发挥体育在促进人的全面发展、促进经济社会发展中的重要作用，实现竞技体育和群众体育协调发展。"这一论断强调了体育强国不仅领先于竞技体育，还指出发展群众体育事业也是体育强国的重要标志。

党的十八大以来，习近平总书记高度重视体育事业发展，对推进体育强国建设作出一系列重要论述。建设体育强国成为全面建设社会主义现代化国家的一个重要目标，在此过程中不仅要把人民作为发展体育事业的主体，更要在其中继承创新、发扬光大中华体育精神。① 2019年9月2日，国务院办公厅印发《体育强国建设纲要》（以下简称《纲要》），针对体育强国建设提出了五个方面战略任务。一是从完善全民健身公共服务体系、推进全民健身智慧化发展等方面，落实全民健身国家战略，助力健康中国建设。二是从建立中国特色现代化竞赛体系、推进职业体育发展等方面，提升竞技体育综合实力，增强为国争光能力。三是从激发市场主体活力、加强体育市场监管等方面，加快发展体育产业，培育经济转型新动能。四是从推动运动项目文化建设、丰富体育文化产品等方面，促进体育文

---

① 学而时习. 建设体育强国，习近平总书记始终高度重视. 求是网，2021-01-25 17:18:46，http://www.qstheory.cn/zhuanqu/2021/01/25/c_1127023285.htm

化繁荣发展，弘扬中华体育精神。五是从构建体育对外交往新格局、提升中国体育国际影响力等方面，加强对外和对港澳台体育交流，服务大国特色外交和"一国两制"事业。

张剑威和刘东峰二人在《体育强国研究：综述与展望》一文中对近几十年来我国学者关于体育强国的概念界定与范畴相关的研究进行了详细的梳理。笔者通过梳理发现学界关于体育强国尚未形成明确、统一和标准性的概念界定。但是从对体育强国认识的经历来看，体育强国从狭义的"单维型的竞技体育成绩主导理解""双维度的竞技体育与群众体育协调发展"向广义的"多维化的体育强国系统认识"的转变，学者们大都比较赞成将体育强国建设的构成内容当作是一个体系性的存在，从"多元系统论"的角度把握，涉及竞技体育、大众体育、体育法制、体育管理、体育科技、体育文化、体育产业等诸多具体领域。①

因此，新时代中国特色社会主义中"体育强国"已上升到国家发展的战略高度，体育强国由简单的专业技能强，逐渐指向个人、国家、社会层面的全局性、综合性的概念，其内涵也有了更丰富的含义。

第一，体育强国的建设不仅是运动员竞技技能的提高，还要秉承增强人民体质为核心指导思想，扩大参加体育活动的主体，强调以人的发展为目标。体育强国以人类健康为本、以人类的全面发展为本，以全民参与为本。全民共同有效的参与体育锻炼活动，成为中国实现体育强国的必要条件。

第二，当今世界进入文化软实力的时代，世界各国体育之间的较量是一种综合实力的较量。体育强国不仅体现在运动员体能、心能、技术和战术的竞技体育硬实力上，也不仅是社会体育上各国体育场地设施、体育人口、国民体质等硬性指标的较量，还体现在各国之间在体育精神、体育道德、体育体制与

① 张剑威，刘东峰. 体育强国研究：综述与展望. 体育与科学，2021，2：13

制度，以及国民体育意识、体育权利和体育参与程度等方面的软指标、软实力的对比上。[①]

第三，值得一提的是，体育强国的建设需要以文化为载体。体育与文化两个元素相互融合，相辅相成，没有文化内涵的体育是没有生命力的，缺失文化支撑的体育也不会有任何竞争力。所以，体育必须以文化为载体，文化是体育发展的不竭源泉，两者的这种辩证关系，体育发展很自然地将精神追求和价值目标融合在一起，在本质上，体育就是文化的一种表现方式。不可否认的是，体育活动作为人类活动的一部分，各个国家的体育活动都与其长期以来形成的独特的民族文化有着千丝万缕的关系，在潜移默化中带有民族文化的烙印。[②]

二、体育文化

（一）对文化的理解

将"文化"拆开来看，在《说文解字》中，"文"："初造书契，依类象形，故谓之文。""文，错画也，象交文"；在《易·系辞下》中"物相杂，故曰文"；在《礼记·乐记》中"五色成文而不乱"。可以见得，早期关于"文"表述大多与现实中客观存在的事物息息相关。而又因为"文"与文字、礼节、仪式等相关，例如《后汉书·卷八零·文苑传下·祢衡传》："衡揽笔而作，文无加点，辞采甚丽。"《论语·子罕》："文王既没，文不在兹乎！"等表述使"文"有了相对抽象的含义，更引申出精神修养、德行善美之义。而"化"则是指事物形态或性质的改变，例如《易经·恒卦·象曰》："日月得天而能久照；四时变化而能久成。"后引申为教行迁善之意，如《文选·李密·陈情表》："逮奉圣朝，沐浴清化。"［唐］·柳宗元《封建论》中的"孟舒、魏尚之术，莫

---

① "提升我国体育文化软实力核心问题研究"课题组. 中国体育文化软实力及其提升. 北京：科学出版社，2015.
② 梁明. 新时代中国特色社会主义体育强国建设研究［D］. 长春：吉林大学，2018：78.

得而施；黄霸、汲黯之化，莫得而行。"当"文"和"化"整合成一个词语时，从最古老的用法上看，文化的本质在精神范畴中对人的性情的陶冶，文治与教化相互渗透。与之对应的是"武力""野蛮"。例如，《说苑·指武》中提出，"圣人之治天下也，先文德而后武力。凡武不兴，为不服也。文化不改，然后加诛。"南齐王融《补亡诗·由仪》中说，"文化内辑，武功外悠。"《南齐书·高帝本纪》载："裁之以武风，绥之以文化，遐迩清夷，表里肃穆。"①

当我们说起"文化"一词时，我们总是能联想到一系列具体与抽象的事物，以及其背后承载着辉煌灿烂的物质文明和精神文明。"国民之魂，文以化之；国家之神，文以铸之。"在当今社会中，文化已成为一个国家软实力的重要组成因素，在各国综合国力之争中也发挥着越来越突出的作用。文化是民族的血脉和灵魂，是国家发展、民族振兴的重要支撑。文化一方面可以"增国之认同与民族凝聚"，另一方面积聚着"不战而屈人之兵"，以情感人，以文化人的智慧。一个国家要屹立于世界强国之林，不仅要有有形的军事、科技等硬实力作为基础和后盾，还要有无形的文化软实力做支撑。② 而现代的"文化"一词因其内涵丰富、外延宽广、概念多维。《辞海》中对于"文化"一词的解释包括以下三个方面，第一，广义上的文化称之为"大文化"，指人类在社会历史实践中所创造的物质财富和精神财富的总和。对于文化的结构包括很多学说，包括物质精神两分说，物质、制度、精神三分说，物态、制度、行为、心态四分说，还包括物质、社会关系、精神、艺术、语言符号、风俗习惯六大子系统说等。③ 第二，狭义上的文化指社会的意识形态以及与之相适应的制度和组织机构。狭义的文化，被称之为"小文化"，事实上小文化被包含在大文化之中，与大文化共同

---

① 孙大光. 体育文化概论［M］. 北京：高等教育出版社，2013.
② 刘卫华. 中华优秀传统体育文化对外译介跨文化传播研究［M］. 成都：电子科技大学出版社，2019.
③ 董好杰. 当代体育文化多维探索与研究新思路［M］. 北京：冶金工业出版社，2018.

存在，无法割裂。狭义文化作为意识形态的文化，是一定社会的政治和经济的反映，又作用于一定社会的政治和经济。随着民族的产生和发展，文化具有民族性。每一种社会形态都有与其相适应的文化，每一种文化都随着社会物质生产的发展而发展。社会物质生产发展的连续性，决定文化的发展也具有连续性和历史继承性。第三，泛指文字能力和一般知识学习文化的水平。[①]

（二）体育文化

"文化"由人创造，又为人所独自占有，成为人之所以为人的显著标志。文化是凝结在物质之中又游离于物质之外，它可以是普遍存在的具体物；也可以是具体物以及具体表现背后承载的观念。它是人类进行创造的冲动，也是人类的一系列活动以及活动准则。它在人类社会的进程中发挥着独特作用。[②]以此来理解体育文化，我们可以看出体育文化凝结着人类活动的智慧，它是人类创造的以体育以及体育运动为核心的多种物质和观念的集合。人类为了适应社会环境和自然环境，通过各种方式从事体育练习，从经过漫长的岁月逐渐积累下来的历史形态被保存和传承下来，从而产生了体育文化。体育文化不仅是广义文化的体现，还包括中在"文化"中产生的"体育的文化"。体育文化的产生与稳定不仅需要一定的抽象的思维能力，还需要一定的物质基础与稳定的社会结构。抽象的思维能力作为体育文化产生的生理基础，它是自我意识觉醒的必要条件，以此能够有意识地去保存、传承文化印记。体育是一项有意识的活动，体育文化是所有体育意识活动的总和。

与原始的劳动不一样的是，体育意识活动更关注精神层面的表达，它具有生理层面的自然功能以及满足精神层面的社会功能。根据马斯洛需求层次理论，需求是由低到高逐级形成并

---

① 《辞海》:http://ciyu.cihai123.com/c/195210.html
② 孙大光.体育文化概论[M].北京:高等教育出版社,2013.

得到满足的，只有物质需要达到一定的条件之后，才会关注更好的精神需要或者享受。在文化的保存和传承方面则需要相对稳定的社会结构，以此成为滋养文化生长的社会基础。在体育文化发展的过程中，体育文化的形成很大程度上依赖于集体的观念，而观点的形成很大程度上依赖于各群体的生活方式。在各种外在环境的影响和制约下，世界各国的体育活动表现出不同的特点，这些特点也充分体现在了文化的物质和精神层面上，进而造成体育文化多元性的存在。因此，各个国家在体育观念、体育活动的内容和表现形式上都会呈现出不同的体育文化模式，在长期的演变过程中形成独具特色的体育文化。本书按照国家区域对体育文化进行划分并进行对比研究。

第三节　国内外研究现状

目前，体育学界对于中外体育文化的研究，主要集中在中外体育文化互动交流和中外校园体育文化的比较，以及中外体育文化对体育产业发展影响等方面。

一、中外体育文化互动交流

冯霞（2008）提出中外体育人才交流、体育赛事推广、体育文创经济等模式，以此向世界展现中国人文风貌和国家形象，促进中外体育文化传播、交流和相互积极影响。[①] 张宝强等（2009）对唐代中外体育文化交流的研究以乐舞、围棋、养蹴鞠等为主要内容，总结了中外文化交流的非独立性、区域性、多样性的特点，为继承和弘扬中国传统体育文化、促进中外方体育文化的融合提供借鉴。[②] 在"一带一路"积极探索国际合作以及全球治理新模式的推动下，体育文化的国际交流与共存是必

---

① 冯霞. 北京中外体育文化传播与交流研究［J］. 广州体育学院学报，2008（6）：35.
② 张宝强，陈小龙，鲁江. 唐代中外体育文化交流及其历史意义［J］. 西安体育学院学报，2009（4）：452.

然的。但是在跨文化沟通交流的过程中仍然存在一些问题，例如，白蓝（2020）指出中外体育交流形式、内容单一。[①]Sheng GAO（2020）认为中俄跨文化体育交流的领域应进一步扩大至青年发展、文化教育交流、体育旅游、文化合作等领域。但目前还缺乏一个具体的合作框架，需要发展一个政府与非政府组织、企业深度融合的沟通平台。[②]

二、中外校园体育文化的比较

姜志明等（2010）[③]和胡科伟（2016）[④]通过比较法等对中外大学校园体育文化的大学体育观、体育文化管理、体育文化价值观以及实践等进行研究，指出中国大学在校园体育文化建设方面与国外发达国家的大学存在一定的差距，并且提出促进校园体育文化发展的措施。何波（2019）通过对中外公共体育课程的四要素进行比较分析，指出我国高校公共体育课程应以注重完善人格教化为目标，内容上应注重技能学习与文化传承的多元转化。[⑤]从中可以看出对体育文化精神层面的重视以及体育文化肩负着立德树人的重要使命。

三、中外体育文化对体育产业发展的影响

彭恩（2015）从休闲体育产业的发展水平、政府管理体制以及文化背景详细对比了国内外休闲体育产业，指出经济水平、管理体制以及文化差异等是造成我国和发达国家体育消费之间存在差距的主要因素。[⑥]孙剑（2017）通过经济条件、产业结构和发展方式特征等角度对比中外体育产业的发展，指出提升人

① 白蓝."一带一路"背景下中国体育文化对外交流研究[J].体育学刊,2020(2):32.
② ShengGAO. Sports trans cultural communication between China and Russia under the Beltand Road Initiative[J]. The International Journal of the History of Sport,2020,37(17):1827-1843.
③ 姜志明,刘甄悦.中外大学校园体育文化比较研究[J].体育文化导刊,2010(9):105.
④ 胡科伟.中外优秀大学校园体育文化比较研究[J].赤峰学院学报(自然科学版),2016(5):177.
⑤ 何波.中外公共体育课程比较研究[J].广州体育学院学报,2019(2):115.
⑥ 彭恩.休闲体育产业的国内外对比分析[J].山东体育学院学报,2015(2):51.

们的体育文化素养，以可持续发展为理念，是打造我国体育产业优质快速发展的重要环节。① 一些学者认为在体育文化构建以及产品选择上仍然受本土主流价值的影响。例如 Tamir，Lian（2019）以不同时期的足球口号为分析对象揭示了球迷对自己角色、球队及运动本身乃至生活中体现的根深蒂固的世界观，以及在体育界和体育界之外的社会和文化的变化中人们情感的关键变化。② 但是，在全球化导致的世界主义的心态的影响下，各国呈现出越来越开放和包容的态度。Gemar A（2020）对文化和不同类型的体育消费群体进行分析后发现，不同群体在运动消费方面有明显的不同，并且体育的文化领域可能成为杂食主义者进行更独特消费的领域。③

学者们从不同的角度对体育文化的功能和价值做出了有益的探讨，论证了体育文化其自身的底蕴在当今社会中，对各国的体育交流、价值观的教育、社会经济发展等都具有重要意义。多数学者的研究为我们呈现出体育文化在意识层面给人们带来的巨大内动力，也肯定了各国体育文化百花齐放的多元特征，由于资料的庞杂，各国体育文化的比较中大多是与美国、法国等国家进行对比，但是对其他国家的优秀体育文化的思想渊源、特征以及人们对体育文化的内部精神追求以及文化目标导向缺乏系统性的把握和呈现。因此，从浩如烟海的文献资料中梳理思路，解疑释惑，了解尽可能多的不同国家优秀体育文化，探讨体育文化中的思想渊源、特征、表现形式、各国对体育文化的内部精神追求、体育文化的目标导向的异同以及对于本国发展影响等内容，找到各国体育文化在保持自信和独特性的同时，使各国体育文化在交流中互促进步，以更好地服务于本国以及全世界，成为体育文化可持续发展的重要研究内容。

---

① 孙剑. 中外体育产业发展对比研究[J]. 体育世界(学术版),2017(10):23.
② Tamir, Lian. 'I am grateful that god hates thereds':persistent values and changing trends in Israel football chants[J]. SportinSociety,2021,24(2):222-234.
③ Gemar A. Sport as culture:Social class, style so fcultural consumption and sports participation in Canada[J]. International Review for the Sociology of Sport,2020,55(2):186-208.

第二章　中国体育文化的中国传统文化渊源

　　中国文化是历史上持续时间最长、内容最丰富、覆盖人口最多的优秀文化之一。几千年来中国传统文化集儒释道之精华，凝聚着中华民族的智慧，为中国人注入了顽强的生命意志和精神力量。在地理环境、自然资源影响下，中国形成了独特的生产生活方式，社会组织形态，以及独具特色的文化类型。所以探讨中国体育文化，离不开对中国体育文化的理念和思想渊源的分析与讨论。

第一节　中国体育文化理念和思想渊源

　　中国体育文化受中国传统文化的影响，而中国传统文化深受中国哲学的影响，哲学的功能在于让人超越现实世界提高心灵境界，进一步体验高于道德的价值。在中国历史上曾出现"诸子百家"思想文化发展的高峰。百家争鸣、百花齐放鸣促进了中国思想和学术的繁荣，为中国古代文化的发展奠定了基础，而经过长期演化，儒家和道家成为中国思想中的两个主要流派，对后世诸多领域的发展有着重要的影响。

　　其中，儒家思想中大部分是关于社会制度的理性论证，确立了一系列的政治伦理和道德规范，诸如孝悌忠信、仁义礼智等。"君君、臣臣、父父、子子"，各司其职，各尽其责，各为其主，各行其是。

对于个人的品德，孔子强调"仁"与"义"，"忠"与"恕"。仁，即"爱人"，行事为人，对他人有仁爱之心，完成自己的社会责任和义务。例如，"为父之道"就是由爱子之心出发去对待儿子，"为子之道"就是由爱父出发去对待父亲。[①]另外，"仁"还泛指人的所有德性，具有品德完美之意，即"仁人"。而将"仁"付诸于实践的途径则是"忠恕之道"，具体表现为"尽己为人"谓之忠，以及"己所不欲，勿施于人"谓之恕。后来也有被称之为"絜矩之道"的规范，絜矩就是每个人心里那把尺子，成为用来规范自己行为的道德准则。[①]儒家从"义"又发展出"为而无所求"的思想。而这种思想与道家所说的"无为"不同的是，儒家在评价一个人做的事情时，更倾向注重"行为价值"。因为在儒家看来，每个人都有应当去做的事情，做事情的价值在于过程，而不在于达到什么结果。孔子竭尽全力改造世界，用自己的一生诠释了："我们从事的各种活动，结果是否成功依赖于诸多外部条件，而这些因素并非人能控制的。所以当我们做我们应当做的事情时，遵行了自己的义务，道德上就完成了自己的使命，而事情的成败就交给命运。"他曾论到自己说："道之将行也与，命也；道之将废也与，命也。道之不行，已知之矣。"这里的"命"的含义即"天命"或"天意"。[①]可以看出孔子的天命观是一种超然的天命观，是一种源于天而高于天的生命境界，是"乐天而知命"，他对天命的认识历程大体为：知命—畏命—立命—不忧不惧。[②]孔子认为"不知命，无以为君子"，如果人们能够有竭尽全力、不计成败的魄力，就能不计较于个人得失、能不畏惧失败、能保持快乐，即"知者不惑，仁者不忧，勇者不惧。"这种不为"求以得之"的思想还体现在一些祭祀活动中。事实上，在原始人类祭祀活动中用巫歌巫舞娱人乐

---

① 冯友兰. 中国哲学简史 [M]. 北京：世界图书出版社，2013.
② 毕昌萍，陈湘舸. 孔子"乐天知命"故"不忧"思想解读——兼论《论语》中孔子的天命观 [J]. 学习与探索，2011（2）：53.

神，其中萌生出的体育因素是以一种艺术舞蹈呈现出来的，发展到后来在中国的祭祀活动中包括迎神赛会、庙会等，常常伴有舞蹈、竞技等内容。再往后，除了继续沿用迷信和严刑峻法之外，还运用礼制维护等级秩序，形成了繁琐的祭祀程序，祭祀成为社会文化的一部分，因此也给体育带来了深刻的影响。① 孔子曾说："之死而致死之，不仁而不可为也；之死而致生之，不知而不可为也。"而荀子进一步指出"故丧礼者，无它焉，明死生之义，送以哀敬而终周藏也。"他们认为葬礼的作用是为了向活着的人表明生和死亡的意义，用悲痛和尊敬来送别死者，使逝者隆重地完成自己的一生。可以见得，儒家的葬礼和祭祀把想象和现实混合在一起，思想家对于祭祀活动更像是一种诗意的表现，更多的是为了表示重视，而并非为了"求以得之"。这也体现了人们的生活不仅靠理性知识，还应该兼顾感性感情的需要。②

另外，孔子在周游列国时也遇到一些"避世隐者"，这些隐者大多是远离世俗、遁迹山林、欲洁其身的个人主义者，道家是从这一类人中产生的。早期道家在遁世之后，为自己的生活方式说出了一套自己的道理。先秦道家思想总共有三个阶段，其出发点是"保全生命、避免损害生命"。第一阶段以杨朱为代表，根据当代学者的考证有关杨朱思想的史料非常有限，但是大致可以看出杨朱的基本思想主张："人人为己，轻物重生"。其做法主要是"逃避"，这也是大多隐士的通常做法。② 而《老子》中大部分的观点所代表的是第二阶段，《老子》大部分论述的是万物变化的法则。在道家看来，人如果懂得万物变化的规则，并且按照这些法则来安排自己的行动，就可以使事物演变成对自己有利的状态。在主宰事物法则中，《道德经》提出："反者道之动，弱者道之用。天下万物生于

① 杨戏. 中西方体育文化比较 [M]. 北京：社会科学文献出版社，2008.
② 冯友兰. 中国哲学简史 [M]. 北京：世界图书出版社，2013.

有，有生于无。"中国人常说的"物极必反"就是源于这一思想。但是关于"极"，道德经中并没有给出明确的答案，从他说的"金玉满堂，莫之能守，富贵而骄，自遗其咎"大致可以看出，就万物来说老子并没有给它们预先设定绝对极限，"极"主要指在人类活动中人们进步的极限，这个限度是根据个人主观意志和客观情况共同决定的。主观上来说，骄傲成为一个人进步极限的标准，客观上来说，老子讲究的是"适度"。这种适度体现在为人处事上就是他说的"常"。老子告诫人们"不知常，妄作，凶"以及"取天下之常以无事，及其有事，不足以取天下"，强调"不自是、不自伐、不求全"，这也体现出道家无为的观念。从老子思想中重要的两点"朴"和"德"要求人们行事为人力求平易朴实，顺应事物本性的观点，就不难发现道家主张的无为并非叫人不作为，而是告诉人们行事不要太过分。做事关键在于抓住要害，而非以多取胜、矫揉造作、肆意妄为。所以按照这一观念，人类的活动应该是"必要和顺其自然的"。道德经指出，"祸莫大于不知足，咎莫大于欲得。"即欲壑难填，当人力求满足无穷的欲望时，所达到的往往适得其反。① 《庄子》中大部分的观点则代表了第三阶段。这一阶段主张自由发展人的本性可以给人带来相对的快乐，而快乐是相对的原因在于天赋的发挥会受到诸多阻力。例如《庄子》书中有不少篇幅讨论人生最大的苦难死亡，指出由于惧怕死亡来临和由此而来的忧虑是人们不快乐的重要原因。但是庄子也指出在精神上由于自己感性造成的痛苦，可以随着对万事万物理解的增加而减少，所以当人们对事物本性有更高深的了解便更容易达到"至乐"的境界。①

由此看来，儒家和道家两种思想看似一个入世一个出世，而其实两者是相反相成的。在公元前3、4世纪间，有一批道家试图使道家的思想向儒家靠近，被称为"新道家"，在11、

---

① 冯友兰. 中国哲学简史［M］. 北京：世界图书出版社，2013.

12 世纪间，也有一批儒家试图使儒家思想向道家靠近，被称为"新儒家"提出的中庸之道。这两者一方面使得中国人在出世和入世之间达到较好地平衡，另一方面也看出中国古代思想中蕴含着恰如其分、恰到好处的智慧。①

综上，在儒家文化中，温良谦恭、豁达宽容、礼让孝顺、忠义等品格被大力推崇。《礼记·儒行》一篇说"温良者，仁之本也。""仁"作为儒家虽然有不重视"勇武"态度，主张"不肯以力闻"，认为"勇而无礼，则乱。"但是他重视"中礼、武德"，孔子不仅重视体育教育，开创了寓德于体育的先河，其体育技能也备受尊敬《礼记·内则》："十有三年学乐诵诗舞勺，成童，舞象，学射御"，以及《史记·孔子世家》说他"弟子三千焉，身通弓艺者有七十二人。"这七十二人被称为贤人。《礼记·正义》记载"孔子射于瞿相之圃，围观者如墙堵。"② 所以在儒家思想的影响下中国传统体育文化的竞技性特征湮没于重视礼教的传统文化中，却讲究中庸和不偏不倚、温良谦逊，并以中庸之道否定激烈、血腥和冒险，拒绝竞争及竞争中的自我张扬，体育活动逐渐发展为一项温文尔雅的活动。③ 而在道家思想的影响下人们开始寻找自然界万物的法则和规律，以长生不死，延年益寿作为对待生命的态度，并把健康长寿视为养生实践的终极目标，进而孕育滋养出养生体育文化的理念。道家讲究"天人合一"，在道家看来人的生命与大自然的运行是息息相关的。基于这样的认识，道家认为运动养生应该顺应天地自然法则，即较少干预让其按照自然规律发育成长，追求生命与自然界的协调一致，致力于内外兼修，对内注重道德精神，品格意志的修养；对外注重身体活动，以适当的运动保证身体协调发展，保证生命与环境相适应，提出顺应自然与无为而无不为，以及动静相兼、形神共养的养生原

① 冯友兰. 中国哲学简史 [M]. 北京：世界图书出版社，2013.
② 杨戈. 中西方体育文化比较 [M]. 北京：社会科学文献出版社，2008.
③ 牟艳. 儒家伦理思想对齐鲁传统体育文化的影响 [J]. 体育文化导刊，2017（4）：205.

则。所以在这种体育观念影响下，中国传统体育体现出不主张积极求知、顺中以为常、依乎天理、因其固然的特点。

第二节　传统养生基础

养生是人类生命的一种存在方式，中国古代养生观可谓是深入人心。"养生"二字的涵义是保养生命："养"有鞠养、培育之义；"生"可解释为生命，也可解释为生机，即活力、生命力。养生实质就是"养育生机""培养生机"。养生的目的不是为了学技术，而是为了健康长寿。随着时代的发展，养生学成为以健康长寿为目标的学科，它的研究范围仅局限于个人行为，研究个人如何通过自我修养，合理安排好个人的生活、学习、工作、休闲，并进行适度地锻炼和调养，以达到祛病延年，获取健康长寿的目标。

一、中国传统养生简介

中国传统养生是中国传统文化的重要组成部分，是以一种仿照天道的生命内求过程。这种生命内求包括认知生命、改造生命、敬畏生命，是一种心身紧密结合的自我创造、自我历炼、自我更新。它以中国哲学为理论基础，汇集儒、道、佛、医、武的思想精华，不仅具有健身健体的实用价值，而且映射出中华民族的文化品格、民族心理、思维方式的特色。

二、中国传统养生学的流派与内容

中国传统养生学的内容很丰富，各派学说各有千秋。但都认为"养生之本是养性和养德"。修身以道，修道以仁，积善有功，长存阴德，善养生者，当以德行为主，而以调养为佐。主张养生不是"开源"而是"节流"，提倡"灯用小炷"（炷指灯芯）的理论，以减少人体能量的消耗，减缓人体的新陈代谢，以不使人体的各器官和细胞组织过早地走到代谢的尽头为宗旨。在中国传统的养生学中，蕴涵着不少思想与学术资源，如"由臆达悟"的思维方式与境界，"天人相应""天人合一"的生命观念，"气""阴阳""五行""经络"等一些虚虚实实的符号，是概念，又是范畴；它渗透了儒、佛、道、医、武术诸家学说的传统养生理论，尤其重视对生命的体验，讲究顺应自然的节奏和法则，寻求心灵的解脱。

中国传统养生学以中国民间的、大众的健身文化为根基，既深受儒家、医家文化的影响，又明显表现出对佛家、道家境界的追求；以其特殊的健身范式体现出中华民族深厚而广博的文化与智慧。既有人文角度的抒怀，又有科技角度的钩玄；合而视之，它是一门文化养生学。其方法是哲学的、个性顿悟的、生活与实践体验的，而核心是研究人、服务人，是"养生"活动与价值实现的出发点和归宿。传统养生学涉及多方面的内容，几乎涵盖了人类物质生活、精神生活的全部内容。中国传统养生包括形体调节、呼吸调节、心理调节、运动调节、生活调节等。其中每项又有十分精深的经验总结，构成了中国传统养生的主体，其技术之卓越，经验之全面，效用之彰显，底蕴之深厚，在世界文化中可谓首屈一指。

三、中国传统养生的特点

（一）自我养生，防病治病

养生，就是"治未病"，如唐代孙思邈说"善养性者，则治未病之病，是其义也。"自我养生是只通过自我调养精神和形体，来增强体质，提高防病能力，保持健康状况，达到自我养生的用意。传统养生的功法通过肢体的运动、呼吸的调节、心神的修养来疏通经络、活跃气血、协调脏腑、平衡阴阳、起到锻炼身心的作用，达到抵御外邪、祛病强身的目的。

（二）强调整体，侧重内练

中医理论把人看成是一个以脏腑为核心、经络互相联系的整体，这也是传统养生学的立足点，即特点之一。就现代人体科学而言，人体本身是一个有机整体，人与外界环境之间也存在着极为密切的互相联系。因此，强调整体、侧重内练养护的思想，反映出我国古代养生的丰富哲学内涵，与现代生物学中的整体观也有某些相似之处。既注意身体养护，又注意提高身体活动能力的养生方法。

（三）内外合一、形神兼备的锻炼方法

所谓"内"，指的是心、意、气等内在的情志活动；所谓"外"，指的是手、眼、身、步等外在的形体活动。肢体运动表现于外，但要求达到"动中有静"，即注意力集中、情绪安定，并根据动作变化配以适当的呼吸方法，达到形、意、气的统一。这种锻炼方法，对外能利关节、强筋骨、壮体魄，对内能理脏腑、通经络、调精神，使身心得到全面发展。

（四）具有广泛的适应性

传统养生不仅锻炼价值高，而且内容丰富、形式多样，不同的功法有着不同的动作结构、技术要求、风格特点和运动量，不受年龄、性别、体质、时间、季节、场地和器材的限制，人们可以根据自己的需要和条件，选择合适的项目来进行锻炼，这都十分有利于传统养生的开展和普及。

四、中国传统养生的功能

中国传统养生主张"人法自然以养生"。先人不仅提出了顺应自然的养形调神观，还提出了重神轻形的形神共养观；节阴阳而调刚柔，以和为尽矣等，只有将精、气、神三位一体修炼，才能健康长寿，即"气聚则精盈，精盈则气盛……养生之士，先宝其精，精满则气壮，气壮则神旺，神旺则身健而少病。"

五、中国传统养生的意义

中国传统养生学不同于现代体育。养生讲求心静、气和，阴阳平衡，体态自若，它追求健康长寿而不为强壮，感召对生命的敬畏，最终培养人习常性保持机体动态平衡的意识。

现代体育讲求强化体能，它以田径、体操、球类、举重、摔跤等竞技运动为基石，强调生命力的表现和超越，最终增强人的体质和体能，提高人的速度、耐力、力量等身体素质。

六、中国传统养生的规律

中国传统养生学本体的生成、演变有其自身的规律，有其具体的历史文化语境。它在中国悠久文化的传统中孕育生成，又在新的历史态势中经历不断地量变。特别是20世纪以来，在现代体育文化的不断冲击下，中国传统养生学从本体到形式都不可避免地产生了一定程度上的变易甚至遮蔽。

七、中国传统养生学的境遇

中国传统养生学的这种特有境况（中西体育的双峰对峙）使之涵盖了古今、中西、人文传统与科学构建的多元冲突与融合，对中国传统养生学的理解、体悟、阐释都将成为中国思想史中十分个性化又相当通约性的范例。

第三节 传统养生法与体育保健养生

传统世俗养生法包含的内容十分丰富，涉及日常生活的方方面面，衣食住行、站立坐卧、苦乐劳逸等养生措施都属于传统世俗养生法的范畴。传统养生文化为我们留下了许多关于"四时养生"和"生活起居养生"的理论和方法，我们可以选择适合自己养生的形式。传统世俗养生法主要分为四时养生法、生活起居养生法。

一、四时养生法

（一）四时养生的规律

春(风)气通于肝、夏(火)气通于心、长夏(湿)气通于脾、秋(燥)气通于肺、冬(寒)气通于肾。

（二）四时养生方法

1. 春季养生

春季养生之道在于以养肝为主。

最适宜养生的方法：散步、跑步、打球、踏青、放风筝等。

春季养生锻炼注意事项：因人而异选择项目，肢体不宜过多裸露、晨练不宜太早、暮练、晚练胜过晨练、小运动负荷为宜。

2. 夏季养生

夏季是阳长阴消的极期，夏季主长、万物茂盛，养生应以养心为主。

最适宜养生的方法：夏季养生运动以健脾、养心、生津为目的，适宜进行游泳、打球、跑步、舞蹈、导引、武术等养生运动。

夏季养生锻炼注意事项：要合理、科学地选择运动项目，要做好运动前的准备工作、运动时间不宜过长、保证充足的营养、运动后不宜大量供水、运动后不可大量吃冷饮。

3. 秋季养生

秋季是阴长阳消的时候，所以要以养阴为主。秋天主收，万物收敛，肺气内应，养生应以养肺为主。

最适宜养生的方法：这个时节里，除日常供食起居应加以调摄外，还要顺应气候进行一些耐寒锻炼的健身运动，以增强机体适应多变的气候与逐渐降低的气温的能力。

秋季养生注意事项：早动晚静、动静结合、循序渐进，持之以恒、运动负荷要适当、适当补充营养、注意保暖防寒、谨防肌肉抽筋。

4. 冬季养生

冬季，大地收藏，万物皆伏，肾气内应而主藏，养生应以养肾为主，逆之则伤肾，春天会生疾。

最适宜养生的方法：冬季进行健身运动对机体一年的健康都大有益处。一般可选择长跑、跳绳、滑冰、冬泳等运动项目。冬季气候寒冷，在这个时节进行健身运动一定要做好防护。

冬季养生注意事项：因人而异，衣着薄厚要适宜、热身活动要充分、呼吸方法须合理、冬练勿早起。

二、低温养生

中国人重视低温养生。因为低温能使人的体温降低，体温低则细胞分裂慢，代谢也慢，可以节能，所以衰老来得晚，寿命自然延长。相反，高温能使人的体温升高，细胞分裂快，代谢快，所以衰老也来得快，寿命当然偏短。

三、生活起居养生法

所谓生活起居养生法，又称起居调摄法。在中医养生法中，供食生活起居正常是最简单的养生方法。合理地安排起居作息，妥善处理生活细节，保持良好的习惯，建立符合自身生物节律的活动规律，是保证身心健康，延年益寿的方法。主要分为：

（1）环境生态养生。人类是生态平衡的主要干扰者，但也是促使生态平衡趋向恢复的主要力量。保护环境，恢复生态平衡已愈来愈被人们所重视。没有生态平衡，就没有生命。人类的生态平衡，除应用现代科学、现代技术之外，古代的理论对生态平衡的保护和恢复有着重要的启示。第一，据洛书方位定环境。洛书方位与人体的脏器密切相关。如肾虚的人安床，定桌于北方最佳，心气不足的人安床，定桌于南方最好等。第二，据太极阴阳定空间。任何一个空间都存在着阴阳之气的分布，大到宇宙、小到房间，都有着阴阳之气分布的不同。所以根据阴阳盛衰的分布状况，就可以选择最适合自己身体的环境安置床和桌。

（2）生物钟养生。万物都有生物钟，都会按自身的节律和周期运行。人的精力、智力、情绪都存在着周期变化现象，这种周期变化现象是受生物钟控制的。如生物钟的控制、生物钟与人类寿命、生物钟与养生。

（3）健脑养生法。分为：博学强记勤用脑；节欲养津健脑法；补脑益智法；规律性生活；健脑按摩保健法；手指运动健脑法；"裕脑"锻炼法；戒烟少酒可健脑。

（4）七情养生。

（5）睡眠养生。

（6）供食养生。

（7）休闲养生。

四、饮食养生

中国有句古话：祸从口出，病从口入。食、眠、性是人生三大本能，而供食又是重中之重。在我国利用条理供食作为一种养生健身手段，具有极为悠久的历史。

五、休闲养生

所谓休逸养生，即情趣高雅的娱乐养生。是指在闲暇、业余时间里，通过各种动、静结合的娱乐活动方式，以畅娱神情、运动关节、舒筋活血，从而积极休息，丰富美化生活，并在轻松愉悦的环境中获取精神营养，达到养神健形、益身延年的目的。

六、养生的六大要点

(一) 健康四大基石

健康四大基石是合理膳食、适当运动、戒烟限酒、心理平衡。健康四大基石与我国传统养生之道有不谋而合。养生的根本目的在于使人健康地延长寿命。

健康的内涵应该包括生理健康、心理健康和社会健康等内容。概而言之，健康的含义不仅是没有疾病，还应该是身体、精神和社会的完善状态的体现。

要想拥有健康，就要"储蓄健康"，千万不能"透支健康"。科学的养生保健就是"储蓄健康"，而不良的生活习惯就是"透支健康"。诸如吸烟酗酒、暴饮暴食、睡眠不足、过度疲劳、饱食贪睡、缺乏运动、供水不足、不吃早餐等都是不良的生活习惯，这些都是引起常见病、现代生活方式病和影响健康长寿的重要因素。人们必须认识到这些不良的生活方式，它违反了养生之道，这是在"透支"健康，减短寿命。

(二) 顺应自然，四时养生

四时（四季）气候是人类赖以生存的基本条件，与健康息息相关。人类要维持正常的生命活动，必须与四时气候相适应，否则有损健康，易引起疾病。《素问·上古天真论》云："阴阳四时者，万物之终始也，死生之本也。逆之则灾害生，从之则苛疾不起。"人如能顺应四时气候的变化，就能增进健康。

中医认为一天24小时也存在类似一年四季的变化。现代生物学证明，人体确实存在类似生物钟的变化。早上好似春天，中午如同夏天，黄昏如同秋天，半夜好比冬天，也可以参照四季养生进行自身保养。尤其是黄昏，应该特别注意，因为黄昏是白天和黑夜交替的时刻，太阳下山、白鸟归林、由动转静、由热转冷、由亮转暗，这时人体也有较大的变化，所以传统养生强调，黄昏的时候可以适当运动，半夜不要供酒寻欢，应当使心神安静下来，这样才有利于健康。

（三）调养心神，精神养生

第一，要有高尚的情操。一个人是否培养和建立了高尚的情操是决定能否调节好自己精神状态的重要前提。《黄帝内经》中就指出，能够青春常在的人应该是有高尚道德的人，只有"德全"才能"不危"，有了高尚的精神境界，才能真正达到精神保养的各项要求，而且大大有利于自己的精神健康。

第二，清静恬淡的心态。"清"是指善以待人、不安坏心，"静"是指无论遇到什么情况，都要镇静安定、戒骄戒躁；"恬淡"是指没有超越现实的杂念，不背沉重的精神负担。人的一生总有顺境和逆境，喜怒哀乐是人之常情，无论何种情况，都应当在高尚的道德观念的指引下，面对现实，不要使情绪过分激动，事事随遇而安，相信"好人一生平安"。

第三，乐观豁达的人生态度。中国人提倡"虚怀若谷""宰相肚里好撑船"，气量要大，胸襟要宽，这就是豁达。在困难面前要看到光明，充满希望，这就是乐观。必要的时候，"自得其乐"不失为一种精神安慰。如果能助人为乐，更能使自己得到精神上的补偿。

第四，保持心理平衡。心理平衡是最为重要，也最难做到，心理平衡在养生保健中的作用，超过一切保障的总和，可以说，谁掌握了心理平衡，谁就掌握了养生保健的钥匙。一个人心理平衡，生理就平衡，精神一崩溃，生理就失衡，轻者可致疾病，重者可致死亡。那么，怎样才能保持心理平衡呢？三句话："正确对待自己，正确对待他人，正确对待社会。"

学会自我调节，做到胜不骄、败不馁，不为琐事烦忧，要有容忍别人超过自己，更有超过别人的勇气，要有包容宽大的胸怀，在公平竞争中能保持心理平衡，这对自己对社会都是有益的，也是每个人应该具备的心理素质。

七、调理膳食，饮食养生

供食，是供给机体营养物质，维持人体生长发育，完成各种生理功能，保证生命活动的不可缺少的条件。故曰："民以食为天"，就是这个意思。在我国利用调理供食作为一种养生健身手段，具有极为悠久的历史，并积累了丰富的经验。

（一）食不过饱

适当地减少进食量有利于保健。这里讲的节食是指合理、适当地减少进食，而不是越少越好，它的原则是既减少进食又不能处于饥饿状态。所以当感到再吃一点就可以吃饱，而吃这一点似乎还不过瘾的时候，就不要再吃了。这里仍然要强调的是节食不等于饥饿，因为在饥饿状态，人体将消耗体内积蓄的营养成分，这对人体健康有害。

（二）合理烹调

中医认为，若在烹调的时候加入过浓的调味品或熏烤炙过度就会破坏食物天然的营养成分和天然的平衡状态，甚至损害各脏腑器官的功能。例如，食物太酸可能损伤肝，太甜可能损伤胰，太苦可能损伤胃，太辣可能损伤肺，太咸可能损伤肾，所以应加以重视。

（三）不要偏食

要节制对某些食品的特殊嗜好，不应该以自己的嗜好作为选择食物的标准，而应当注意营养的均衡，以对身体健康有益为前提。

虽然供食不宜偏嗜，但有些有益健康的食物是应该多吃的。长寿老人多喜欢吃蔬菜，尤其是胡萝卜和南瓜。以稻米为主食和摄盐过多、吃蔬菜少的地区常常是短寿区。

（四）荤菜和素菜

当今素食可以说已风靡全球，到底是吃素好还是吃荤好实际上从古至今还没有定论。中医经典《黄帝内经》认为，"五谷为养，五果为助，五蓄为益，五菜为充"。谷物、瓜果、肉类、蔬菜各有不同作用，不可偏度，但肉食不宜过多。供食上注重培养低脂肪、低热量、低动物蛋白、高纤维、多豆类的习惯。

八、适量运动，劳逸结合

古希腊伟大思想家亚里士多德曾写道："生命在于运动。"我国《吕氏春秋》则从中医的观点论述运动对养生的作用："流水不腐，户枢不蠹。"但无论脑力和体力活动都不能过度。唐代《千金要方》云："才所不逮而强思之，伤也。力所不胜而强举之，伤也。"经常运动，不勉强、不疲劳、不超负荷才是合理的运动观。

九、起居有常，作息规律

"饮食有节，起居有常，不妄作劳"，是我国古人养生经验，按现代医学和生物学观点，它是符合科学道理的。

人生活在自然界中，并与之息息相关，因此，人们的起居作息只有与自然界阴阳消长的变化规律相适应，才能有益于健康。

不良生活方式和行为习惯是现代社会中引起多种疾病的重要因素。生活规律破坏，起居失调，则精神紊乱，脏腑功能损坏，身体各组织器官都有可能产生疾病。因此，把生活安排得井井有条，会使得人们生气勃勃、精神饱满地工作和学习，这对健康长寿是大有益处的。

第三章 中国传统体育文化的运动形态

第一节 传统养生功法之五禽戏

一、五禽戏的起源和发展

五禽戏是中国传统的运动养生方法，五禽戏模仿虎、鹿、熊、猿、鹤五种动物的动作，主要作用在于增强脏腑功能。

五禽中鹤属金，与人体肺系统相应。鹤形飘逸潇洒、能飞善走，飞则直冲云天，落则飘然而至，颈长灵活，可以曲戏四顾。鹤的呼吸功能特别发达，所谓"大喉以吐故，修颈以纳新，故寿不可限量"。人体肺主一身之气，主司呼吸，宣发水谷之精微至全身各部分，为相傅之官而主治节。其功能全在于气。鹤戏模仿鹤的起落展翅，伸颈回顾等动作，同时要求配合呼吸吐纳以运气，能增强肺的呼吸功能。

鹿属木，与人体肝系统相应。鹿的形体矫健、肌腱发达、关节灵活，善于奔跑跳跃。人体肝藏血主筋，主疏泄，司运动。鹿戏动作舒展大方、轻捷灵活，能增强肝胆的疏泄功能，增加肢体关节的灵活性，使筋脉柔韧性增加。

虎属水，与人体肾系统相应。虎为百兽之王，骨骼强劲、脊背坚实、四肢有力、动作刚健迅猛。人体肾藏精主骨，为先天之本，作强之官，而司会方之所出。虎戏模仿虎的行走扑跃、威严在身、内练骨骼、外练四肢，有强肾固本之功效。

猿属火，与人体心系统相应。猿心灵手巧、神机活泼、善于模仿、嬉戏顽皮、攀援枝藤、机灵敏捷，有腾挪闪避之功。人体心主血脉，藏神，主司神明变化，其志为喜。猿戏模仿猿的种种体态动作，能悦心神、畅心志、流通血脉，增强心的功能。

熊属土，与人体脾系统相应。熊体重力大，形似笨拙，实则沉静，肌肉坚实，四肢发达。人体脾主消化运输水谷精微，为人后天之本，又主肌肉与四肢。熊戏模仿熊的动作。晃动身躯，摇摆四肢，寓沉静于舒缓之中，能增强脾的运化功能，帮助消化饮食，营养肌肉，使人体魄健壮。

五禽戏在长期发展过程中经后人的改进形成了不少流派，现介绍一套易学而效果较好的五禽戏。

二、各戏的练法欣赏

（一）鹤形戏的练法

预备姿势：两脚相并站立，两臂自然下垂，眼向前平视，平心静气站立片刻。

☉ 动作要领：

（1）左脚向前迈进一步，右脚随即跟进半步，脚尖虚点地；同时两臂自身前抬起向左右侧方举起，并随之深吸气。

（2）右脚前进与左脚相并，两臂自侧方下落，在膝下相抱，同时深呼气。

（3）右脚向前迈进一步，左脚随即跟进半步，脚尖虚点地；同时两臂自身前抬起向左右侧方举起，并随之深吸气。

（4）左脚前进与右脚相并，两臂自侧方下落，在膝下相抱，同时深呼气。此式有助于增强心肺功能，健壮肾腰。

（二）鹿形戏的练法

☉ 动作要领：

（1）右腿屈曲，上体后坐，左腿前伸，膝稍弯，左脚虚踏，成左虚步势。

（2）左手前伸，肘微屈；右手置于左肘内侧，两掌心前后遥遥相对。

（3）两臂在身前逆时针方向同时旋转，左手绕环较右手大些。关键问题在于两臂绕环不是肩关节为主的活动，而是在腰胯旋转带动下完成的。手臂绕大环，尾闾绕小环，这就是所谓"鹿运尾闾"。其任务主要是活动腰胯，借以强腰肾，活跃骨盆腔内的血液循环，并锻炼腿部力量。

（4）如此运转若干次后，右腿前迈，上体坐于左腿上，右手前伸，左手护右肘，顺时针方向绕环若干次，如此左右互换进行。

（三）虎形戏的练法

预备姿势：两臂自然下垂，颈自然竖直，面部自然，眼向前平看，口要合闭，舌尖轻抵上腭；不要挺胸或拱背，脚跟靠拢成90度。（立正姿势），全身放松，如此站立片刻。

☙ 动作要领：

1. 左式

（1）两腿慢慢向下弯曲，成半蹲姿势，重心移于右腿；左脚靠在右腿踝关节处，脚跟稍离地抬起，脚掌虚点地；同时两掌握拳提至腰部两侧，两拳拳心均向上，眼视左前方。

（2）左脚向左前方斜进一步，右脚也随之跟进半步，两脚跟前后相对，距离约一尺左右，重心放在右腿，成左虚步；同时两拳顺着胸部向上伸，拳心向里，伸到眼前向里翻转变掌向前按出，高与胸齐，掌心向前，两掌虎口相对，眼看左手食指尖。

2. 右式

（1）左脚向前垫半步，右脚随之跟到左腿踝关节，两腿紧缩，右脚跟稍离地抬起，右脚掌虚点地，两腿屈膝半蹲，成左独立步；同时两掌变拳撤到腰部两侧，拳心向上，眼视右前方。

（2）右脚向右前方斜进一步，左脚也随之跟进半步，两脚跟前后相对，距离一尺左右；身体重心落在左腿上，成右虚步；同时两拳顺着胸部向上伸，拳心向里，伸到目前向里翻转变掌向前按出，高与胸齐，掌心向前，两掌虎口相对，眼看右手食指尖。

（四）猿形戏的练法

预备姿势：与虎形戏相同。

☙ 动作要领：

（1）两腿慢慢向下弯曲，左脚向前轻灵迈出，同时左手沿胸前至口平时向前如取物样探出，将达终点时掌变爪手，腕随之自然下屈。

（2）右脚向前轻灵迈出，左脚随之稍跟，脚跟抬起，脚掌虚点地，同时右手沿胸前至口平时向前如取物样探出，将达终点时掌变爪手，腕随之自然下屈，同时左手亦收回左肋下。

（3）左脚往后稍退踏实，身体后坐，右脚随之亦稍退，脚尖点地，同时左手沿胸前至口平时向前如取物样探出，将达终点时掌变爪手，腕随之自然下屈，同时右手亦收回至右肋下。

（4）右脚向前轻灵迈出，同时右手沿胸前至口平时向前如取物样探出。将达终点时掌变爪手，腕随之自然下屈。

（5）左脚向前轻灵迈出，右脚随之稍跟，脚跟抬起，脚掌虚点地，同时左手沿胸前至口平时向前如取物样探出，将达终点时掌变爪手，腕随之自然下屈，同时右手亦收回至右肋下。

（6）右脚往后稍退踏实，身体后坐，左脚随之亦稍退，脚尖点地，同时右手沿胸前至口平时向前如取物样探出，将达终点时掌变爪手，腕随之自然下屈，同时左手亦收回至左肋下。

（五）熊形戏的练法

预备姿势：两脚平行自然站立，距离与肩同宽，两臂自然下垂。

♨ 动作要领：

（1）做3~5次深呼吸后，腰膀自然晃动。

（2）屈右膝，右肩向前下晃动。手臂亦随之下沉，左肩则稍向后外舒展，左臂稍上抬。

（3）屈左膝，左肩向前下晃动，手臂亦随之下沉，右肩则稍稍向后外舒展，右臂稍上抬。如此反复晃动，次数不拘，有健脾胃、助消化、活关节等功效。

♨ 练五禽戏时应注意如下几点：

（1）全身放松。练功时肌肉放松，头正直，垂肩坠肘，含胸拔背，不挺腹，不撅臀，抬肩、松腰、松髓。全身应感到松适自然，面带微笑。只有放松，才会刚柔相济，不致僵硬。

（2）意守丹田。但不过分用意，以免造成精神紧张，引起不良反应。

（3）气沉丹田。练功时，可先做几次深呼吸，有助于形成腹式深呼吸。这样的呼吸利于做到上虚下实，同时还能克服中老年人容易发生的头重脚轻和上盛下虚的病象。下体稳固，做起动作来才能轻灵。

（4）动作柔和形象。练虎戏时，要体现出威猛的姿态，目光炯炯，发威、出洞、扑食、博斗等；练鹿戏时，要把鹿的探颈、奔跑、回首等神态表现出来；练猿戏时，要表现出攀树登枝、摘桃献果的神态；练熊戏时，要体现出熊的沉稳、下蹲等动作神态；练鹤戏时，要表现出凌空、亮翅、轻翔、独立等形态。

（5）练习者可根据个人情况选练或全练，体弱者可选练其中容易做的动作。

第二节　传统养生功法之易筋经

一、易筋经的起源和发展

易筋经是我国古代流传下来的健身养生方法，是一种内外兼练的导引、健身法，练内名洗髓，练外名易筋。《易筋经》相传为梁武帝时代，印度高僧所著。但也有学者考证，《易筋经》是明朝天启四年紫凝道人搜集医、释、道流行的养生导引术及汉代东方朔的洗髓、伐毛健身法，并在宋代"八段锦"的健身理论等基础上编辑而成的。

自明清以来，其法才广为人知，日益流传，而且还演变成了数个易筋经流派。人们常把易筋经分为动式和静式（坐式）。

传统易筋经侧重从宗教、中医、阴阳五行学说等视角对功理、功法进行阐述，并且形成了不同流派，收录于不同的著作中。易筋经是通过仿效古代劳动人民舂米、载运、进仓、收屯和珍惜谷物等多种姿势演化而成的12式动作，具有刚柔相济、动静结合、意力统一（即以意念指挥肌肉的紧张用力）的特点。

二、易筋经概述

（一）易筋经要领

学习易筋经，姿势要正确，锻炼时要求身体端正，全身放松自然，意念宁静集中，气沉守丹田，呼吸自然，意志统一，循序渐进，量力而行，动作协调，并配合腹式呼吸。要认真领会每一动作的关键之处。易筋经动作看似简单，其实不然。在学习过程中，不能不注意动作的"小节"，必须做到以下几个方面：

（1）伸展：练习每个动作要求尽量伸展，使关节肌肉最大限度地拉长。

（2）缓慢：动作要求缓慢柔和，心平气和、肌肉放松是经络通顺、气血畅达的关键。

（3）安静：练功时神态安静。静止是固然安静，但内在有无限生机，使血液更好地运行。

（4）呼吸：初学者要求呼吸自然；然后，逐渐进入"吐惟细细，纳惟绵绵"的呼吸。

（二）功效

易筋经是身心并练、内外兼修的一套保健方法。易筋者，除易筋外，尚有易肉、易骨、易气、易血、易形等以强外为主的功法。经常练习易筋经，能使人体各关节得到很好的锻炼，使关节的运动幅度增大，从而增强关节的灵活性。易肉，即肌肉的收缩与放松，使肌肉的弹性增加，同时在收缩过程中起着储存能量，缓冲保护作用；易骨，即使骨更加坚固和更有弹性，对一些脊柱、四肢等疾病，有一定的治疗和预防作用。

要保持良好的体质，除了各方面因素外，保持劳逸结合非常重要。如果不注意休息，经常处于疲劳状态，或长时间不参加或少参加活动，对人体健康都有影响。正如古人言："劳则气耗，流水不腐"。易筋经是静者以攻心纳意，集内外兼修之长，静中求动、动中求静的宗旨，从而达到健身、壮体、防病治病的效果。

三、易筋经动作

本功法中的每一势动作，不论是上肢、下肢还是躯干，都要求有较充分的屈伸、外展内收、扭转身体等运动，从而使人体的骨骼及大小关节在传统定势动作的基础上，尽可能地呈现多方位和广角度的活动。其目的是要通过"拔骨"的运动达到"伸筋"，牵拉人体各部位的大小肌群和筋膜，以及大小关节处的肌腱、韧带、关节囊等结缔组织，促进活动部位软组织的血液循环，改善软组织的营养代谢过程，提高肌肉、肌腱、韧带等软组织的柔韧性、灵活性和骨骼、关节、肌肉等组织的活动功能，达到强身健体的目的。

（1）柔和匀称，协调美观

本功法是在传统"易筋经十二定势"动作的基础上进行改编，增加了动作之间的连接，每势动作变化过程清晰、柔和。整套功法的运动方向为前后、左右、上下；肢体运动的路线为直线和弧线；肢体运动的幅度，是以关节为轴的自然活动角度所呈现的身体活动范围；整套功法的动作速度是匀速缓慢地移动身体或身体局部。动作力量上，要求肌肉相对放松，用力圆柔而轻盈，不使蛮力，不僵硬，刚柔相济。每势之间无繁杂和重复动作，便于中老年人学练。同时，对有的动作难度作了不同程度的要求，也适合青壮年习练。

（2）注重脊柱的旋转屈伸

脊柱是人体的支柱，又称"脊梁"。由椎骨、韧带、脊髓等组成，具有支持体重、运动、保护脊髓及其神经根的作用。神经系统是由位于颅腔和椎管里的脑和脊髓以及周围神经组成。神经系统控制和协调各个器官系统的活动，使人体成为一个有机整体以适应内外环境的变化。因此，脊柱旋转屈伸的运动有利于对脊髓和神经根的刺激，以增强其控制和调节功能。

第三节　传统养生功法之八段锦

一、八段锦的起源和发展

八段锦中的少林八段锦是少林寺众僧最早演练的健身功法之一。它是一套内功健身法门，取自"易筋经"部分内容，由少林高僧融合少林心法而成。八段锦与汉代导引图有一定的渊源，其中有几个动作和目前的立式八段锦的动作相似，虽然无法断定它起源于导引图，但是能够说明他们有一定的渊源。据传，早在唐朝时，少林寺高僧灵丘善练八段锦，寿命达109岁。两宋时期，出现了歌诀化的口诀，如北宋的《保生要录》，其中的9个动作有5个和八段锦中的动作类似，口诀也颇有相似之处。八段锦之名，最早记载在南宋洪迈所著《夷坚志》中，并有坐势和立势之分。南宋的《道枢》一书中的6个动作和语言表述都和现在的八段锦神似。这说明八段锦的动作雏形在南宋趋于定型，并逐渐独立，口诀也慢慢趋向歌诀化。元明清时期，八段锦发展缓慢、流传不广，基本处于停滞状态。晚清至新中国成立时期，八段锦的动作定型，语言也歌诀化。

新中国成立后，党和政府对民族传统体育项目非常重视。20世纪50年代后期，人民体育出版社先后出版了唐豪、马凤阁等人编著的《八段锦》，后又组织编写小组对传统八段锦进行了挖掘整理。由于政府的重视，参加八段锦锻炼的群众逐年增多。到20世纪70年代末80年代初，八段锦作为民族传统体育项目开始进入我国大专院校课程。这些极大地促进了八段锦理论的发展，丰富了八段锦的内涵。

国家体育总局于2001年成立了健身气功管理中心，建立了健身气功课题组，将八段锦作为一个子课题，以传统八段锦为依据，用现代体育和自然科学知识对八段锦的健身效果进行科学研究与实验。在现代生命科学、医学、人体形态学等方法的引入下重新对八段锦进行编撰，形成了现代广为流传的八段锦。联合国教科文组织第34届世界遗产大会2010年8月1日审议通过，将八段锦列为世界文化遗产。

二、八段锦概述

（一）要领

首先，要目的明确。其次，要持之以恒，最好能天天坚持练习。最后，注意每一动作的正确练习方法，练习每一动作对人体的保健作用。在练习中还可根据自己的需要，有选择地增加练习数量，达到一定的治疗效果。

练习八段锦也和练习其他功法一样，还要强调"内劲"，要求以意领气，以气生劲，以劲达四肢，发挥人体内在的真气运行功能，以推动病变部位"气行则血行"，改变已形成的"气滞血瘀"病理状态。

（二）功效

八段锦具有多种保健作用。八段锦锻炼具有活动颈肩腰膝等关节，加强臂力和下肢肌力，强健胸部肌肉群，防治脊柱后突和圆背等不良姿势的作用。锻炼中，促进了肺脏的呼吸和气体交换，对防治慢性支气管炎、肺气肿、肺心病等疾病有非常大的作用。

八段锦通过自身锻炼，充分调节人体的"正气"，加快肢体、关节和内脏功能的恢复，具有提高抵抗疾病的能力，增强体质，提高疗效，缩短疗程的作用。

练习八段锦，强度宜由少到多，开始时次数少些，随锻炼时间的延长，逐渐增加每节动作重复次数。一般每节动作可以做4~20次，每天可练整套动作1~2次，以微微出汗为度。

运动负荷的掌握应视体质情况而定。体质弱者，动作应舒缓含蓄，均匀沉稳，待锻炼一段时间后，可加大练习强度。

（三）功法

第一段：两手托天理三焦。此动作用于调理三焦，本动作要求双手微微交叉，掌心向上托，身体重心向上移。

第二段：左右开弓似射雕。扎低马步，左右分别模拟拉弓状。本动作会练习到腰部，旨在改善脾肾问题。

第三段：调理脾胃须单举。本动作取第一式的一手向上托举部分，另一只手垂下向相反方向用力，两手一上一下，上下手交替练习。本动作特别为促进肠胃蠕动设计。

第四段：五劳七伤往后瞧。本动作交替拉伸脖颈至左边、右边。

第五段：摇头摆尾去心火。本动作用来强化心肾，主要功效为疏泄心火。心火也是中医药中的概念。做这个动作时要先马步半蹲，双手置于大腿，肘关节朝外，向两侧扭转身体向后看去。

第六段：两手攀足固肾腰。这个动作要求向上伸展后向前弯腰，再摸到脚趾。

第七段：攒拳怒目增气力。该式有点像第二式，动作是扎好马步，两拳握紧，分别向两边出拳。这个动作旨在增强内气、强壮肌肉。

第八段：背后七颠百病消。本动作双手向上托，脚尖踮起，脚跟蹬地。全身放松颤抖可使全身气走回丹田，自然呼吸态怡然。该式如此反复做七遍，

有的功法招式会把"背后七颠百病消"这一式放在"摇头摆尾去心火"一式后。

三、八段锦欣赏

(一) 柔和缓慢，圆活连贯

柔和，是指习练时动作不僵不拘，轻松自如，舒展大方。缓慢，是指习练时身体重心平稳，虚实分明，轻飘徐缓。圆活，是指动作路线带有弧形，不起棱角，不直来直往，符合人体各关节自然弯曲的状态。它是以腰脊为轴带动四肢运动，上下相随，节节贯穿。连贯，是要求动作的虚实变化和姿势的转换衔接，无停顿断续。既行云流水连绵不断，又如春蚕吐丝相连无间，使人神清气爽，体态安详，从而达到疏通经络、畅通气血和强身健体的效果。

(二) 松紧结合，动静相兼

松，是指习练时肌肉、关节以及中枢神经系统、内脏器官

的放松。在意识的主动支配下，逐步达到呼吸柔和、心静体松，同时松而不懈，保持正确的姿态，并将这种放松程度不断加深。紧，是指习练中适当用力，且缓慢进行，主要体现在前一动作的结束与下一动作的开始之前。

本功法中的动与静主要是指身体动作的外在表现。动，就是在意念的引导下，动作轻灵活泼、节节贯穿、舒适自然。静，是指在动作的节分处做到沉稳，特别是在前面所讲八个动作的缓慢用力之处，在外观上看略有停顿之感，但内劲没有停，肌肉继续用力，保持牵引抻拉。适当的用力和延长作用时间，能够使相应的部位受到一定的强度刺激，有助于提高锻炼效果。

（三）神与形合，气寓其中

神，是指人体的精神状态和正常的意识活动，以及在意识支配下的形体表现。"神为形之主，形乃神之宅"。神与形是相互联系、相互促进的整体。本功法每势动作以及动作之间充满了对称与和谐，体现出内实精神、外示安逸，虚实相生、刚柔相济，做到了意动形随、神形兼备。

气寓其中，是指通过精神的修养和形体的锻炼，促进真气在体内的运行，以达到强身健体的功效。习练本功法时，呼吸应顺畅，不可强吸硬呼。

第四节　传统养生功法之六字诀

一、六字诀的起源和发展

六字诀养生法，是我国古代流传下来的一种养生方法，为吐纳法。它的最大特点是：强化人体内部的组织机能，通过呼吸导引，充分诱发和调动脏腑的潜在能力来抵抗疾病的侵袭，防止随着人的年龄的增长而出现的过早衰老。六种气分别为一吹、二呼、三嘻、四呵、五嘘、六呬。

六字诀传至唐代名医孙思邈，按五行相生之顺序，配合四时之季节，编写了卫生歌，奠定了六字诀治病之基础。

歌云：

春嘘明目夏呵心，秋呬冬吹肺肾宁。

四季常呼脾化食，三焦嘻出热难停。

发宜常梳气宜敛，齿宜数叩津宜咽。

子欲不死修昆仑，双手摩擦常在面。

二、六字诀概述

（一）基本要领

第一，松静自然：松是舒展，而不是软和缩，形体舒松气自顺通，从而达到体松、意静、气运自然。静是由定中产生，神不外驰，精神内守，静了以后才能安心，心安以后才能达到充分发挥调整肌体自然平衡的本能。静，并不是思想静止。练功中的要求神不外驰，集中注意力，以一念代万念，排除外来的一切干扰。六字诀是动中求静，是以动促静而收养气之效，以静养之气促进体内血液循环畅旺。

法归自然。自然就是有规律的运动，运动的协调均衡是自然发展规律的体现，任何物体的运动必须符合协调均衡的自然规律才能够存在和发展。违背自然就要发生混乱偏差以至停止运动而消亡。自然就是均衡。经常保持生命活动的协调均衡，会自然而然地益寿延年。松静自然的要领即是练功的过程，又是练功的目的。

第二，呼吸锻炼：六字诀是通过调整呼吸来达到吐出脏腑之毒，吸进天地之清的目的，是练功中的重要环节之一，六字诀属于吐纳法。人们的呼吸活动，是由植物神经系统支配的，可以控制和调整。呼吸活动又对人体生理各方面有着广泛的影响，通过对呼吸的锻炼来达到调整整个肌体的功能，极为重要。

六字诀是采用顺腹式呼吸，在意识上是主动呼气，吸气时自然放松，使神经系统做到最大的放松。

第三，注意吐字时的口型锻炼：脏腑的内部运动和经络的运行受人体内外不同作用力的影响，而呼气时用不同的口型可以使唇、舌、齿、喉产生不同形状和位置，从而造成胸腔、腹腔不同的内在压力，影响不同的脏腑。古代养生家从长期实践中总结出六个字，分别以口型影响着不同脏器的气血运行，从而取得治病健身的效果。

第四，导引动作要柔和，并要做到气尽式成。使动作的快慢与吐气的速度一致并受气的支配，做到"气为元帅，手足为兵丁"之格言。

第五，在练功的初级阶段，不要强调以意领气或意气相随，随着动作的熟练，松静程度的提高，在明确了经络的起始运行路线以后，气感就会在练功中自然产生。在精神内守的前提下，随着吐字，气就会相依地在经络轨道中运行，这样就会水到渠成。这就是太极拳所谓由着熟而渐悟懂劲，由懂劲而阶及神明之理论，所谓"着熟"就是练气功之呼吸自然，所谓渐悟就是"勿助长"，不要急于求成。这一条戒律要特别注意，求急者反以得缓，所以孔子再三说，率性之谓道。孟子谓拔苗助长之比喻。

第六，六字诀中六个字的次序是根据中医五行生克之理论排列的。它影响着病情好转还是加重，不宜变更颠倒。要按次序练习。肝属木，木旺于春，四季以春为首，所以先练嘘字功，是因应天时，收效较快。木能生火，心属火，练呵字可以补心气。再练呼字补脾，脾属土，为火所生。呼字练完，可以练四字功，能补肺气。肺属金，为脾土所生。练完四字功，再练吹字，吹能补肾气，肾属水，为肺金所生。吹字练完，五脏之气都得到补养。三焦主气，再加嘻字功，导引行气则全身之气血通调而疾病不生。

（二）功效

中医认为自然界"五运六气"的变化，影响着人的生理和健康，人的身体是受四季的冷热干湿和五行生克的影响。比如春天容易生肝病，是因为自然界阳气上升，人的肝气上亢的缘故。秋天呼吸系统容易生病，是因为秋气肃杀，人的肺气虚怯。所以应注意按季节锻炼身体。

人体的脏腑又与"金、木、水、火、土"五行的生克制化联系在一起。所以练功的顺序一般按五行相生的顺序进行，但又要根据个人身体的虚实再加以相生相克地重点练习。

人体脏腑的内部运动和经络的运行，受人体内外不同作用力的影响。而呼气时用不同的口型可以使唇、舌、齿、喉产生不同的形状和变化。从而造成胸腹部不同的内在力，影响着不同的脏腑。古人从长期实践中总结出"嘘、呵、呼、呬、吹、嘻"六个字的口型，分别影响肝、心、脾、肺、肾和三焦。呼气时，又用意念和动作导引气血循经运行，从而取得治病延年的效果。

（三）功法

预备式：两脚平行与肩同宽，头正项直，百会朝天，内视小腹，轻合嘴唇，舌抵上腭，沉肩坠肘，两臂自然下垂，两腋虚空，肘微屈，含胸拔背，松腰塌胯，两膝微屈，全身放松，头脑清空，站立至呼吸自然平稳。

整套功法都从预备式开始。每变换一个字都从预备式起。每次练功时，预备式可多站一会儿，以体会松静自然，气血和顺之雅境。当放松之时，心中默念、头脑松、肩背松、沉肩垂肘、含胸拔臂心空、腹松、腰脊松、臀部松、两腿松、膝松、足部松、五趾松、两臂十指都放松。微觉轻微摇摆，松弛如肉之欲坠，呼吸微微绵绵如安睡状态，再开始练功。

呼吸法：六字诀功法一律采用顺腹式呼吸，先呼后吸。呼气时读字，同时提肛缩肾（收腹敛臀，二阴微提），重心自然后移至足跟（此为踵息法），注意不要有憋气感。吸气时，两唇轻合，舌抵上腭，全身放松，小腹部自然隆起，空气自然吸入。气吐尽则胸腹空，天空之清气自然由鼻孔吸入，万不可着意，否则吸气时流入经络之气难以下来，留于头部易头晕，留于胸部易胸闷。所以说呼有意吸无意。无意即顺其自然，头脑空，肌肉松，头顶悬则气下沉。六个字均用这种呼吸法。

调息：作用是调整呼吸，恢复自然，稍事休息。每个字读六次后调息一次，采用自然呼吸法，舌抵上腭（也可采用顺腹式呼吸）。

具体做法是：两臂从体侧徐徐抬起，手心向下待腕与肩平时，以肘为轴使小臂外旋，转至手心向上，随即曲肘使指尖向上，高度不超过眉毛，再向内划弧，两手心转向下，手指相对，然后似按球状由胸前徐徐下落至腹前，两臂自然下垂，恢复预备式。

三、六字诀欣赏

（一）疗效显著

马礼堂六字诀健身法指出，在其几十年的临床实践中，用六字诀治好的疑难大症不计其数，治愈的患者，有肝炎、心脏病、肾结石、青光眼及高血压、低血压、肠胃炎、气管炎等。最奇妙的是郭淑媛大夫静脉曲张、面部白癣，练功 3 个月后这些症状消失。

（二）简便易学

六字诀的发声和口型，只要按照汉语拼音发声即可。腹式呼吸要求小腹起伏。实际上，我们正常人在安静时或睡眠时的呼吸都是腹式呼吸（女同志一般是胸式呼吸）。导引的动作也很简单。一般 10 小时左右就可掌握六字诀的练习要领。1~3 个月左右，就可见到明显治疗效果。

（三）运用灵活

六字诀运用灵活。可以按顺序练习，也可以有针对性地练1个或2个字；既可以长期坚持练习六字诀，又可以按季节单独练某1个字；还可根据个人身体条件和病情疾患的虚实需要进行补泻。例如，大连内燃机车研究所谷同志，身患严重冠心病动脉硬化，每天着重练"呵"字100次以上，3个月后检查，恢复正常。

（四）不出偏差

练功的人只要按照要求去做，纯任自然，毫不用力，由简到繁，对读字、口型、呼吸、动作、意念，一步一步地进行操练，循序渐进，就不会出偏差。第三节治病健身的机理祖国医学认为自然界"五运六气"的变化，影响着人的生理和健康，人的身体是受四季的冷热干湿和五行生克的影响。注意按季节锻炼身体。人体的脏腑又与"金、木、水、火、土"五行的生克制化联系在一起。所以练功的顺序一般按五行相生的顺序进行，但又要根据个人身体的虚实再加以相生相克地重点练习。

第五节　中国象棋

一、中国象棋的起源和发展

关于象棋的起源，最早的说法是始于尧舜时代。相传舜帝的弟弟象发明了一种用来模拟战争的游戏，称之为"象棋"。

战国时的作品《楚辞·招魂》中记载"蓖蔽象棋，有六薄些"的句子，说明六博已在贵族阶层中流行开来。那时的六博是象棋的另一种称呼。南北朝时期，北周武帝，曾制《象经》出现"象戏"一词。文学家庾信曾赋《象棋经赋》及《进象棋经赋》。说明当时象棋已经在社会各界产生了普遍的影响。隋唐时期，象棋活动稳步开展，史籍上屡见记载。河南开封出土的背面绘有图形的铜质棋子，就反应了当时唐代的象棋形制。北宋末南宋初，中国象棋基本定型，因火药的发明增加了"炮"，还增加了"士"和"象"。南宋时期，象棋一词才开始指中国象棋。元明清时期，象棋继续在民间流行，技术水平不断得到提高。尽管当时在士大夫阶层中有弈博象戏之称，但是，象棋在市民、手工业者以及农民中却有很大的发展。

1956 年，象棋成为国家体育项目，制定了《象棋竞赛规则》。1962 年成立了中国象棋协会，中华全国体育总会。1993 年 4 月 6 日，世界象棋联合会在中国北京成立。2008 年，象棋入选第二批"国家级非物质文化遗产名录"。2009 年 2 月 23 日，经国家体育总局正式批复同意棋牌运动管理中心，"中国象棋"更名为"象棋"，英文译名采用"Xiangqi"。2010 年 11 月 12 日至 27 日，第十六届亚洲运动会在我国广州举行，象棋首次被列为正式比赛项目。2019 年 10 月，第十六届世界象棋锦标赛在加拿大温哥华正式开赛，中国队夺得世锦赛男子团体冠军，中国队选手徐超获得男子个人冠军。2020 年 4 月，"棋聚五洲"首届世界象棋网络棋王赛开赛。随着网络时代的来临，象棋一定能够更好地走向世界，象棋文化也一定能够得到弘扬和发展。

二、中国象棋简介

象棋（中文拼音：xiàng qí）也称中国象棋，是一种双人对弈的战略性棋盘游戏。象棋是中国最受欢迎的棋类游戏之一，和西方（或国际）象棋属于同一棋类。象棋游戏代表两个军队之间的战斗，目标是俘获敌方的将（帅）。该游戏是在绘有九条竖线和十条横线的棋盘上进行的。为区分对立双方，在第五排和第六排之间的区域称为"河界"。河通常标记为"楚河"，意为"楚国的河流"，界为汉界，意为"汉国的边界"。象棋的棋子分为黑色、红色两种，棋子共有三十二个，每组共十六个，各分七种。红棋子：帅一个，车、马、炮、相、士各两个，兵五个。黑棋子：将一个，车、马、炮、象、士各两个，卒五个。在下棋对弈时，红色棋子先走，根据既定的规则，双方轮流各走一步，直至最后出现胜、负、和三种结局。

关于为什么棋子分为黑色和红色，为什么中间隔着楚河汉界，为什么红色棋子先走，都有非常有趣的传说。在中国历史上，统一六国的秦始皇病逝之后（约公元前 203 年）战争四起，其中比较著名的战争名为"楚汉争霸"。"楚"指的是项羽领导的楚军，"汉"指的是刘邦带领的汉军。刘邦自称赤帝之子，所以刘邦的汉军用红色的军旗作为代表。项羽年轻时，看到秦始皇出巡会稽山，车队上插着一面黑色的旗子，就像一条黑色的大龙走过，让项羽非常羡慕，从此爱上黑色。后来项羽骑马打仗，都骑着自己心爱的黑色乌骓马，说明了项羽的军旗是用黑色作代表。因此象棋棋盘上的红色棋子指的是刘邦的红色汉军，黑色棋子指的是项羽的黑色楚军。楚汉相争开始的时候，项羽的实力比较强大，后来刘邦实力大增。双方进入僵持阶段，于是两方商定鸿沟和约，以鸿沟为界，东面是项羽的楚、西面是刘邦的汉，这就好像现在的象棋，棋盘中间画有一道楚河汉界，用来区分红黑两国一样。象棋有个说法叫红先黑后，也是当初刘邦和项羽的约定"先入关中为王"。刘邦先项羽一步进入关中，所以现行象棋都是红色先出。"观棋不语真君子，落子无悔大丈夫"，象棋不仅有严谨的规则，还有着深厚的文化底蕴，这也是为什么象棋能够广泛流传的原因。

三、中国象棋欣赏

在象棋对弈中，每位棋手管理一个由 16 枚棋子组成的军队。棋子呈扁平圆盘形，上面标有或刻有用来标记棋子类型的汉字，并用颜色表明所属的持方。黑色棋子上标记的汉字与对应的红色棋子略有不同。将军（或国王）在黑棋中标记为

"将"，在红棋中标记为"帅"。将（帅）在宫殿内末尾边缘线的中点处开始游戏。将军可以走直线进行移动和吃掉棋子，但不能离开宫殿。军师在黑棋中标记为"士"，在红棋中标记为"仕"。士（仕）从将（帅）的两侧出发。士（仕）可以走斜线进行移动和吃掉棋子，但不能离开宫殿，这将它们的移动范围限制在五步。象在黑棋中标记为"象"（大象），在红棋中标记为"相"（丞相）。它们位于士（仕）的旁边。象（相）可以沿对角线移动两点进行走棋或吃子，但不能越过其他棋子进行走棋。象（相）的移动方式类似于汉字"田"。如果邻近对角线上有棋子，导致象（相）无法移动，则称为"塞象眼"。象（相）不能越过楚河攻击敌人的将军，只能用作防御。由于象（相）的活动范围限制在七个位置，因此很容易被困住或受到威胁。马（或骑士）在黑棋中标记为繁体字"馬"，在红棋中标记为繁体字"傌"。一些传统象棋用"馬"表示两种颜色的持方。马位于象（相）的外侧。马先沿直线、后沿斜线进行走棋和吃子，移动轨迹类似于汉字"日"。与西方象棋中的骑士不同，马不可以进行跳跃走棋，它会受到水平或垂直方向邻近棋子的阻碍，即"拌马腿"。车在黑棋中标记为繁体字"車"，在红棋中标记为繁体字"俥"。在中国象棋中，这些汉字都读作jū，车可以沿直线进行任意移动和吃子，但不能越过障碍走棋。车位于棋盘的角落交叉点处。由于行动自由、不受限制，车通常被认为是象棋中威力最大的一个。最后我们用一首歌来帮助大家记住象棋的排布。

五个小兵站前排；

两门大炮放两边；

元帅将军中间坐；

车马象士挨着站。

第六节　围棋

一、围棋的起源和发展

据史料记载，围棋起源于约公元前 2356 年。最早记录该项目的书籍为《左传》。公元前 548 年，春秋战国，通过《左传》《论语》《孟子》等书中的描述，可以看出围棋这时已在社会广泛流传。魏晋及其以前，"棋局纵横十七道，合二百八十九道，白、黑棋子各一百五十枚"。南北朝时期，围棋棋局是"三百六十一道，仿周天之度数"，由 19 道棋盘代替过去的 17 道棋盘，从此 19 道棋盘成为主流。唐代以前，围棋还通过吐蕃（即西藏）传到尼泊尔、锡金等地。从唐代开始，围棋随着中外文化的交流，逐渐越出国门。日本遣唐使团将围棋带回，围棋很快在日本流传。唐代"棋待诏"制度（一种官职）的实行，是中国围棋发展史上的一个里程碑。这种制度从唐初至南宋延续了 500 余年，极大地推动了围棋的发展。明清两代，围棋流派纷起。明代正德、嘉靖年间，形成三个著名的围棋流派：永嘉派、新安派、京师派。梁魏今、程兰如、范西屏、施襄夏四人被称为"四大家"。郑和下西洋时，曾看到围棋在东南亚国家很受欢迎的情况。公元 17 世纪中叶，围棋传至欧洲。

我国从 1956 年起把围棋列为国家体育项目，自 1957 年开始，定期举行全国围棋比赛。1962 年成立了中国围棋协会。陈毅任名誉主席，李梦华任主席。陈毅是新中国围棋事业的奠基人，他曾言："国运盛，棋运亦盛。"可见他对围棋事业发展的重视程度。1982 年，"国际围棋联盟"正式成立，中国是 28 个成员国之一。1988 年 4 月 16 日，中国国家体委发布《围棋国家段位标准》《围棋国家段位标准实施细则》《围棋地方段位制》。2008 年，围棋入选第二批"国家级非物质文化遗产名录"。2013 年，中国众多棋手崛起，包括江维杰、范廷钰、时越等年轻棋手，接连在世界级比赛中获得冠军。

2016 年 3 月 9 日至 15 日举行的围棋人机大战中，谷歌开发的人工智能程序"阿尔法围棋"（AlphaGo）以大比分 4：1 战胜了围棋世界冠军、韩国顶级选手李世石九段。2017 年初，升级版的 AlphaGo 在 30 秒一手的网络快棋对决中，以 60：0 的成绩战胜几十位来自中、日、韩的围棋高手。计算机能打败围棋冠军，但是计算机却取代不了围棋文化，围棋运动中所蕴含的哲学、美学、数学、逻辑学等文化思想必将吸引更多的人。

二、围棋简介

围棋的英文"Go"是日语汉字"碁"的简称。"碁"源于中文，围棋，字面意思是指一种靠包围取胜的游戏。围棋是一项策略型棋盘游戏，有两名棋手参加，游戏目标是争夺比对手更多的领地。这项运动起源于 2 500 多年前的中国，中国古代称之为"弈"，是世界上迄今为止最古老的棋类运动。围棋公认的最早书面记载见于历史年鉴《左传》（约公元前 4 世纪）。据先秦典籍《世本》记载，"尧造围棋，丹朱善之。"讲的是一个关于围棋起源的故事。传说我国第一个皇帝"尧"，他有一个儿子叫丹朱，很淘气。于是"尧"就想了一个方法来教育他。"尧"教丹朱玩一个类似围棋的游戏，丹朱从游戏中得到启发，从此经常认真思考，学习了很多知识，逐渐变得稳重又聪明。这种游戏就是当今围棋的雏形。

现代标准围棋棋盘由 19 条横线和 19 条竖线组成，有 361 个交叉点。下围棋时用的棋子分黑白两色，一套围棋通常包含 181 颗黑棋和 180 颗白棋。对弈时黑棋先下，两人轮流下一棋，下棋时要把棋子放置在交点上。如果一方棋子（单个或一块棋子）被另一方棋子在其上下左右交叉点包围，那么这颗或这群棋子就叫被"吃"了。等到双方都认为无棋可下时，这盘棋才下完。虽然围棋规则相对简单，实操却极具复杂性。标准棋盘内，大概有 2×10 170 种变化。仅是对其基本策略的描述就能写成许多书籍。因此被认为是世界上最复杂的游戏。下围棋对人脑的智力开发也很有帮助，能增强一个人的计算能力、记忆力、创意能力、思想能力、判断能力，也能提高人对注意力的控制能力。

几千年的围棋文化孕育了不同的围棋思想，有兵家、道家以及禅学思想，儒家更是将围棋思想人格化、伦理化。围棋的每一个棋子功能相同，体现了平等的观念。棋子分为黑白二色，更是象征了世间阴阳两全，正反相衬，动静结合等观念。围棋的圆形棋子和方形棋盘象征着"天圆地方"。儒家讲"立象比德"，就是将围棋的"象"，比拟为君子之"德"。正所谓"仁则能全、义则能守、礼则能变、智则能胜、信则能克"。所以围棋不仅仅是争胜负的游戏，更是一门艺术，是生命哲学。对弈的最终目的是从中领略圆满和谐的"道"，追求棋艺和人生的共同完美。围棋体现着道家阴阳一体的古典文化与哲学，与音乐、美术、书法等艺术融为一体，召唤着一代又一代人对美的追求。围棋妙趣无穷，而且棋理深微，不但可以锻炼头脑，还可以陶冶人的情操。围棋极其公平，逻辑规则非常简单，但是变化却又极其复杂，真是大道至简！

三、围棋欣赏

路：这是棋盘，棋盘分为很多路，最外边的一圈（纵横交叉的四条边），叫做"一路"；再里边的一圈称为"二路"；然后以此类推到"9 路"。路数大为"高位"，反之为"低位"。围棋盘上有九个星，最中间的称"天元"。一般把棋盘分为三种区域：角（4 个）、边（4 条）、中腹（其他区域，即一圈 X 及其内部区域）。对弈时，黑棋先走，每落一子，轮流落子，落子位置须在棋盘的交叉点上，称为"一手棋"。

目：围棋比的是谁的空多，也就是谁围到的交叉点多；被围住多少个交叉点，就是围住了多少目。例如：三块棋各围到2目；这三块棋都是确定的活棋，如果缺失任何一子，任由黑棋来包围，最终会成为死棋。你可以看到，白棋右上角花费了6手，右手花费了8手，而中腹花费了10手，所能围到的确定目数都只有2目；这说明一个问题：一般来说，落子于"角"，围空效率要高于"边"，"边"又高于"中腹"，所以有句棋谚叫做：金角银边草肚皮。因此，围棋对局时一般都是先占角，再抢边，最后才争夺棋盘中央的地盘。

气：例如三个黑子，分别有2、3、4气，所谓气，即棋子周围空白交叉点的个数；气越多，生命力越强，对周围的影响力（威力）越大。而5块白棋，虽然都是四个棋子，但由于其排列和所处位置的不同，其气数也不同，对周围的影响力也不同。比较特殊的是左下的四个白字，其气数虽然只有9气，但由于其形状的特殊性（这个形状叫做花）和所处的位置，其威力极大。

提：中间的黑子有4气。你用白棋封住黑子的4气就可以提子。例如，黑子不动，白棋分别下一三五3手棋。注意第五号白子，这手棋称之为"打吃""打""叫吃"或"叫"，当一手棋导致对方的某个棋子、或某块棋子只剩一口气时，这手棋就被称为打吃。7号白棋这手棋称之为"提"或"拔"，由于黑子已无气，故可以从棋盘上拿掉。中间提一子需要4手棋。同理提走边上的两颗黑棋，白棋分别须花费2手棋和3手棋。

围棋除了下棋顺序和得分规则外，主要有两大规则。

规则1：下棋时在棋盘上的棋子必须保证在其相邻的垂直方向（上下左右）上至少有一"目"（一个空白交叉点，称"气"），或者这枚棋子必须要与垂直相邻的同色棋子连成一体，这些连成一体的棋子也至少要有一个空点（"气"）。如果单个或连成一体的棋子失去最后一口气，则就要被吃掉，从棋盘上被拿走。

规则 2：下棋时，不能重复先手或者走上一个棋手的落棋点。这种重复落子是不允许的，只有先在别处着一手才允许下一手落在之前被禁的点。

第七节　中国太极拳

一、中国太极拳的起源和发展

太极的理论与拳术操练，由 13 世纪武当道士张三丰创建。之后关于太极拳的发展并没有明确的史料记载。后来研究发现，17 世纪的黄宗羲撰写的《王征南墓志铭》（1669 年）的确是有史以来表明张三丰和武术间关系的最早文献。随之传承下来的陈氏家族拳法的创立可以追溯到 17 世纪的陈王廷。如今我们称呼的"太极拳"是到了 19 世纪中叶才出现的名号。

1956 年，国家体委组织 4 名太极拳专家汲取太极拳之精华形成精简的 24 式太极拳。1976 年，专家们发展了一个以表演为目的、用时稍久的太极拳套路，此套拳法并未包含传统拳法的关于心静意专、协调配合的全部要求。这就是由门惠丰牵头，三位武术教练一齐完成的 48 式太极拳。20 世纪 80 年代国家体委对许多太极拳套路进行了标准化操作，定有 4 大主流流派的套路招式和新编组合套路招式。在 1990 年举办的第 11 届亚运会上，武术首次被列为比赛项目，其中 42 式太极拳被选为太极拳的代表。

国际武术联合会（IWUF）申请将武术列为奥运会项目之一，但不计入奖牌榜。1991 年 10 月，第一届世界武术锦标赛在北京举行。太极拳作为三大拳种之一列为正式比赛项目。2000 年 5 月，中国武协启动太极拳健康月活动，国际武联执委会将 5 月定为世界太极拳月。2006 年，太极拳被列入中国首批国家非物质文化遗产名录。2008 年，经国际奥委会批准，在北京第 29 届奥运会期间，在北京国家奥林匹克中心体育馆举办了"2008 武术比赛"。2017 年举办了以"共享太极 共享健康"为主题的百城千万人太极拳展演活动。在国内 165 个城市和国外 25 个国家的 30 个城市开展环球传递演练，活动持续 17 天。现在，你可以在中国的任何一个公园看到人们打太极拳作为锻炼身体的活动场景，太极拳已经成为我们的文化烙印。

二、太极拳简介

太极拳中的太极一词，最早出现于周朝《易经》一书，代表的是阴阳之母或阴阳融合，指的是中国关于阴阳变化的一种宇宙观，是一个以太极图符号为代表的终极体。其后北宋学者周敦颐著作书《太极图说》的图形，具体解说太极的原理。"太极"概念出自中国道家和儒家哲学思想，在此哲学理念影响下产生的一种内家拳名为"太极拳"，太极拳理论和实践的发展与许多中国哲学原理相一致。

太极拳是国家级非物质文化遗产。是一种关于（阴阳）两极之间动态关系的拳法体系。具有颐养性情、强身健体、技击对抗等多种功能。太极拳的动作技巧在《太极拳谱》一书中有详尽描述。这是一部集传统太极大师之大成的理论集，其一大特色是强调要通过利用关节的协调和放松而不是肌肉的紧张，来起到化解、击退和发起进攻的目的。新中国成立后，被国家体委再次改编，分为比武用的太极拳、体操运动用的太极操和太极推手。由不同流派创生的各种太极拳的招式和现代形式已经成为国际武术比赛中不可或缺的一部分。

老子在《道德经》中写道"柔胜刚，弱胜强"，为太极哲学提供了原型，它倡导和谐、动静结合以及以柔克刚。太极拳是一项全面的系统工程，是一种具有中华民族传统文化特色的综合性学科，它涉及人与社会、人与自然以及与人体本身有关的问题，包括古典文学、物理学、养生学、医学、武学、生理学、心理学、运动生物力学等，体现东方文化的宇宙观、生命观、道德观、人生观、竞技观。太极拳术结合易学的阴阳五行之变化，中医经络学，古代的导引术和吐纳术，长期训练能够对人体带来极大的益处。

从目前的统计数据来看，全球太极拳练习者多达3亿人。

三、太极拳欣赏

杨氏太极24式（Yang-style Taiichi 24 form）。24式简化太极拳也叫简化太极拳，是国家体委（现为国家体育总局）于1956年组织太极拳专家汲取杨氏太极拳之精华编纂而成的。尽管它只有24个动作，但相比传统的太极拳套路，其内容更显精练，动作更显规范，并且也能充分体现太极拳的运动特点。包括：起势、野马分鬃、白鹤亮翅、搂膝拗步、手挥琵琶、倒卷肱、左揽雀尾、右揽雀尾、单鞭、云手、单鞭、高探马、右蹬脚、双峰贯耳、转身左蹬脚、左下势独立、右下势独立、左右穿梭、海底针、闪通臂、转身搬拦捶、如封似闭、十字手、收势。其他形式的太极运用包括太极推手、太极操以及太极剑。

上海市著名运动学、心内科专家，上海中医药大学附属岳阳中西医结合医院的朱医生（针灸推拿学专业博士，上海体育学院人体运动科学学院博士后，加拿大渥太华大学人体运动科学学院博士后。也是吴氏太极拳第六代传人，主要研究方向是太极拳健康、科学的原理。）表示：太极拳对身心健康的发展具有很大的促进作用。其实验室有16个红外摄像头，可以研究观察全身的关节运动变化，下面有两个测力台，还有一个6米长的足底压力系统，以研究太极拳搂膝拗步的科学原理：

首先，在被试者全身各个关节贴上马可点，通过红外摄像，可以看到关节的三维运动，同时，接上机电图，研究被试者在架势过程中肌肉的功能变化。这是重心的偏移情况，由此，还可以测到他站立过程中的时间比，比如说步长、步宽和步速，最重要的是实验中可以测试他在运动过程中脚踝和足底的受力情况，最大力、平均力等固定的参数。这里分 7 个区域。可以看到脚 7 个区域每个点的力学变化，可以看到力的平均线，关节受力的均匀情况，可以看到受力最大值的情况。太极拳轻柔缓慢、圆活连贯、动中求静、气沉丹田。根据个人身体素质情况，姿势高低和运动量大小可以有所不同。人人都可以练习太极。太极能够满足不同年龄和身体状况的需求，2015 年的一项系统性综述发现，患有慢性阻塞性肺疾病、心力衰竭和骨关节炎等慢性疾病的患者可以练习太极，而不会加重呼吸短促和疼痛症状，研究还发现太极对提高患者的功能性运动能力有积极影响。2017 年的一项系统性综述发现，练习太极降低了老年人摔倒的风险。

太极对交感神经系统（SNS）有舒缓作用，人们处于压力时，交感神经系统通常会被激活。大量的科学研究已经证实了，太极拳可以防治常见病、慢性病和多发病。和有氧运动一样，太极会增加荷尔蒙和心率测量值，这与交感神经系统活动减少有关，也能够部分解释其与更强的心肺功能之间存在的联系。除了健康方面的益处，太极拳在促进一个人的心理建设方面也有很好的益处。太极拳的冥想训练培养出的专注力和沉着有助于保持最佳健康状态。

第八节 咏春拳

一、咏春拳的起源和发展

"起于严咏春，衍于梁赞，盛于叶问！"这句话可以用来总结咏春拳的发展过程。

相传，清嘉庆年间，福建有一位名严四的少林高手自泉州逃难至连城隐居，严有一女名咏春，自幼随父习武。一日，咏春在河边洗衣，偶见一白鹤与一条青蛇在激烈争斗，她仔细观察之后顿有所悟。于是她将蛇鹤相斗的缠绕吞吐动作结合南派少林拳法创编出早期的咏春拳。多数认为最初咏春拳是一门女子自卫用的武术。

1845年左右梁赞师从梁二娣，后经梁二娣介绍结识黄华宝，并被纳为关门弟子。1870—1890年间梁赞于赞生堂内收徒。约19世纪时，梁赞（1826—1901）将其师从黄华宝和梁二娣处所学的武学功夫，正式订名为咏春拳。陈华顺得其真传。

1901年后陈华顺在莲花地大街缸瓦店内教授咏春拳术，传人共有16人，叶问即在其中。1949年叶问将咏春拳带到香港，之后的二十年里设馆授徒。20世纪60年代，李小龙赴美国发展，逐步成名，通过电影将咏春拳传播至世界各国。1971年，叶问弟子成立了"咏春体育会"，集教授、研究、交流咏春拳术为一体，并以此为中心，1971年叶问徒孙梁挺将咏春拳介绍到德国，从此咏春拳在欧洲及北美发展。叶氏门下高徒辈出，特别是凭着非凡的中国功夫扬威世界的李小龙，将咏春传播至世界。

1990年10月，国际武术组织在中国北京成立。咏春拳被纳入比赛项目。2014年12月，咏春拳被中国国务院列为非物质文化遗产代表项目。2018年10月，首届WWC实战咏春拳大赛在杭州瓜沥鸣锣开赛，共有26支队伍、260多名选手参加了个人单项赛、双人组合赛、团队表演赛、对抗赛等四大类项目的激烈比拼。2018年11月—12月，国际武术联合会咏春拳大赛在佛山举行，来自20多个国家和地区的1000多名运动员同台较量。2019年10月，第15届世界武术锦标赛在中国上海东方体育中心举行。这既是咏春拳的主要发展过程，虽然历时只有不到400年的时间，但却成为了我国武术发展史上一颗璀璨的明珠。

二、咏春拳简介

咏春拳，亦称"永春拳"或"泳春拳"。通常称为咏春，它以概念为基础，是来自中国南方的传统武术风格，同时也是一种自卫形式，需要借助敏捷的手臂动作和强壮的腿部力量来击败对手。根据传说，咏春拳由少林庵的五枚师太创立，并传授给学生严咏春，用来保护自身免受不必要的侵害。这门武术就是以严咏春的名字命名的。咏春中最常见的形式包括小念头、寻桥和标指三种空手招式；八斩刀和六点半棍两大武器训练；木人桩练习。

咏春拳法有着最有效的三大特点：简单、直接、有效。它不依靠肌肉去发力，对身体本身的身体素质要求不是很高。咏春拳集成了人体结构学、哲学和审美等方面的知识，具有健身、提高审美锻炼毅力等多方面的价值。它的站姿也发挥了我们人体的结构，六合发力，同一时刻整个身体发力。经常坚持咏春拳锻炼，能改善神经系统的机能、呼吸系统的机能，以及对心血管系统机能的影响等。咏春拳能使人获得美的感受，在某种程度上满足人们的审美需要和享受。此种审美价值，产生于技击美与技艺美融合的咏春拳美。咏春看似绵软，实则拳快而防守紧密。"如果你力气大，我不能以力气大对你。比如，这个人脾气大，不跟他顶，化解掉。顺势而为，柔软一点。这是练拳的境界，也是做人的道理。"这是咏春拳留给我们宝贵的文化遗产。招式多变、运用灵活、擅发寸劲、以快著称，一代宗师叶问让原本秘而不传的咏春拳开宗立派，李小龙师从叶问，又融合各家所长，发展出截拳道，开创功夫电影之先河，一路打进好莱坞。成为一系名拳。甄子丹、张晋等主演的电影《叶问》系列让咏春拳家喻户晓。出演 CW 美剧《绿箭侠》的斯蒂芬·阿梅尔将咏春拳融入了他的格斗风格，他的角色就是借助木人桩进行练习的。格斗游戏《铁拳 7》的开发者通过设计游戏角色来反映现实世界的武术技艺，在开发过程中，就对咏春技法进行两人动作捕捉，开发出勒罗伊·史密斯这一角色。

目前咏春拳已纳入了中国武术段位制，并入选我国非物质文化遗产。通过电影、电视剧和游戏等文化传播手段，咏春拳现在已经走遍世界各地，同时，国家体委也努力将该项目引进高校体育课程建设内容中，我们用这样的方法来保护我们古老而神秘的武术文化，咏春拳。

三、咏春拳欣赏

咏春拳中最常见的形式包括三种空手招式、两大武器训练和一个木人桩练习。

（一）三种空手招式

（1）小念头。小念头是咏春的第一套拳法，也是最重要的招式，贯穿练习者的一生。通过练习小念头，可以领会保持平衡和维持身体重心的基本要领。小念头可以和汽车进行类比：既能够提供底盘，又可以充当引擎。它是整套咏春的入门拳法。

（2）寻桥。咏春的第二种形式寻桥。注重通过身体的协调运动和寻找桥手来缩短习练者和对手之间的接触距离，通过发起攻势打破对方的身体结构和平衡。寻桥也使用肘部和膝盖进行近距离攻击。寻桥还讲授了如何在身体结构受到破坏时恢复原有重心和中线位置的方法。

（3）标指。第三种形式也是最后一种形式标指，包括贴身近打、远距离攻击、下段踢击、快速扫打等模式，当身体结构和中线严重受损时，可以采用"应急技法"进行反击。比如习练者受伤严重时，除了寻桥中的转马和踏步，标指涉及更多的上半身训练和伸展练习，能够释放出更多力量。这些动作包括近距离肘部进攻和颈手攻击。

（二）两大武器训练

（1）八斩刀。八斩刀，又名二字双刀。八斩刀包括一对大型"蝴蝶刀"，规格比短刀略小，刀片通常在28～38厘米之间。在历史上，八斩刀也被称为"夺命刀"。八斩刀的训练方法涉及高级步法的教授，在站桩和技法方面强调额外力量的释放。八斩刀训练有助于培养格斗精神，这是因为八斩刀技法旨在夺取敌人性命。

（2）六点半棍。六点半棍也称"长棍"，是一种细长的木棍，长度为20厘米到33厘米不等，也被一些流派称为"龙棍"。对于使用六点半棍的流派而言，六点半棍的七大招式也适用于徒手格斗。六点半棍的名字就源自这七大招式，其中最后一个招式"流"算作半点。

（三）木人桩练习

木人桩为武术器材，以木材制造，有桩手及桩脚之设置。它容许少量活动（弹性）。是训练拳脚、手法、身法的器械。木人桩借助木制假人作为中间工具，帮助学员练习咏春拳，对抗模拟敌人。木人桩有不同形式，来自不同的咏春流派。咏春拳木人桩是将小念头、寻桥、标指三套咏春拳的攻法、手法、步法、腿法融合在一起的一种模拟练习，它充分体现了咏春拳的实战意识与技击方法。

第九节　赛龙舟

一、赛龙舟的起源和发展

因缺乏文字记载，关于龙舟运动的起源没有确切的史料，但是可以肯定的是龙舟运动距今已有四千多年的历史。西周时代，结合龙神图腾崇拜，龙船已成为当朝天子的御用水上交通工具。晋太康二年（281年）在魏襄王古墓中发现了《穆天子传》，内容记载了周穆王乘天子用的豪华龙舟向世间展示天子的威严和政权的力量。龙舟初为在端午节为帝王助兴的工具，在唐朝与竞渡结合之后，采用龙舟竞渡的风气渐渐在民间普及。隋唐时期，隋炀帝大力推进"大运河"的建设，发展水上运输、广造船业、制"龙舟"等，并先后3次乘坐龙舟驾临扬州。宋朝时期的龙舟竞渡场面宏大，淳化三年（992年）

开始每年3—5月都会在固定地点"金明池"开展水上演技活动和竞技活动。著名明代画家仇英等人，第一次将龙舟竞渡的题材"合并"到《清明上河图》卷里。清代三朝皇帝都非常喜爱龙舟，大力推进龙舟竞渡，由于大清时期经济繁荣，龙舟竞渡活动开展的规模庞大且井然有序。

1895年8月1日，在中国的福州，发行了世界上首套体育邮票，这套邮票是清代《龙舟竞渡图》商埠邮票。1984年3月第一次在广东省佛山市召开了全国性的龙舟会议。一致通过了举办全国性的龙舟比赛，并将比赛命名为"屈原杯"。会议制定了最初的龙舟竞赛规则。当年9月首届全国"屈原杯"龙舟赛事开幕。由此宣告中国古老的龙舟运动进入新的发展阶段。1985年6月5日中国龙舟协会在湖北宜昌成立，中国首次有了全国性龙舟组织。同年，中国第一本《龙舟竞赛规则和裁判法》出版。2001年世界上第一个冬季龙舟赛在吉林市零下28℃的气温下成功举办。2005年第二届全国体育大会上，首次列入了龙舟比赛项目。2017年第十三届全国运动会，龙舟列入群众比赛项目。带着神秘色彩、镌刻厚重的历史文化烙印的龙舟从历史中走来，也将承载着悠久的文化逐渐走向更远的未来！

二、赛龙舟概述

神州大地，龙的故乡。中华民族，龙的传人。龙，以其独特的形态渗透在人们生活中。生活用具、房屋建筑和历史传说等，无不留下龙的痕迹。龙舟，是端午节竞渡用的龙形船。通常由各种木头、竹子和其他轻质材料制成。比赛项目中使用的龙舟一般装饰有中国特色的龙头和龙尾。赛龙舟是中国传统的划船运动。

在古老的中华民族神话传说中，一直认为本氏族人都源于龙，因此龙图腾祭祀实际上是一种祖先崇拜，这是我国历史上最早的一种文化现象，距今约有四千多年的历史。关于龙舟竞渡的故事，流传最广的是源于纪念楚国爱国诗人屈原。公元前278年农历五月初五，爱国诗人屈原含恨抱石自沉汨罗江。江上的渔夫和岸上的百姓，听说屈原大夫投江自尽，都纷纷划船来到江上，奋力打捞屈原的尸体，还拿来了粽子、鸡蛋投入江中，以使屈原大夫尸体免遭伤害。从此，每年这天楚国人民都到江上划龙舟，投粽子，以此来纪念屈原，端午节的风俗就这样流传下来。随着历史推移，龙舟竞渡逐渐从民间地方习俗演变成具有官方色彩的专业竞技活动，形成有章法、有规范的龙舟体育文化，并传播到世界很多国家和地区，在浩瀚的世界体育大观园中占有一席之地位。

龙舟分"专职龙舟"和"业余龙舟"两大类。"专职龙舟"只作竞渡，不作它用。"业余龙舟"则是以生产用船临时改装而成，用后又恢复为生产用船。龙舟的制作工艺也是我国的非物质文化遗产。各种龙舟的构造大致相同：船（包括浆梢或橹）、龙头、龙尾、各种装饰物和锣鼓。江西等地有旱龙舟之俗。赛龙舟于夜间举行，四川省五通桥和浙江武进县等地龙舟张灯结彩，泛映水面，像一条条游龙在水面竞飞，尤为动人。飞溅的浪花、飞舞的龙旗、飞驰的龙舟，震耳欲聋的锣鼓声、呐喊声，与两岸欢乐的人群一起，构成乡情浓浓的中国龙舟竞渡风俗画。丰富的文化内涵、崇高的精神寄托、强烈的民族特色和运动魅力，体现着人民的爱国进取、团结互助、拼搏奋进的民族精神，这也是龙舟留给我们宝贵的精神财富和文化积淀。

三、赛龙舟文化欣赏

龙舟的制作工艺作为一项历史文化遗产也是值得欣赏的一道美景。端午龙舟一般分为龙头、龙身、龙骨、龙尾四部分，外加浆和舵。龙舟制作要求很高，需要请专门的师傅，选择一个黄道吉日开工，制作前还须斋戒沐浴、焚香、拜神，一点也不能马虎。它的制作历经数十道工序，6个工人同时做工，花费20天时间，无数次手工的打磨、抚平和拼接，方成为龙形，这种民间传统的手工制作龙舟方法一直延续至今。

龙舟竞赛的形式包括：直道竞速赛、绕标赛、拉力赛、往返赛、拔河赛。龙舟比赛时，每条龙舟上根据龙舟的大小有不同的船员，标准龙舟的船员一般由 22 名队员组成，包括 20 名面向船头的成对桨手，1 名位于船首、面向桨手的鼓手或指挥，还有 1 名站在船尾的舵手。第一对桨手称为"配速员"、"领桨手"或"计时员"，他们为全队设定速度，并负责与对方同步划桨，而所有桨手在比赛中保持同步性至关重要。桨手一般采用三种不同的划桨动作：（常规的）向前划桨、向后划桨和拉桨。鼓手敲鼓时发出的鼓拍声被认为是龙舟的"心跳"。鼓手在比赛中使用有节奏的鼓点来引导所有桨手统一划水频率、保持同步性。鼓手可以通过手势和声音向船员发出指令，也会经常督促船员拿出最好状态。鼓手既是战术角色，又是仪式角色。龙舟运动的方向由站在船尾的舵手控制。舵手也可以使用操舵桨，通过转动曲柄来调整船的位置。当舵手转动舵桨时，船尾向左或向右移动，使船旋转。舵手使用口号来引导桨手。

龙船竞渡前，先要请龙、祭神。还有一种仪式称为"醒龙"，由一名道士对船身上雕刻龙头凸出的眼睛进行点缀。这种仪式象征着巨龙结束蛰伏，重振精神。在现代端午节仪式上，可以邀请一位代表（点睛官）上前，用毛笔蘸上红颜料在船头龙眼上"点睛醒龙"。仪式结束后，各龙舟队伍在规定的静水区域赛道，从起点以最快的速度划向终点。百舸争流、人声鼎沸、实在壮观！

第十节　射艺

一、射艺的起源和发展

中国的最新考古发现，大约在 2.8 万年以前的山西峙峪遗址，我国就已经有了箭。而射箭进入体育意义上的范畴是在中国的商周时期。西周时期的射礼活动，不仅具备体育竞技性质的诸多要素，如完善的竞赛规程、规范的竞赛组织管理等，而且带有社会道德教化功能和为国家选拔人才的意义。周朝时期，已经形成包含"射艺"在内的"六艺"。在中国先秦时期，不仅出现了世界射箭史上最早类似于现代体育比赛的射礼活动，而且总结出了较为多元的射箭思想与理论。射箭的军事功能也进一步强化。秦朝，射箭形式也日益丰富，弓射、弋射、弩射等多种形式的射箭出现在兵马俑墓葬中。唐宋时期，统治者创立了武举和武学，建立了包含射箭在内的较为完善的人才选拔与培养制度。元明清时期，元朝和清朝统治者都是善于骑射的游牧民族，非常重视狩猎射箭，而明朝更重视射礼的传统文化。明太祖朱元璋积极恢复射礼，制定了专门的大射礼礼制。

1931 年，国际射箭联合会（简称国际箭联）正式成立，国际箭联制定了轮赛规则。1972 年，国际奥委会将优雅、古老和传统的射箭运动正式列入奥林匹克比赛大纲。男、女团体均于 1988 年被列为奥运会正式比赛项目。2008 年，中国传统箭术（南山射箭）入选第二批国家级非物质文化遗产代表性项目名录。2019 年 6 月，中国射箭队首夺世锦赛男团冠军。从以上的梳理我们可以明显地看到射艺的发展出现了断层，这是值得我们反思的。

二、射艺概述

射艺是周朝（公元前 1146 年至 256 年）贵族推崇的"礼""乐""射""御""书""数"六艺之一。射者根据特定的程序和动作，用中国传统弓，将羽箭射向目标。古代射箭也分为军射、礼射、猎射。射艺在古代被视作中国皇帝的一个必备技能。在古代，射箭广泛用于狩猎、运动、仪式、考试和战争等多个场合。传统射艺讲究身端体直、用力平和、拈弓得法、架箭从容、前推后走、弓满式成。

现代所讲的射艺，大都是礼射。礼射又分为：射礼、大射、燕射、宾射、乡射。射箭要用到的工具包括弓、弦、矢、镞、壶、鞲等，弓箭种类繁多，但大多数是角弓（筋角木复合弓），其次是长弓和木质复合弓。它有规范的动作和技艺，如张弓、搭箭、瞄准、扣弦、放矢等。在古代，这些内容都被严格地规范成为一种礼仪。

在《礼记·射义》中记载有严格的 12 道射礼程序。而射礼一经产生，便又反过来规范射的行为，这样便形成了完整的射礼文化。《礼记·射义》记载：射者，进退周还必中礼。王阳明的《观德亭记》中记载内志正，外体直，持弓矢审固，然后可以言中，此可以观德行矣。这段话不仅说明了射箭的要领，还蕴含了仁人君子之道，通过射礼，可以观察一个人的姿态、礼仪、心力、修养等德行。

射箭在中国古代文化和哲学中具有突出特征和重要作用。首先，射礼是中华礼仪文化的重要形式，讲究谦和、礼让、庄重，提倡"发而不中、反求诸己"，重视人的道德自省和寓教于射。其次，它蕴涵有华夏特有的人文体育精神：人的全面发展，由射艺演化的富有哲理的"弓道"，成为引导民众全面发展、社会走向和平的教化之具。此外，古时的男孩子必须学习射箭，这直接有助于国民国防观念的塑造，以及开放、勇敢、大气的气质与性格的形成。

射艺是中国民族体育、艺术和文化的合体，包含了对射者品德、心境和意志励炼的哲学内蕴。学习射艺不仅可以强身健体、磨炼意志，还可以知晓礼乐，并达到修身养性的效果，射艺的体育精神和人文精神需要我们发扬光大。

三、射艺欣赏

（一）弓的种类

1. 塞西亚角弓

2. 长弓（单体弓）

3. 木质合成弓

4. 长弓梢角弓

5. 明代角弓

（二）射箭技巧

中国历史上关于射箭技巧经历了很多变化，不同射法拉弦的长度不同，所以也很难去具体到哪一种是最规范的。在文学、艺术和摄影作品中记下了中国弓箭手会将拉弦手放在前肩、脸颊、耳朵位置，甚至头后。仪式性射箭、武举射箭以及战场上实战射箭对于箭法的不同要求展示了中国射艺技法的风格对比。这也是射艺为什么在古代会如此盛行的原因。

（三）礼射的流程

藏弓→持弓行礼→上射位→正足→挟矢→正筈→审固→引彀→发矢→敛弓→执弦→退射位

第四章　世界各国体育文化

第一节　法国体育文化

一、法国体育文化概览

17世纪开始，法国的古典文学迎来了辉煌时期，相继出现了莫里哀、司汤达、巴尔扎克、大仲马、维克多·雨果、福楼拜、小仲马、左拉、莫泊桑、罗曼·罗兰等文学巨匠。他们的许多作品成为世界文学的瑰宝。其中的《巴黎圣母院》《红与黑》《高老头》《基督山伯爵》《悲惨世界》和《约翰·克利斯朵夫》等，已被翻译为多种语言，在全世界广为流传。近现代，法国的艺术在继承传统的基础上颇有创新，不但出现了罗丹这样的雕塑艺术大师，也出现了像莫奈和马蒂斯等印象派、野兽派的代表人物。从17世纪开始，法国在工业设计、艺术设计领域的世界领先地位早已有目共睹。有关实用美术、建筑、时装设计、工业设计专业的学校也早已凭借其"法国制造"的商业硕果而享誉世界。

法国人热爱体育，尤其喜欢文学、崇尚艺术，因此特别喜欢具有艺术性的体育项目。在法国人眼中，运动是一种美，观看比赛是一种对美的欣赏。每年的冬季运动是许多法国人的最爱。有这样的群众基础，法国在每年的冬季奥运会上屡获佳绩。在历届冬运会上，法国选手还曾多次囊括滑雪奖牌。

（一）体育中的人文精神与社交礼仪

法国人在待人接物上的表现主要有以下特点：

（1）爱好社交，乐于人际交流。对于法国人来说社交是人生的重要内容，没有社交活动的生活是难以想象的。法国的沙龙文化对法国人影响深远。而体育是最好的社交形式之一，也是法国各类体育俱乐部蓬勃发展的原因之一。

（2）诙谐幽默，天性浪漫。法国人在人际交往中大都爽朗热情。善于谈天说地，海阔天空，他们不太喜欢不爱讲话的人，体育是运动，是豁达奔放，符合法国人的天性。

（3）追求自由。法国人是最著名的"自由主义者"。"自由、平等、博爱"被宪法定为本国的国家箴言，在国徽上也明文写出。1798年通过的人权和公民权宣言指出："自由即所有人皆拥有的…不伤害其他人的自主权。""不自由毋宁死"（Vivre libre ou mourir）成为法国的一个重要格言。法国运动队队服偏爱蓝色，因为蓝色象征着自由。（法国的国旗颜色中，蓝色象征自由，白色代表平等，红色代表博爱。自由和平等为权利，博爱、尊重他人为义务。）

（4）国家意识、民族自豪感强，偏爱"国货"。法国的时装、美食和艺术在全世界有口皆碑。法国人对此拥有极强的自豪感，在他们看来，世间什么都是法国最棒（如语言、文化、艺术、科技、时装、葡萄酒等。如果用法语与法国人交谈，就会感觉到对方的热情）。一个世界冠军可以让法国疯狂庆祝很长一段时间。

法国是以美食、文学、戏剧、电影和艺术而著称的具有悠久历史的国家。法国人千方百计地避开美国的霸权主义而保持自己的独立性，在实现现代化的同时仍然保持法兰西道路。

（5）骑士风度，女士优先。在人际交往中法国人的礼节主要有握手礼、拥抱礼和贴面礼。各种礼仪无不体现女士优先。

（6）遵守观赛礼仪。提前到达场地，这是对运动员、教练员和裁判员最起码的尊重；退场时，垃圾要用方便袋或者纸袋自行带出；比赛场内不吸烟、不吃东西、不使用闪光灯等。

（二）秉承先进的体育理念：机会公平与价值引领

法国体育运动秉承两大理念。

（1）坚持体育公民性，机会均等。以足球为例，法国坚持"全民均享有踢足球的机会"的运动理念，使社会各个层次的人都有机会踢足球。法国体育教育的方针是坚持公民性，特别要照顾到残疾人、贫困地区，使每个人都有均等的机会受到体育教育，而不是只针对少数人的精英培养模式。

（2）坚持价值引领，快乐体育。法国足球协会按照"取得好成绩必须要有好的理念和价值观予以支持"的原则，提出了足球运动的五大价值观，即"快乐、尊重、参与、容忍和团结一致"。让大家都能从运动中享受快乐，学校体育教学淡化体育竞技意识，目的是培养合格公民和建立正确的价值观。尤其是足球这样的团体运动，作为体育课程的组成部分，所承载的目标是塑造人格品质，培养学生的团队合作精神。

（三）注重体育发展的保障机制建设

1. 体系完备的竞赛联赛

法国体育竞赛主要分为两大体系：一是由法国各级体育运动联合会牵头组织的以学校为参赛单位的校园竞赛体系，参赛队员均为在各级学校体育运动联合会注册的学生会员。二是由法国各级体协牵头组织，以各级俱乐部为参赛单位的社会系列竞赛体系。参赛队员主要以个人身份在社会各级体协注册的青少年运动员为主，在校学生可以分别注册学校体育运动联合会会员和各类体育协会会员，并以各自身份参加两类比赛，两类比赛体系相互独立。

2. 发挥社团作用

法国国家中小学体育联合会（简称 UNSS）由教育部部长兼任会长，各大区、各省及各公立中小学校均成立联合会，学校校长兼任本校体育运动联合会主席，各校的运动联合会均是 UNSS 的成员。UNSS 根据教育部制定的体育教学方针开展学校体育教学，组织开展各类体育活动和赛事。

3. 重视运动条件建设

法国行政区规划实行国家、大区、省和市镇四级管理模式。大区政府负责本辖区高中的硬件设施建设、省政府负责本辖区初中的硬件设施建设、市镇政府负责本辖区小学的硬件设施建设。法国政府高度重视国民体育运动设施建设和相关政策保障，政府财政支持和保障范围覆盖了社区、社团和学校等领域，所有社区都有能够满足当地群众的运动需求地。各地政府积极为市民提供公共活动场所和条件，配备免费体育设施，众多体育运动中心也开设各种健身课程等。

4. 完善的运动风险保障体系

法国有完善的全民免费医疗保障体系和社会保险体系。所有体育教师均需通过由教育部组织的教师资格考试，确保其开展相关体育运动教学时已具备安全、正确的训练资质。校园运动联合会和俱乐部为学生会员统一购买保险，为发生体育运动意外伤害的学生的后续处理提供保障，解除了学校、家长、学生和会员的后顾之忧。

5. 注重体育文化建设

法国教育部、UNSS 等机构善于利用新媒体进行宣传，校园体育运动联合会开设了 Facebook 等社交媒体账号，吸引大量粉丝关注。作为体育强国，法国的体育运动氛围非常浓厚。法国利用举办和承办各大赛事的机会，营造良好体育文化氛围，吸引和培养青少年的兴趣。体育文化与社会文化融为一体。

二、法国传统体育项目

法国人对体育、艺术与生活的热爱成就了法国及其深厚的体育文化。击剑、网球、法式滚球、球法自行车赛、花样游泳、足球、冬季运动等是法国人喜爱的传统体育项目。

（一）追求优雅的击剑运动

法国击剑队是世界一流强队，长期处于击剑世界霸主的地位，在 2008 年北京奥运会上，他们就以 2 金 2 银的绝佳战绩排列击剑项目的第一名。

2021 年法国队共获得东京奥运会 10 个击剑小项的参赛资格：男子重剑、花剑和重剑团体和个人，女子花剑、佩剑团体和个人，以及男子佩剑和女子重剑的个人赛，并取得了很好的成绩。在 7 月 25 日的男子重剑决赛上，Romain Cannone 以 15：10 的比分，击败匈牙利选手 Gergely Siklosi，为法国拿下东京奥运会第一枚金牌，成为法国家喻户晓的"奥运英雄"！此外法国获男子花剑团体冠军、女子佩剑团体亚军。

在奥运会历史上，法国获奖牌数量最多的体育项目就是击剑，共计 120 多枚奖牌，其中 43 枚金牌，是获得击剑奥运奖牌最多的国家，远高于其他国家。

法国的击剑运动是一项历史悠久的传统体育运动项目。早在远古时代，剑就是人类为自卫和狩猎的工具。随着人类历史的发展，剑成了武器。击剑在古代埃及、中国、希腊、罗马、阿拉伯等国家十分盛行。公元前 11 世纪，古希腊就出现了击剑课，并有剑师讲课。在中世纪的欧洲，击剑与骑马、游泳、打猎、下棋、吟诗、投枪一起被列为骑士的七种高尚运动。为了研究和推动击剑技术的发展，欧洲各国纷纷成立击剑行会（协会和学习）。14 世纪在西班牙、法国和意大利出现了一个令人炫目的骑士阶层，他们以精湛的剑术纵横天下，博得了广泛的美誉。此后各国贵族纷纷效仿，一时间成为上流社会的时尚，后来发展到贵族之间为解决纠纷采取的终极手段，一剑定生死。在中世纪，击剑被公认为是贵族的高雅运动，也只有贵族才有决斗的资格，16 世纪末和 17 世纪初的欧洲盛行决斗。从 16 世纪开始，尤其是在法国亨利三世和亨利四世时期，击剑运动真正得到了全面发展。1776 年，法国著名击剑大师拉布瓦西埃发明了面罩，这对击剑运动发展具有里程碑意义。这一发明使击剑运动进一步走上了高雅道路。

19世纪初，法国减轻了花、重、佩这三种不同式样的剑的质量，击剑运动由此逐渐成为国际性的体育竞赛项目，并最早成为奥林匹克大家庭中的一员。1882年，法国成立了世界上第一个击剑协会。在最初的击剑比赛中，既没有计分指示灯也没有电子计分设备：如果一方被刺中出现血迹，对决的另一方就获得了胜利，因此运动员着纯白色击剑服。在击剑被视为一种体育项目前，其比赛规则是由法国击剑师学院制定的。击剑手首先会根据下的赌注进行比拼，让击剑比赛成为精彩绝伦的较量。当时的"命中"并不止于"点到为止"，因此没有赢家。

当皮埃尔·顾拜旦复兴奥运会时，击剑是当时唯一一项职业选手和业余运动员均可参加的项目。但在1900年，各个国家的击剑规则各不相同。因此，在1912年，法国击剑选手拒绝参加奥运会比赛，因为意大利选手使用的不是同一种剑。各国联合会的建立为之后的国际击剑联合会开辟了道路，从而统一了击剑竞赛规则。

《星球大战》呈现出的光剑决斗成了现代坐班人士喜爱的运动方式，并以此摆脱久坐不动的生活方式。法国击剑协会决定将光剑决斗认定为一项官方运动。他们甚至为此制定了一些具体规则，运动员之间的光剑决斗更具视觉吸引力，以便让年轻人有兴趣参与这项运动。击剑协会秘书长Serge Aubailly说，"对于今天的年轻人来说，这是真正的公共健康问题。他们不做任何运动，只会用拇指做运动。""要说服他们离开沙发，玩非拇指运动变得越来越困难。这就是试图在我们的项目和现代技术之间建立一种纽带的原因，如此可以使他们发自内心地参加一项体育运动。"

新的光剑决斗运动有额外的规则，旨在提高其审美吸引力。目的是让光剑格斗包括大型扫掠动作，而不是传统击剑中的快速突刺。法国击剑协会已将光剑决斗认定为一项官方运动。光剑运动是法国的创新，同样体现出法国人追求高雅的审美情趣。

法国击剑属于典型的古典派。早在路易十四时期就形成了自己的风格，与法兰西民族一样颇具绅士风度。其流派特点是：美观轻巧、平稳流畅。法国的花剑技术很规范，战术精细，善于挑引。打法讲究技巧，特别注意精力的保持和体力的分配。多年来法国的男花在世界剑坛一直保持优势地位。法国的重剑整体实力很强，选手姿势优美、手法细腻、讲究攻守结合，喜欢采用大弓步进攻，在比赛时不会急于攻击。法国的佩剑步法轻快、动作灵活隐蔽，战术多变。

从中世纪的剑客决斗到现代击剑运动，法国人注重举止优雅，动作从容。重过程轻结果就是他们的一种独特的生活态度。

（二）魅力无穷的罗兰·加洛斯网球公开赛

罗兰·加洛斯网球公开赛，也称法国网球公开赛 French Open，与澳大利亚网球公开赛 Australian Open、英国的温布尔登网球公开赛 Wimbledon Championships 和美国网球公开赛 U. S Open 一起被公认为世界四大网球公开赛。

法国网球公开赛始于 1891 年，一般于每年的 7 月进行。每天进行一个赛段，共进行 21 个赛段，总赛程为 3200 公里左右；开始时只有法国选手参加，直到 1925 年才允许外国球手参赛，成为公开赛。1928 年起，法国网球公开赛每年 5 月底到 6 月初在巴黎西部布洛涅森林边的罗兰·加洛斯网球城举行。原名是法国 Open de tennis Francaise，1998 年这项比赛已经正式更名为罗兰·加洛斯公开赛 Open de Roland Gorros。比赛场地为红色黏土场地，所以也被称为红土地网球赛。

在法国人眼里，网球具有美感，能协调身体功能，是愉悦身心的运动。网球爱好者众多，网球明星拥有无数粉丝，是无数人崇拜的偶像。法国网球公开赛奖金总额为 2000 万欧元左右，门票价格根据不同场地和场次为 8 欧元到 53 欧元。

表 4-1　公开赛时代大满贯次数（男单冠军）最多的两名网球名将

姓名	总数	澳网	法网	温网	美网
罗杰·费德勒	20	6	1	8	5
拉斐尔·纳达尔	20	1	13	2	4

拉菲尔·纳达尔在 2019、2020 年均夺得法国网球公开赛男单冠军。截至 2020 年 11 月，纳达尔取得了 20 个大满贯冠军（与瑞士网球天王费德勒一样多），他一共获得了 85 个单打冠军，连续 17 年均有冠军入账的纪录独占网坛史上第一位。

在法国网球公开赛的带动下，法国网球协会的会员人数也突破了 100 万。

（三）象征高雅生活品质的法式滚球

如果要说什么运动是最具法国特色的运动项目，排名第一的就是法式滚球。在法国，这是一种流行很广、休闲好玩的运动。1907 年正式诞生于法国南部小镇 LaCiotat，与传统竞技运动不同，法式滚球规则简单、运动量不大但趣味性很强，既能锻炼身体协调性，又能增进朋友之间的感情，这使它成为法国随处可见、老少皆宜的全民运动。在法国的公园、海边、路边小道到处可以看到滚球场景。你会看见一个奇怪的现象：三五成群的老爷爷老奶奶，又或是无事可做的年轻人，聚集在沙地上，优雅地但精神集中地抛掷着手里两三个白色金属球，他们带着一种竞赛的意味，又像是在玩耍，那就是法式滚球。

法国人认为这是最有趣的运动，也象征生活品味的一项高雅运动。在众多球类运动中，是最晚确定正式比赛方式的运动之一，风靡法国近一百年的这一运动在 20 世纪初才正式成为国际赛事。

法式滚球（Pétanque）顾名思义，是一种球类运动。以 3 人为一组，用金属小球，遵循类似冰壶比赛的规则，在沙地上抛滚。先在地上画个圈，在圈内向前抛出一只小木球——Lecochonnet，即"目标球"（Cochonnet 本意是"目标球"，小木球之所以有此称呼，据说是因为它整天在地上打滚，像爱滚地的猪崽）；然后，站在圈内将钢球朝"目标球"投去，双脚不能离地。比赛攻守兼备、投掷姿势优雅讲究，但规则非常简单。在两人一队的比赛中，每位参赛者可以使用三颗球；同组的两人当中，通常一个是"瞄准手"，负责投球；另一个是"射击手"，负责将对手的球打掉。简单来说，就是一攻一守；在三人一队的比赛中，每位参赛者可以使用两颗球。每场比赛都不能超过十二颗球在比赛场地上。第一队中的任何球员选择一个起点，并在地上画出一个可以站立的圆圈，然后参站在圆圈内丢出他的第一个钢球，并尽量让他的比赛球接近到小球。投手的双脚不能离地，不可跳跃或移动。持球者手背也必须朝上，利用手腕的力量将球抛出，比赛球落地前不能越过地面上的圆圈。另一队的选手须试着让他的比赛球更接近小球，或撞开对手的球来达成目标。当两队投掷完所有的比赛球后，便可以开始计算分数。而获胜的队伍赢得的分数，是以比另一队伍更靠近小球的球数来计分，一球算一分。先得到 13 分的队伍获胜。

（四）环法自行车赛——让你知道骑自行车也是充满激情的体育运动

法国每年会举行许多著名的体育赛事，其中以环法自行车赛和法国网球公开赛最为引人注目。世界闻名的环法自行车赛是知名的年度多阶段公路自行车运动赛事，主要在法国举办，但也经常在周边国家（如英国、比利时，还有比邻的西班牙比利牛斯山中）举行。在法国，自行车赛永远是充满激情的体育运动。

每年一度的环法自行车赛迄今已有 100 多年的历史。在118 年前，即 1903 年 1 月 19 日，法国宣布举办第一届环法自行车赛。

环法自行车赛的创办和法国历史上有名的"德雷福斯事件"有关。阿尔弗雷德·德雷福斯是一个犹太裔的法国军官，在1894年被诬叛国入狱。虽然1896年真相大白，法国政府却不肯为之平反。事件公开后，法国社会不得不正视自己反犹太主义的传统，并引发了一场大规模的争论。进步派先锋人物——埃米尔·左拉，曾因为仗义执言而不得不远遁英国避难。在这场争论中，一些反犹的报人和广告商不满当时法国最大的体育报纸 Le Vélo 的立场，决定另办一家杂志，取名为 L'Auto，是当今法国《队报》（L'Équipe）的前身。为了与 Le Vélo 竞争，举办了第一场环法自行车赛。

　　环法自行车赛是公路自行车运动中规模最大，影响最广的国际自行车大赛。据了解，法国有1800万人热衷于此项运动，赛事每年吸引超过1000万的观众观看。如今，法国在自行车运动领域共有113000多名专业选手、2479家俱乐部、11000多种大小赛事以及200名左右的高级运动员，可见法国人对该项运动有多大的热情。

　　历史学教授克里斯托弗·汤普森在他的著作《环法自行车赛：一部文化的历史》里这么写道，"环法赛产生了英雄般的人物，他们坚毅，能克服可怕的苦难。在可怕的道路上、在恶劣的天气条件下、极高的山脉上、危险的下坡路上，自行车运动员克服了种种困难，这让公众有了独特的体验，环法赛就像一部独特的史诗，让人们体验到了战胜苦难的信心。"

　　在比赛中，如果选手落后于主车群太远，那么他将会面临淘汰出局的危险。根据比赛各赛段的平坦程度和当天速度，环法比赛的规则手册上清楚地写明了淘汰的标准。如果选手在平地上比赛时速度低于34公里/小时，那么淘汰的速度点就是第一名选手所需时间的4%。如果比赛的速度为48公里/小时，那么淘汰的系数就会上升为赛段第一名选手时间的12%；而在高山赛段，淘汰系数上升为18%，个人计时赛上，都是统一的25%的淘汰系数。在某些赛段上，尤其是在高山赛段，如果有一半的选手面临着淘汰，主办方将会依据本规则而行事。如果选手在一个赛段的最后3千米中出现撞车、车胎爆裂或者机械故障，那么出事故者的比赛成绩将按照出事故时和他并肩的选手的成绩计算。如果出事故者未能完成当赛段比赛，他将被判作这个路段的最后一名。特殊情况下，比赛监督将会听取申诉。选手在比赛当中必须配戴头盔，即使是在山地赛段，违反规定意味着罚款。参赛的自行车选手不得借助随队的摩托车或是拉着汽车车窗而前进。尽管如此，赛事的组织者对于那些受伤选手挂靠车队汽车前进的做法采取睁一只眼，闭一只眼的态度。

环法自行车赛的先驱者《队报》的版面以黄色作为主色调，他的母公司组织环法比赛，不过，让总成绩领先的车手穿黄色领骑衫主意是在1919年首次提出来的。法国人克里斯是首先穿黄色领骑衫的选手，当时观众们在公路两旁注视着长长的比赛队伍，结果身穿黄衫的克里斯很容易就被认出。

环法自行车赛的奖励从一开始都是以奖金形式来颁发的。1903年第一届的总奖金是20000法郎，自此后每年都有增长，2008年达到320万欧元（约500多万美元）。除总决赛外，每一赛段和每一排名都有赛奖和嘉奖（bonus）。每一参赛队伍也有一小笔出场费。

每个国家和民族都有自己的英雄，英雄可以引起一个民族的自豪感，是一个民族一个国家凝聚民族向心力的符号。回顾法国环法自行车赛的历史，产生了很多法国英雄，他们以坚忍不拔的精神鼓舞着法国人的斗志，激发他们的民族自豪感，在一定程度上起到了强化对法国的国家意识和认同。

三、体育之于法国经济

（一）充满活力的体育产业

法国举办的大型赛事不胜枚举，在法国举办过数届冬奥会

（包括夏慕尼、格勒诺布尔和阿尔贝维尔）、欧洲杯、世界杯、英式橄榄球世界杯、环法自行车赛和法国网球公开赛等赛事，这些大型赛事对法国经济产生了重大影响。

法国足球队一般都下榻于法国的酒店，有法国公司资助。很多运动场馆都由法国电力公司 EDF 提供电力供应，或是它的合作伙伴。

2014 年，史上最贵的一届冬奥会——索契冬奥会，有 12 家法国公司共获得了价值约 1.1 亿美元（约 6.8 亿人民币）的合作合同。在一项对罗讷-阿尔卑斯大区（位于法国东南部）的调查显示，当地有近 300 家与冬季运动产业相关的公司，每年创造约 10 亿欧元（约 68 亿人民币）的营业收入。

在国际大型赛事上法国公司总能获得价值不菲的大合同，法国企业国际发展署的负责人萧伯斯坦表示，正是源于国内大型赛事的成功举办经历，为这些公司树立了良好的形象。

法国足球甲级联赛，虽然居于欧洲五大联赛之末，比起其他几大联赛的商业化运营和影响力虽然稍显逊色，但是在国内就可以获得一年 6.6 亿欧元的电视版权收入。而现在，法甲联赛不仅有望通过和 Orange 以及 Canal Plus 两大机构合作在从 2012—2016 年四年间提高国内电视转播权收益，还将从海外电视转播权中得到收益补充。

有着百余年历史的环法自行车赛堪称世界上最伟大的赛事之一。而对于整个赛事而言，它更像是一台巨大的吸金机器。据英国 BBC 统计，2012 年的环法赛上共有 325 个赞助商出现在赛道和赛车上，所有赞助商的投入总计达 21 亿美元。也就是说，环法每公里比赛就有近 61.69 万美元的赞助经费。即便是全球经济危机也无法阻挡环法的赚钱效应。以 2010 年为例，当年环法大赛的收入达 1.47 亿欧元，其中 50% 来自电视转播费，40% 来自赞助商，其余来自比赛期间各个赛程城市的承办费。据透露，仅法国电视公司 2010 年就为环法贡献 2 300 万欧元。即便要付出高昂的费用，还是无法阻挡每年超过 300 个城市递交的承办申请。

在 2019 年环法大赛的赛道上，选手们每 2.7 公里就能看到一个广告标志，到达每一站的终点时能够看到约 450 个广告招牌。

这个人口为 6 700 万人的国家，体育产业的总产值约占国内生产总值（GDP）的 1.5% 左右，体育产业的年产值大概为 400 亿美元（2 500 亿人民币）。

（二）规模庞大的法国的体育用品市场

1. 普通大众参与和追求高雅是体育产业发展的基础。法国具有崇尚运动休闲的传统。相关数据显示，超过 3 700 万名法国人经常做运动，其中 1 800 万人喜欢骑自行车、1 400 万人喜欢游泳、1 260 万人参加远足、800 万人慢跑，另外有 700 万人滑雪。年龄在 25 岁以下的人士是最大的户外运动消费者，人均每年在运动方面的花费超过 270 亿欧元。其中，个人的消费最大。最时尚的锻炼项目是骑自行车（30%），其次是游泳（23%）和跑步（20%）。

庞大的体育人口和追求优雅的生活情趣造就了较为完整的体育产业体系，促进了大众对体育用品和相关服务需求的增加，巨大的体育人口从消费和投资等需求方面支撑起了在法国国民经济中占重要地位的体育产业群，形成了庞大的体育用品市场，法国的体育用品市场已经发展成为欧洲大陆第二大的市场。

网球、游泳、骑自行车、高山滑雪、足球和极限运动是与法国市场密切相关的体育项目，它们拥有一批法国本土的供应商。其他发展势头良好的还有户外产业和健身产业。

其中法国的户外运动市场尤其繁荣。欧洲户外运动市场的一份最新分析显示，法国在登山运动方面的消费领跑其他国家。15 岁以上的法国居民，每人每年用于户外装的费用在 300 欧元以上。法国消费者每年购买近 500 万双专业登山鞋，比德国高出 17.5%。尽管德国人口总数比法国多 20%，但是源于法国在户外运动的传统，法国的登山鞋的销售量远超欧陆其他国家。

资料显示，法国体育用品零售在法国市场一直保持着每年4%以上的增长率。

2. 举世闻名的体育用品

在世界公认的 25 个最重要的国际体育赛事中，法国举办过 23 个，其中有 18 个赛事近 30 年来每年举办一次。每届赛事都有 1 550 万多件相关衍生商品投入市场。在几大世界体育赛事上，几乎随处可见法国公司的身影。比如：从法国户外品牌的市场来看，乐卡克体育（Le Coq Sportif）、乐飞叶（Lafuma）、迪卡侬（Decathion）、艾高（Aigle）、拉科斯特（Lacoste）是目前比较活跃的品牌；其中艾高是法国近几年发展最快的户外装品牌，无论是在城市街头，还是在郊外运动场合，到处可见人们穿着艾高的户外装和它的橡胶靴。而迪卡侬则是欧洲最大、全球第二大的运动用品连锁集团，无论是在法国还是中国市场休闲领域都有极高的占有率。一项对法国零售商的调查显示，迪卡侬是最受欢迎的标志。

Lafuma 是制作并销售各种类型运动包和行囊的公司，后来陆续推出了野营装备，并进军服装行业，成长为登山专用户外品牌。在第二次世界大战中，Lafuma 曾为法国军队提供大量背包装备，从而让 Lafuma 名声大振，战后，品牌得到了长足发展，并开始积极资助各项户外运动：包括探险、登山、越野跑等。过半数的法国人生命中第一个双肩背包品牌就是Lafuma。Lafuma 在欧洲及法国都是销量领先的户外品牌。充满法兰西气息的 Lafuma 已有 80 多年的历史，现已进入全世界 45个国家，是公认的科技含量高的一线户外品牌。

乐卡克体育（Le Coq Sportif）"公鸡"是法国的象征，这个象征源于法国的一个古老民族，他们以斗鸡图案为旗帜，此后，公鸡的标志在法国落地生根，成为法国民族的精神象征。

乐卡克以其高品质的服装深受大家喜爱。法国公鸡从20世纪80年代起被很多足球俱乐部选作队服。充分享受运动的快感，与其他追求流汗和忍耐力的运动不同，法国公鸡提出了为体现自身的生活方式及感想而运动的理念。为追求新鲜感的运动者提供了全新的运动场景。Lecoq sportif Golf追求力量与优雅完美结合，成为体现品位和身份的真正的运动品牌。

带有"公鸡"形象的该品牌服装在欧洲享有盛誉，并很快风靡全球。1981年春天，该品牌在日本正式启动，其产品融合了法国的浪漫气息与日本的精致典雅，为引领潮流者打造了广泛的个性化空间。经过在亚太地区的长足发展，其产品已遍布日本、韩国、台湾、香港、泰国、新加坡等地，并赢得当地时尚年轻男女的广泛认同和追捧。

迪卡侬（Decathion）提供连锁运动用品经营以至体育全产业链的支持，根据运动类别的不同，分为20种不同名称的品牌。对于初学者和专业运动者，迪卡侬都能提供运动服饰、装备以及各种创意类运动产品，其全产业链掌控的模式让其产品具有较高的性价比。2018年中国零售百强名单发布，迪卡侬（中国）以销售规模1 083亿元位列第66位。

艾高（Aigle）是法国家喻户晓的户外休闲用品品牌。自1853年掌握胶制作工艺后，一直坚持着手工制作胶靴的传统，从而形成一套独特的技艺，保护人们免受风雨侵袭。凭借经典工艺，艾高鞋靴、服饰兼具时尚性及功能性。1972年，在德国慕尼黑奥运会，Aigle开始为帆船选手设计运动鞋；1973年，推出了当年全球最畅销的马靴，不少香港的现役骑师亦乐于采用Aigle的产品。

十多年前进入中国市场，其店铺遍布全国一线及省会城市主要高端商场、机场、高铁，独特的品牌形象及高端的定位，商品兼具功能保护及时尚设计，宜日常穿着及旅行出行，使得Aigle在中国获得愈来愈多消费者的认可和青睐。

拉科斯特（Lacoste）这个品牌名源自法国著名网球选手

René Lacoste（发音：拉科斯特），因他的长鼻子，人们给他以"鳄鱼"的绰号。他委托朋友对其运动衫缝纫加工，在左胸上绣绿色的鳄鱼标记。从网坛退役后，拉科斯特运动衫开始进入批量化生产和销售。由于运动员穿上鳄鱼牌运动衫在比赛中既舒服又美观，而且透气性能特别好，很受欢迎，鳄鱼牌衬衫迅速推广，尤其是在美国。

拉科斯特推出了五个主题的俱乐部系列、运动系列及休闲装系列，使得这个70年的品牌始终充满活力。

Lacoste服装涵盖了男、女装和童装系列，款款实用而流行。在设计上，男装和女装都沿用了轻松舒适、年轻化的方针，更注重肩部、领部及袖口的细节，带来浓郁的青春气息。Lacoste的特点是面料精致，色彩搭配丰富，款式多样，展现了青春活力和时尚一族的魅力。拉科斯特品牌现已是无数自信、讲究穿着品位人士的选择。

（三）近乎疯狂的体育彩票业

体育彩票业是法国另一大体育支柱产业。从20世纪80年代初法国开始发行体育彩票，多年来为体育事业提供了大量的经费。1992年，法国奥委会从所有体育彩票获得的收益为1.66亿美元。国家体育基金会70%的资金也来源于体育彩票。

法国彩票种类较多，有赛马彩票、足球彩票、六合彩等。全国大约有70%~80%的居民经常购买各种彩票。

法国的赛马在欧美颇负盛名。每逢赛马季节，西方各国的游客和赛马迷就纷纷来到巴黎郊外布洛涅森林中的隆尚和奥德依跑马场，观看赛马并购买马票。玩马票已经成为现代法国人不可或缺的一大娱乐消遣方式。玩彩票，尤其是六合彩是无数百姓每周的功课，该彩票每周都会创造出一个百万富翁。

法国《欧洲时报》报道，2018年7月13日报道称，法国阿尔萨斯地区一名20来岁的年轻女子近日玩欧洲六合彩，在上莱茵省的一家烟吧签注买下一张彩券中了头奖，从法国博彩公司领得一张 3 600 多万欧元（约合人民币 2.79 亿元）的支票，成为法国最年轻的欧洲六合彩大奖得奖人。

（四）方兴未艾的体育会展业

体育本体产业的迅速发展带动了一项新兴行业：体育会展业。GLEvents 会展公司就是法国很有代表性的会展公司。现在 GLEvents 已经在法国之外的 10 余个国家设立了子公司。2012 年该公司在伦敦奥运会上的卓越表现成功吸引了巴西人的关注，通过竞标赢得了巴西世界杯赛事服务的大合同。当时 GLEvents 负责了伦敦 25 个室内和 15 个室外会展的设计和布置——这份合同价值 2 100 万欧元。在此之前，GLEvents 还成功为许多重大国内外赛事提供服务。法国 GLEvents 会展公司是全球领先的会展服务公司，在世界杯期间，他们成功地为里约中心（FIFA 的组委会和新闻中心所在的会展公园）提供了支持工作。

（五）蓬勃发展的体育对法国经济的带动作用

大型体育赛事的举办对法国经济发展起到了带动作用。如 1998 年世界杯足球赛事的举办使当年法国的经济增长了 3.3%。又如 2007 年法国举办橄榄球世界杯，为其带来了 40 亿欧元的直接收入，而且令第二年全国参加橄榄球运动的人数增加了 3 万人。

2016 欧洲足球锦标赛更是如此，此次赛事举办期间，法国旅游发展署和相关公司密切合作，推广和优化旅游项目，使旅游经济得到回升。赛事调动了 562 家法国企业，产生了 10 亿欧元的直接经济效益，给受到恐怖袭击影响的法国旅游业打了一针强心剂。

著名的罗兰加洛斯网球公开赛每届比赛都创造约 3 亿欧元的直接收益。

长期以来，法国把体育赛事和城市发展相结合，把优势体育项目转化为发展体育产业和旅游业的动力，打造城市经济增长点，提高城市知名度和影响力，效果显著。这种提升作用尤其体现在旅游产业上。值得一提的是阿尔卑斯山勃朗峰脚下的法国小镇夏慕尼。1924年，首届冬奥会在该小镇举办，法国政府充分利用这一契机，大力开发滑雪区域，建设基础设施。夏慕尼通过举办冬奥会，知名度和影响力得到提升，冬奥会之后，夏慕尼市将冬奥会遗产和城市发展规划相结合，通过不断开发治理，原来分布于阿尔沃河谷两岸的16座村庄成为夏慕尼市区。1930年，随着法国最高的架空索道在夏慕尼建成，该地区开始了索道整治工程。目前，该地区已建成近6 000条滑雪道、357个滑雪度假中心。1946年在夏慕尼创立了国家滑雪与登山学校。如今，这所学校已成为全球唯一的滑雪与登山领域的专业学校，它颁发的文凭国际公认，成为同行业的参照标准。政府还在夏慕尼陆续创建了高山警察培训中心、高山医学研究所、高山军校、攀岩学校等培训机构，把夏慕尼打造成为高山运动基地。同时，一系列教育、文化、体育和休闲设施也应运而生。每年冬季，800万名来自世界各地的滑雪爱好者纷至沓来；夏季，攀岩、徒步、山地自行车、滑翔伞等都是吸引游客的重要资源。夏慕尼从偏僻寂寥的山村逐步发展为四季人流涌动的体育圣地，每年接待的观光游客超过250万人次。举办大型体育赛事已经成为法国经济可持续发展的杠杆。

（六）体育是国家形象的靓丽名片

法国借助体育赛事的吸引力和电视转播对大众的影响力，扩大城市知名度。罗兰加洛斯网球公开赛，每年吸引近8万名球迷来到巴黎，同时在150多个电视频道进行实况转播，全球观看比赛的人数高达30多亿人次。一年一度的环法自行车赛也极具魅力，沿途吸引1 200多万名观众。据统计，每年的环法自行车赛在不到6周的时间里，每天有世界各国700多家媒体、数千名记者跟踪报道，将沿途城市形象立体、动态地展现在世人面前，对法国起到了极好的宣传效果，约35亿人通过电视转播观看。

体育旅游产业是最有发展前景的朝阳产业，大型的国际赛事带动城市的旅游、交通、景观、环保、媒体网络、文化产业等的快速发展，给举办国带来了巨大的商机。体育赛事对法国的旅游业的带动作用也非常巨大，如巴黎举办的几次国际赛事后，游客量猛增，埃菲尔铁塔成为世界游客最多的景点。

法国的体育产业蓬勃发展的原因是政府支持。法国体育产业区别于欧美其他国家的一个重要特点，就是政府对体育经济发展的宏观政策支持。法国政府部门积极鼓励和引导体育与经济的融合。

（七）法国锻造体育强国的"成功基石"

1. 政府支持，全民参与

无论体育竞技还是体育产业，"人"是一切发展的基础。

法国通过国家层面制定一系列政策扶持体育运动并引导其与经济的融合发展，培养了一大批与体育产业发展相关的各类"标签人群"，诸如运动人群、体育志愿者、高水平运动员、体育专业大学生、体育科技创业者等，他们既是在体育产业生态圈中工作的"生产者"，同时也是爱好运动、愿意为体育买单的"消费者"。

全民参与运动产业生态，离不开法国政府的大力支持。法国在发展体育产业方面不同于其他欧美国家，突出体现着政府"有形之手"的推动作用。政府通过制定宏观政策，鼓励和引导体育与经济的融合发展。为此，采取了一系列措施，如制订国家关于发展体育的各项政策法令、健全政府体育机构、加强学校体育和业余训练等。各类宏观政策及具体行动措施的落实，最直观地表现就是激发了全民参与的热潮，激活了体育赛事、体育教育、体育用品、体育科技等领域的市场，最终共同形成了"体育+经济"的融合发展新模式。

早在1901年，法国颁布《非盈利社团法》，确立了结社自由原则，而业余足球俱乐部正属于社团协会性质的组织之一。在该法案中明文规定"社团协会与合伙公司的根本区别在于：公司以追求利润分享为目的，而社团协会的目的则不在赢利。但这并不妨碍社团协会从事某些商业经营活动，只是其所得的利润不能进行分红，而只能用于与社团协会宗旨相关活动的投资和开支。因此，业余俱乐部经过合法申报与公布即可自由成立，但不能以盈利为目的，它本质上是一种"社区公共服务"。

称其为"社区公共服务"是因为，政府将纳税人的钱集中起来为社区居民提供公共服务，这其中的一项就是建设足球场及其配套设施（更衣室、浴室等），并且由政府负责对设施进行维护。但是政府不参与赛事活动组织和俱乐部管理，将权力完全交给更为专业的足协。在社区层面，业余俱乐部正是法国足协管理下的"基层组织"，充当了社区承接政府提供公共服务的纽带。在法国，每个社区（规模相当于我国的居住区量级）都拥有至少一家业余足球俱乐部，社区里的成人和儿童就能在自己家门口选择加入一家业余俱乐部，完全不必担心没有场地的问题。并且业余足球俱乐部的注册费用是各类运动中最低的，每年的会费仅为约 60 欧元，相比法国最低工资标准——税前月薪 1 525.45 欧元（净工资约 1 210 欧元/月），是完全能够负担得起的。

业余俱乐部是培养一代代青少年成长的"第三课堂"，仅次于家庭教育和学校教育。超过半数的业余俱乐部都拥有自己的足球学校，对社区里的年轻人进行足球运动的启蒙和培养，而它们承担着的是全法国大约 60 万的 5～13 岁年龄段青少年的足球教育工作。青少年在体育教育中学习运动和生活的基本规则、体验集体生活、学会互相尊重等。为了解决女孩子们与父母间的紧张关系，法国足协还在 2010 年推动了女子足球学校项目。

正因业余俱乐部具有"社团协会"的公益性质，并且依托本地社区发展，使得普通民众的"草根足球"得以在法国全面开花——在法国登记注册的共计 17 328 家足球俱乐部（2017 年数据）中，只有法甲、法乙两级联赛共 40 家是职业俱乐部，其余的全部是业余俱乐部；法国的 36 000 个市镇中，有 34 267 个市镇至少拥有一名注册球员；法国全境内 93% 的地区在开展足球运动。

仅以此例即可看出，政府推动体育产业发展，激发全民参与热情，不能仅靠资金的投入。体育运动空间及设施的建设维护固然重要，尤其要在城市更新中开辟出社区的运动场地无论在中外都并非易事。但如何通过政策和制度的设计让设施高效利用、普惠于民更为重要。

2. 赛事组织，吸引关注

法国政府极为重视将体育赛事与城市发展相结合，通过举办体育赛事，将其作为引人关注的人气磁极，提高体育运动项目本身的关注度及赛事举办城市的知名度，从而带动体育产业和旅游业的发展。法国举办国际体育赛事之多，令人瞠目。迄今已举办过两届夏季奥运会、三届冬季奥运会、两届世界杯、三届欧洲标，此外还有每年一度的环法自行车赛和罗兰加洛斯网球公开赛等。在世界公认的 25 个最重要的国际体育赛事中，法国举办过 23 个，其中有 18 个赛事近 30 年来每年举办一次。在 2019 年 6 月，法国举办女足世界杯；在 2024 年，还将第三次举办夏季奥运会。政府对申奥寄予厚望，巴黎申奥团队共同主席 Tony Estanguet 在 2017 年接受采访时曾说："这一历史性胜利现已显现轮廓，我们曾如此漫长地等待着这一时刻。其得失对法国整体和法国体育是如此重要。我们看到几任法兰西总统都前仆后继地参与其中，这对法国确实很重要。目标是要继续保持最佳水准，展现法兰西的卓越，展现法兰西的雄心，我们将取得令人难以置信的成功。"由此可见法国政府对于承办国际大赛是多么地看重。

这些大型体育赛事的举办，取得了实质性的成效：1998

年世界杯的举办使当年法国的经济增长率达 3.3%，相比前后两年均提高约 0.3%，相关统计表明，这的确归功于世界杯在法国的举办。2007 年法国举办橄榄球世界杯，不仅带来了 40 亿欧元的直接收入，而且令第二年全国参加橄榄球运动的人数增加了 3 万人。罗兰加洛斯网球公开赛每年吸引约 7.8 万名观众来到巴黎，每届比赛都创造约 3 亿欧元的收益。环法自行车赛每年能吸引 1 200 多万名观众，1 550 万件相关衍生商品投入市场。目前，法国的体育产业占 GDP 比重已达 2.5% 以上（中国报告网数据），是名副其实的体育产业强国。

这一连串光鲜的数据，实质上是从三方面体现了国际性体育赛事的举办，对于法国体育事业及产业经济发展起到的引擎带动作用。

在法国第二次举办冬奥会的城市格勒诺布尔，每年举办的"山地环球国际展"（Mountain Planet）吸引了来自全球 60 多个国家的 1.8 万多名专业观众，分享法国在山地运动领域的专业知识和丰富经验。

在三次冬奥会的牵引下，法国已拥有 250 个滑雪场，成为全球第三大滑雪目的地国，每年接待的滑雪者中有 27% 来自海外。在欧洲排名前五的滑雪场中，法国占据 3 席，其中位于萨瓦省（Savoie）的托朗谷（Val Thorens）在 2017 世界旅游大奖中被评为全球最佳滑雪场，而且这也是该滑雪场第五次荣登榜首。

法国人雅克杜加斯特在《19 世纪和 20 世纪之交的欧洲文化生活》中写到："自行车工业及紧随其后发展起来的汽车工业，其发展得益于大型体育比赛的成功，这些比赛成为推销很多其他产品的广告业。当时人们称之为'促销造势'（reclame）的得力支柱。"大型体育赛事的吸引力以及大众传媒的影响力，对于激发民众爱上一项运动能起到无可比拟的作用。以环法自行车赛为例，据 WBDS（华纳兄弟探索体育，Warner Bros Discovery Sports）报告，2022 年环法自行车赛在欧洲 50 个市场的观众参与度创历史新高，与 2021 年相比，Discovery+的环法自行车赛流媒体观众增长了五倍，而所有数字平台的流媒体流量同比增长 32%。通过环法自行车赛唤起了法国人对自行车运动的热情，全国有 1 800 万人热衷于自行车运动。在四大网球公开赛之一的罗兰加洛斯网球公开赛带动下，法国网球协会的会员人数也突破了 100 万。三届冬奥会的举办使法国喜欢越野和滑雪的人数分别达到 1 260 万和 700 万。而在足球方面，1998 年法国队首次夺冠之后，有高达 24 万名青年球员投身到足球运动中；另据法国足球网站 France Bleu 报道，在 2018 年世界杯夺冠后，法国国内注册球员数激增，本赛季法国足协又将迎来 20 万名新注册青年球员。

每一次大型赛事的举办，也是对国家和城市的一次形象、科技的展示，而赛事场馆无疑是重中之重。例如 2006 年德国世界杯揭幕战所使用的慕尼黑安联球场、2008 年北京奥运会的主场馆鸟巢，都已成为国家的名片。就法国而言，为体育赛事而建设的大型场馆，彰显了企业的建设水平，为法国企业走出国门，参与世界范围的体育场馆建设项目提供了最直观的背书。例如：布依格建筑集团（Bouygues Construction）在 1972 年建造了巴黎王子公园体育场，并在当年成功获得第一个海外工程大单——承建德黑兰奥林匹克体育场；2014 年参与建造了占地 28 公顷的新加坡体育城（Singapore Sports Hub）项目，作为一个结构复杂的大型体育场馆建筑，展现了法国在体育场馆基建领域的专业水平。而法国体育场馆的新技术应用，也走在了世界的前列，为技术输出提供了可能，例如：勒阿弗尔体育场是全球首个不耗能体育场馆；波尔多体育场的草坪拥有雨水自动回收系统；尼斯的体育场铺设了 7 000 平方米的太阳能电池板。

不仅如此，法国企业在赛事场馆建设上正逐步形成强有力的联合体；索契冬奥会上 12 家法国公司获得了共计约 1.1 亿美元的合作合同；在巴西世界杯期间，FIFA 组委会和新闻中心所在的里约中心由法国 GL Events 会展公司提供支持服务，FIFA 代表团下榻的酒店则是由布依格建筑集团建造，而马拉卡纳球场的可持续能源电力供应是法国能源集团 EDF 及其合作伙伴所提供。

第二节　美国体育文化

一、美国体育文化概览

　　美国是当今世界体育文化最发达的国家之一，也是体育文化软实力发展的强国。2010 年在全美最大的文化创意产业公司中，体育文化占六分之一。美国通过 NBA 赛事吸引世界最优秀的篮球运动员加盟各俱乐部队，基本上控制了世界篮球运动文化的发展态势，成为了美国文化象征的代名词，同时也是美国外交工作的有力武器。由此，2013 年世界著名的《福布斯杂志》称之为"世界体育文化竞赛品牌价值发展最快的项目之一"，美国篮球运动已占据了世界体育文化相当的网络资源，控制了世界电视项目的传播权。如今，美国的篮球文化产业已和棒球文化产业、橄榄球文化产业共同形成了国家体育文化最有影响力的项目，占全美整个体育文化产业的七分之一。可以认为，美国的体育文化软实力从一个方面促进了国家发展的自信。

　　美国政府不设立专门的体育行政管理机构，整个体育文化事业发展采取的是多样化"自由发展"的市场化模式，政府在其中只制定宏观政策及法律法规引导。1976 年，美国各州分别制定了"体育文化产权保护纲要"政策，建立了一系列政策性的保护制度，充分体现了政府的支持态度，有力地促进了体育文化事业的原创性发展，保护了体育文化从业者的权益，在世界上提升了国家体育文化的深刻影响力。

　　美国各级州政府通过税收优惠政策的杠杆作用，促进体育

文化软实力发展。例如，1977 年，马萨诸塞州政府修订了
《州联邦税法》，内容包括对非营利性地方体育文化社团减免
或免征税额的新规定，以资助这些团体的发展。

美国政府对发展体育文化事业坚持市场竞争原则，提倡商
业化竞争机制，其目的是让社会提炼最有价值的体育文化产品
并能够被民众接受。这种竞争所产生的结果自然是美国的体育
文化不仅是在其国内，而且在世界上都占有十分重要的地位。
如：美国各州甚至还有许多城市都有专门的体育及相关频道电
视节目，尽管总体上约占电视节目数量的二十分之一，但播映
时间占七分之一，同时，一些体育文化制作中心也是美国最大
的体育文化节目出口商。

二、美国传统体育项目

（一）美式橄榄球

美式橄榄球（American football1），起源于英式橄榄球，是
19 世纪从英国演变而来的，后经美国人创新发展而成为最流
行的体育运动之一，为北美四大职业体育之首，尤其以高校的
球队比赛著名。美国共有 600 多个高校球队，数量十分可观。
而每年有 3 500 万以上的观众瞩目每一场大学橄榄球赛，所以
说橄榄球在美国特别普及，因此橄榄球也被称为美国的"国
民消遣"。

经过 100 多年的发展，在美国随处可见橄榄球的标志性产
品，从气势恢宏的橄榄球场到造型独特的各类装备，遍布全国
的橄榄球比赛，电视上的各类相关节目，随处可见的书籍、电
影和博物馆，这些物质存在构成了美国橄榄球文化物质层面的
基础。

早在 20 世纪初期美国就开始修建规模巨大的橄榄球场。
1903 年修建的哈佛体育场就有 30 323 个坐席，是橄榄球运动
发展的标杆性建筑。随后修建的耶鲁碗体育场（1913 年，

70 896座）、玫瑰碗体育场（1923年，105 000座）、密歇根大学的密歇根体育场（1927年，109 901座）等也是美国橄榄球运动发展的有力见证。时至今日，数千座大型橄榄球场几乎覆盖了美国所有的都会区和重要的大学，构成了橄榄球文化建设最坚实的物质基础。

根据比赛的具体要求，有关方面对球的大小、形状和材质，球衣的质地、弹性、尺寸和线条，护具的质量、规格和材质等都进行了严格的限制和明确的要求。这些特殊的限制促使橄榄球的球、球衣、球鞋、护具等相关产品既具有明显的项目特色又具备良好的质量，自然成为了球迷穿戴和收藏的宠儿，而那些明星用过的装备和器材更是成为橄榄球历史的见证者。

美国每年举办的橄榄球赛达到了惊人的数字，遍及美国每一个城市。这些比赛保障了绝大部分美国青少年都能方便地接触到橄榄球比赛和感受橄榄球运动的魅力。影像技术的发展促进了比赛的传播，重要的比赛都会在电视上直播，从而保留了更多的资料。经典比赛的录像经常会在机场、车站等公共场合反复播放，形成了覆盖式的宣传。丰富的比赛和视频资料是构成橄榄球发展的物质文化基础。

随着橄榄球的发展，其影响力也扩散到其他领域。很多明星的传奇故事被加工为文学作品或影视作品，好莱坞每年大约拍摄50部左右的橄榄球题材电影，其中不乏《胜利之光》《盲点》《最长的一码》等影响力巨大的作品，这些作品不仅拓展了橄榄球文化的影响力和影响范围，而且解读了橄榄球背后更深层次的文化内涵，成为橄榄球文化建设的重要组成部分。

高对抗的特点，迫使橄榄球的训练比赛必须科学合理严格控制。同时，橄榄球发展过程中涉及大学、企业、中小学、职业俱乐部、运动员等不同的利益主体，要保证如此庞大的体系能够良性运转，必须进行缜密地制度设计。

从橄榄球诞生之初，就不可避免地面临着运动员在高强度对抗中产生的伤病甚至于死亡的问题。因此哈佛、耶鲁等大学对比赛规则、场地标准、战术打法等都进行了明确地限制，随后成立的 NCAA（National Collegiate Athletic Association，全国大学体育协会）进而对比赛的组织、学生运动员的学习和训练等方面都进行了明确规定，将橄榄球运动的各个环节纳入明确的制度化管理，为橄榄球的顺利发展奠定了制度保障。医学界的持续介入，也是橄榄球运动发展的重要保障。美国医学界不仅为橄榄球运动提供了足够的医疗保障服务，同时对橄榄球场地建设和装备开发提供了大量的建议。当今职业橄榄球赛季的比赛场次远远低于美国其他职业体育，就是基于严格的医学论证。时至今日，医学界仍然在密切关注橄榄球运动中造成的伤病问题，尤其是脑震荡的发病特征。通过严格的制度管理，橄榄球运动员的训练和比赛日趋合理，其防护措施日趋完善，运动员的伤病率也得到有效控制。

橄榄球比赛在美国高校中也是十分受欢迎。在比赛前，会看到专业拉拉队和乐队的表演，精彩程度可不亚于去观看一场唱跳演出，可以看到教练们的斗智斗勇，运动员在赛场上的拼搏。为了准备一场比赛，很多球员都是数年的经验、几个月的疯狂训练，才有机会拿出最满意的成绩。除此之外，一场校队之间的比赛可不仅仅是队员们的拼搏，而是需要多方面的合作。例如，媒体和投资商会在赛场上、转播频道中插入大量的广告，不仅举办的学校可以分一杯羹，就连球队也有利可图。当然，这不仅是财政上的收益，而且对国家的文化宣传也有深远的影响。因为举办一场比赛会带动各种不同的地方举行橄榄球比赛，让更多不同政见、不同宗教的人们团结在一起。这不仅是橄榄球的作用，而且是体育竞技在美国所起到的积极作用。

斯坦福和伯克利之间亦有长达一百多年的对抗历史，比赛前夜会有各自的动员会，来嘲笑羞辱对方。而且得胜的球队则可获得"斯坦福之斧"。

相较于这些因学术成就而获关注的橄榄球对抗赛，密歇根大学与俄亥俄州立大学之间的对抗有着更高的社会关注度。因为作为美国中西部"十大联盟"的两个重头球队，两校一百多年来的爱恨情仇，也是一代代球迷们口耳相传、津津乐道的故事。

高校之间大张旗鼓地开展体育竞争，除了振奋士气、凝聚人心外，还掺杂着诸多现实利益。无论是私立学校还是公立学校，如今都越来越多地依赖校友捐款。尤其是对于稍欠影响力的公立大学，赢得体育比赛，就能获得相应的社会关注度，由此吸引更好的生源，促进学校长远发展。

（二）棒球

1. 项目介绍及发展

棒球的起源要追溯到英式板球和一种叫绕圈球的孩童游戏。早在18世纪，英国男孩就在北美的殖民地街头玩绕圈球，但并没有统一的规则。现代棒球规则首先出现在19世纪，创立者是纽约市的卡特莱特。他制定了棒球内野是一个边长为90英尺的正方形，每一个角作为一个垒包，球队由投手、捕手、4个内野手和3个外野手共9个人组成，先得到21分为赢，后来又改成9局后得分较高者胜出。这些规则一直沿用至今。

随着卡特莱特与他的尼克巴克俱乐部把棒球发扬光大，越来越多的俱乐部在纽约附近成立，建立联盟的呼声也越来越高。1858年，包括尼克巴克在内的几家俱乐部决定创建国家棒球员协会。他们并没有打算把棒球职业化和商业化，相反，他们希望这项运动只作为上流社会的业余爱好存在。当时，甚至球员在场上骂脏话都算犯规。然而随着市场的扩大，职业化与商业化在所难免。

1871年，第一个职业棒球联盟正式成立，由于贪污、赌博等各种原因，5年后被一个叫 National League（国家联盟，

简称 NL）的组织取代。NL 的创立者之一就是人们非常熟悉的
NBA 官方用球供应商的创始人阿尔伯特·斯伯丁。

当时，NL 不乏竞争对手，后来利用各种商业手段，从其
他联盟招揽球队和球员，渐渐奠定了大联盟的地位，其他诸如
美国协会和国际联盟下属的球队，要么选择加入 NL，要么沦
为大联盟球队的农场队，为其培养球员。1899 年，其中一个
叫西部联盟的小联盟在总裁班约翰逊的带领下宣布改名为 AL
（美国联盟），并且有意扩建。第二年，AL 宣布要求获得大联
盟身份。由于废除工资帽，AL 吸引了众多 NL 球星，最终如
愿被认可为大联盟。至此，MLB（美国职棒大联盟）的两个
联盟垄断了全美棒球市场，这一地位也维持至今。

20 世纪中叶，MLB 总共只有 16 支队伍，美国版图上最西
边的球队是圣路易斯红雀。经过上百年的变迁，如今 MLB 最
终形成两个联盟各 15 支球队，各分成东、中、西 3 区的格局。

与 NFL（橄榄球联盟）每年 16 场赛事相比，MLB 常规赛
季从 4 月到 9 月总共 162 场比赛，这还没算 30 多场春训赛和
季后赛。铁杆棒球迷，尤其那些买季票的绝对是忠实粉丝。但
棒球迷也是最幸福的，因为频繁的赛事意味着几乎每天都能看
到比赛。美国幅员辽阔，比赛之多，舟车劳顿，使球员身体负
担很大。为了减少移动，球队大部分时间都和同区对手较量，
比赛都是像季后赛一样的系列赛。过去 NL 和 AL 球队之间在
世界大赛前是不会碰面的，但 MLB 总裁伯德·塞利格在 1997
年引入跨联盟比赛，出现了类似英超的同城或同州德比。有意
思的是这些系列赛有特殊的名字，如纽约大都会和扬基的系列
赛叫地铁系列，因为两座球场可以通过地铁直达。

棒球比赛场地呈直角扇形，土质要求松软。正式比赛场地
内场部分为土质，外场部分为草皮（也有全部为草皮的场地，
但跑垒路线必须为土质）。场地应布置接手区、击球员区、跑
垒指导员区、跑垒限制线、准备击球员区、比赛有效区、本垒
打线和草地线。

内场每边垒间距离为 27.43 米。投手板的前沿中心和本垒尖角的距离为 18.44 米。本垒后面和两边线以外不少于 18.29 米的范围内为界外的有效比赛地区。两边线至少长 97.54 米。两边线顶端连接线的任何一点距本垒尖角的距离都不应少于 97.54 米。

本垒尖角后 18.29 米处应设置后挡网。网高 4 米以上，长 20 米以上。场地周围设置围网，高度 1 米以上为宜。

棒球的球一般是由圆形软木、橡胶或类似物质做球心，用麻线缠绕，再用两块白色马皮或牛皮包紧平线密缝而成的。球的质量大约为 141.8 克到 148.8 克，周长为 22.9 厘米至 23.5 厘米，球面应平滑光整。球分为硬式和软式两种。硬式棒球的球又可分为马皮制和牛皮制两种，但现在职业棒球和业余棒球的球均用牛皮制的。硬式球规定以木栓、橡胶或类似的材料为小芯，用线包裹，表面是用两片白色马皮或牛皮结实地包缝制成。软式球是由橡胶制成的，可分为 A 型、B 型、C 型、D 型、H 型五种型号。A 型是一般的中弹球，B 型、C 型、D 型是专供少年使用的中弹性球。H 型是准硬式球，内部有填充物，其弹性较其他型号的球软。对弹性的测定方法是由 4 米的高度向大理石地面自由落下，以弹起高度为 1.4 米为宜。

球棒呈圆柱形，是用整根或者两根以上的木料粘接制成。在粘接木料时木纹要保持一致，并且只能使用黏合剂。棒面必须平滑并且无截面接头。棒长不能超过 1.07 米，最粗处直径不能超过 7 厘米。职业运动员如使用由金属、木片或竹片结合制成的球棒，需获得裁判员的认可才能使用。此外，凹头球棒的凹部深度必须在 2.5 厘米以内，宽度在 5.1 厘米以内，且不小于 2.5 厘米，凹部截面部分必须呈碗状，不得附着其他任何物质。此外，不能对球棒进行任何提高弹性或性能的特殊加工，未经协会认可在比赛中也不能使用着色球棒。业余和高中的棒球运动员可以使用金属球棒。

同队队员应穿着样式和颜色整齐一致的比赛服装。比赛服装上衣背面应有不小于15.2厘米的明显号码，上衣和裤子的号码要一致。比赛服装的袖长依队员各人的身材而异，但两袖的长度必须大体一致，否则不得参加比赛。同队队员应穿着同一颜色的内衬衣，除投手以外的队员可在其衬衣袖上标示、号码、文字及徽章。队员不得在比赛服装上装饰与比赛服颜色不同的饰物。比赛服上不得有仿照或使人联想到与棒球形状式样相像的东西。服装上不得缝制闪光的纽扣或附有发光的金属饰物和玻璃制品。此外，除跑垒指导员和担任跑垒指导员的投手外，其他队员均不得穿着外套参加比赛。

棒球是一种团体球类运动，由人数最少为9人的两支队伍之间在一个扇形的球场进行"击球—跑位"形式的对抗。棒球球员分为攻、守两方，攻方球员利用球棒将守方投掷的球击出，随后沿着四个垒位进行跑垒，当成功跑一圈回到本垒，就可得1分；而守方则利用手套将攻方击出的球接住或掷回将攻方球员打出局。比赛中，两队轮流攻守，九局中得分较高的一队胜出。

2. 著名棒球运动员

（1）杰基·罗宾森

杰基·罗宾森，1919年1月31日出生于佐治亚州（美国），美国职业棒球运动员，效力于布鲁克林道奇队。是美国职棒大联盟史上第一位非裔美国人（美国黑人）球员，在1947年4月15日罗宾森穿着42号球衣以先发一垒手的身份代表布鲁克林道奇队上场比赛之前，黑人球员只被允许在黑人联盟打球。虽然美国种族隔离政策废除已久，但无所不在的种族偏见仍强烈左右社会各个阶层，因此杰基·罗宾森踏上大联盟舞台的这段时日，被公认为近代美国民权运动最重要的事件之一。

杰基·罗宾森是一个极佳的运动员，在大学时曾参与棒球、美式足球、篮球和田径比赛，也积极争取市民权利并曾在军中服役。1945年10月23日，罗宾森正式与道奇队签约，利用待在小联盟的一年，努力加强其棒球技巧，以待登上大联盟。

当布鲁克林道奇队的总经理布兰奇·瑞基（Branch Rickey）与罗宾森签署契约并将其带入大联盟后，黑白球员分隔的棒球政策将永远改写，将此举动称为棒球的最佳实验的瑞奇知道，选择跨越肤色界线的球员必须是一个经得起大众严密监视，及在遭遇污辱及敌意时，能避免冲突发生的坚强个体。

1947年4月15日，罗宾森穿上了他的第一件道奇队制服，背号42号，以先发一垒手的身份登上大联盟。同年，罗宾森获得了该年度的新人王，并于1949年获得国家联盟的最有价值球员奖，且于1955年，和队友们一起打败了死对头纽约扬基队，赢得世界大赛。

1947年时，虽然道奇队在世界大赛被扬基队打败，但扬基队史上最伟大的捕手尤吉·贝拉曾预言："道奇队现在拥有罗宾森，我们以后将与他们有无数次的决战"，之后道奇队果然与扬基队在世界大赛中对决多次，终于在1955年打败扬基队，这不仅是道奇队在世界大赛中第一次打败扬基队，也是道奇队成立七十三年来的第一次世界大赛冠军，更让罗宾森完成艰难且完美的大联盟之旅。

由于二十八岁才加入大联盟，杰基·罗宾森待在大联盟的时间并不长，一共只有九年，于1956年退休。短暂的职业生涯不影响后人对杰基罗宾森的评价。除了赢得新人王、MVP、世界大赛，杰基·罗宾森的生涯平均打击率是优异的。311，生涯保送数多于三振数。除了是名优秀的打者，也是绝佳的防守者，几乎每个守备位置都能胜任愉快，此外他最脍炙人口的就是盗本垒绝技，职业生涯中一共拥有多达十九次的盗本垒成功记录。

杰基·罗宾森进入加州大学就学时，是该校唯一的棒球、美式足球、篮球、田径选手。身为第一个进入美国职棒大联盟的黑人选手，压力之大不是一般人可以承受的，从队友对他的恶意，到不能去白人餐馆吃饭，以致队友同情他，偷偷拿食物给他吃，到南方三K党扬言要枪杀他，守一垒时，对方球员跑上垒时会故意用脚踢伤他，他都忍下来并用成绩表现给世人看。

从罗宾森加入道奇队，即将成为大联盟第一个黑人选手的消息传出后，道奇队就有许多人表示要离队；在他第一次出赛时，警察要将他赶出场；在恐吓与扬言枪杀他的风声传出时，他只能躲到黑人朋友家中；客场比赛时，主场球队扬言要罢赛，以及面对全场对他叫嚣辱骂的球迷，罗宾森还是一再地忍辱负重，并不断用一支支的安打和一次次的盗垒来证明一切。

许多南方的白人说这一辈子永远看不起黑人，但是看了杰基·罗宾森在如此压力下，还能有如此杰出的表现，已彻底地改变了他们对黑人的看法，然而罗宾森的友人说，因为压力太大，罗宾森才英年早逝，不得不令人遗憾。

（2）贝比·鲁斯

贝比·鲁斯（George Herman "Babe" Ruth, Jr., 1895年2月6日-1948年8月16日），美国职业棒球运动员。原来效力于红袜队，1918年被卖到扬基队，发下"圣婴诅咒"。他带领扬基取得多次世界大赛冠军，1935年退休。是美国职棒史二十世纪二三十年代的扬基强打者，跟着扬基取得4次世界大赛冠军，曾经连续三次打破大联盟全垒打纪录。1936年入选棒球名人堂，1998年运动新闻将他排在百位大棒球员的首位。他是同拳王阿里、球王贝利、飞人乔丹相比肩的传奇人物，有"棒球之神"之称。2005年在美国在线举办的票选活动《最伟大的美国人》中，贝比·鲁斯被选为美国最伟大的人物排名第14位。

贝比·鲁斯1914年在波士顿红袜队以投手身份展开大联盟生涯。1920年红袜把他卖给扬基，加上红袜之后一直无法拿到世界大赛冠军，因此产生贝比·鲁斯魔咒，直到2004年红袜队拿下世界大赛冠军才打破这个魔咒。

关于"贝比·鲁斯"诅咒，又称"圣婴诅咒"。那是在1918年，红袜夺得 MLB 的冠军后，球队被一位叫哈里弗拉茨的纽约人买走，后者为了满足生意和享乐上的需要，以12.5万美元的价格，将红袜历史上最伟大的强棒——绰号"圣婴"的鲁斯卖给死对头纽约扬基。鲁斯是当时联盟最出众的球员，为红袜夺冠出生入死，立下汗马功劳，是波士顿备受爱戴的城市英雄，鲁斯也信誓旦旦地表示要在这里结束自己的职业生涯。可想而知，他被卖走引起多么大的震荡——波士顿红袜和纽约扬基是公认的仇敌，百年流传到今日依然是不共戴天的世仇，弗拉茨把他们的最大英雄送给敌人，让这座城市怒火中烧。盛怒的鲁斯临走之前对那些不知内情的球迷愤怒地说："我从没想到要离开波士顿，但那些老板……不要把所有的责任都推到我身上，如果我要承担叛徒的名声，那么红袜就要以永远夺不了冠军而作为代价。"这就是美国体育史上最著名的"圣婴诅咒"。

鲁斯来到扬基后，1923年就为球队赢得首个世界大赛冠军，这之后扬基又陆续获得25个冠军，成为 MLB 最为伟大的球队。而红袜从此一蹶不振，他们在1946、1967、1975、1986四次闯入总决赛，但是都以3比4负于对手，创建之初就威震全美的红袜硬是86年来一冠未夺。

为了破解这个可怕的诅咒，红袜队想尽办法，3次去鲁斯出生地巴尔迪摩祭拜，请求宽恕和原谅，甚至在球场上请来巫师破法，还让鲁斯的女儿恳求父亲在天之灵网开一面，但都无济于事。整整86年，波士顿人不知道总冠军是什么滋味，作为美国职业棒球大联盟历史上第一个冠军，他们像在等待永不到来的戈多。顺便说一下那个老板弗拉茨，从此成为波士顿的最大罪人，他在这座城市的任何场合都不受欢迎，后来移居纽约生意也不大顺利，最终在卖掉鲁斯10年后去世。这个诅咒直到2004年终于被打破。

贝比·鲁斯，他不但是棒球传奇，更是拯救棒球的人。如果没有鲁斯，就没有今天北美四大球之一的棒球。1919 年对于棒球而言是极为黑暗的一年，在该年的世界大赛中，参赛的芝加哥白袜队的数名球员因为被赌博庄家收买，打假球故意输掉世界大赛，即便当时的法庭审判将 8 名涉案的球员无罪释放，可是大联盟的执行官，前中央法官兰底斯则为了要彻底清理当时大联盟的假球情况，将 8 名涉案球员，包括当时最耀眼的明星之一，乔·杰克逊等人开除出大联盟，并永不录用，这一事件，史称"黑袜丑闻"。在那段时间，棒球的声势跌入最低谷，球迷们为了惩罚这些骗子，不再入场看球，而就在这个时候，拯救棒球的人出现了，他就是绰号为"圣婴"的贝比·鲁斯。

鲁斯成长于波士顿红袜，以投手的身份在红袜取得了巨大的成功，帮助球队拿下了 1915，1916，1918 年三次世界大赛的冠军。1919 年，因为红袜不愿满足鲁斯的年薪要求（2 万美元），便将鲁斯以 12.5 万美元的现金，以及 30 万美元贷款（被用于建设红袜的主场芬威球场）的价格卖给了纽约扬基。这一次交易也让扬基和红袜两支球队在未来的很长一段时间中走向两个相反的方向。鲁斯的到来，开启了纽约扬基光芒万丈的未来，他帮助扬基在 1923 年首次问鼎，并在 1927，1928，1932 年再次夺冠，扬基在得到鲁斯后的不到一百年的时间中 27 次问鼎世界大赛冠军，当之无愧地成为了任何体育中最伟大的一支球队。相反红袜队则受困于圣婴魔咒，直到 86 年后的 2004 年才拿下鲁斯离开后的第一次冠军。

相对于对这两支球队的影响，鲁斯对棒球的影响更大，因为黑袜丑闻，在 1919 年后棒球遭遇了史上最大的低谷，而鲁斯以每年击出五十多次全垒打的成绩彻底将棒球从死球时代带进了活球时代，以往联盟的全垒打王，一个赛季大约击出 10~15 支全垒打，鲁斯的横空出世，一下子将这个记录提升到了 59 或 60。在当时鲁斯一个人的全垒打数比其他很多球队全队的总和还要多。在最伟大的三四棒连线，即鲁斯—贾里格连线中，巅峰时期，他们两个人一个赛季的全垒打数就相当于整个联盟的四分之一。就是因为有这么一位能够总是将球打出全垒打墙外的超级巨星，球迷们才重新爱上棒球这一项运动，重新回到球场，重新给予棒球掌声，棒球在鲁斯的手中凤凰涅槃。前大联盟球员托米尔摩斯曾这样形容鲁斯："二十几年前，我便不在别人面前谈论鲁斯，因为我终于了解，那些没看过鲁斯打球的人根本不相信我说的话。"

鲁斯生涯击出了 714 支全垒打，直到 1974 年才被汉克阿伦打破，生涯 0.690 的长打率，1.164 的攻击指数，在今天依然排名历史第一。鲁斯生活中很多不良习惯，但是他从不抗拒与非裔球员同场竞技，对球迷尤其是孩子们无比亲善，并亲自来到远东的日本推广棒球让他广受球迷爱戴。在 1923 年扬基竞技场落成之后，鲁斯击出了该球场的第一支全垒打，此后扬基球迷们也亲切地称呼扬基竞技场为鲁斯球场。由于长期纵情烟酒，1948 年 8 月 16 日，53 岁的鲁斯在饱受肺炎折磨后去世。鲁斯虽然早已逝去超过半个世纪，他的传说却长存于棒球与体育史册。1999 年 ESPN 评选的世纪百大体育人中，鲁斯高居第三，仅次于乔丹和拳王阿里。神一般的贝比鲁斯，毫无疑问就是美国体育史上最伟大的传奇。

（三）冰球

冰球运动（Ice Hockey）是以冰刀和冰球杆为工具在冰上进行的一种相互对抗的集体性竞技运动，由男子和女子两个小项组成，在国际体育分类学上属独立的冬季运动项目。

"Hockey"一词派生于法语的"Hocquet"，即牧羊人用的弯头拐杖。有人提出冰球是源自北美易洛魁印第安人的一种击球游戏。

早在二三百年以前，世界上就有着不同形式的冰上球类游戏，如荷兰的"科尔芬"、北美的"欣尼"、俄国的俄罗斯冰上曲棍球、北欧的"班迪"以及中国的冰上蹴鞠等。由于当时这些国家的社会制度、经济基础、民族特点以及人民生活方式等的不同，这些早期的冰上球类游戏也各有其不同的特点。

标准冰球场地最大规格为长 61 米，宽 30 米；最小规格为长 26 米，宽 15 米；四角圆弧的半径为 7.0~8.5 米。国际比赛均采用长 61 米、宽 30 米、角圆弧半径为 8.5 米的场地。冰球场地四周围以高 1.15~1.22 米木质或可塑材料制成的牢固界墙。除场地正式标记外，全部冰面和界墙内壁应为白色。在冰场两端，各距端墙 4 米，横贯冰场并延伸到边线界墙，画出宽 5 厘米的两条平行红线为球门线。两个球门固定在球门线的中央。两条 30 厘米宽的蓝线横贯整个冰场并垂直延伸到边线界墙，将两条球门线之间的区域作三等分，自己球门一侧为守区，中间为中区，对方球门一侧为攻区。在冰场中间，有一条 30 厘米宽的红线平行于蓝线，横贯冰场并垂直延伸到边线界墙，称为中线。中线的中间有一个直径为 30 厘米的蓝点为开球点。此外，在中区和两端区还有 8 个直径为 60 厘米的争球点和 5 个半径为 4.5 米的争球圈。在每个球门前有一 1.22 米×2.44 米，由线宽 5 厘米的红线连成的长方形，称为球门区。在中线附近靠近一侧边线界墙的冰面上还画有半径为 3 米的半圆形裁判区。冰球门宽 1.83 米，高 1.22 米，球门内最深处不大于 1 米或小于 60 厘米。球门支架后面应覆盖门网，门内悬挂垂网，以便把球挡在门内。球门柱、横梁等向外的表面为红色，向内的表面和其余支架、底座的内表面为白色。在冰场一侧的界墙外设有分开的、供比赛队使用的队员席，对面边线界墙外设裁判席和受罚席。为使比赛顺利进行，冰球场必须备有信号装置、公开计时装置和光线充分良好的照明设备。

每个队最多允许 20 名队员和 2 名守门员参加，全队总人数 22 人。在比赛进行中每队场上不得超过 6 名运动员。其位置分别为守门员、左卫、右卫、右锋、中锋、左锋。每队要确定一名队长和最多两名副队长。

如果没有确定哪个队是主队，两个比赛队可以通过共同协商、掷币或类似的方法确定哪个队为主队。

主队的权利：一是选择运动员席；二是选择队服颜色；三是比赛停止后进行争球时，主队在客队之后安排比赛阵容。在比赛中的任何时候，裁判员可以通过队长要求客队迅速排好比赛阵容，准备开始比赛。

冰球运动竞赛的种类有：锦标赛、联赛、邀请赛、友谊赛、选拔赛、表演赛等。

冰球的基本技术可分为滑跑技术和攻防技术两大类。滑跑是冰球运动员必须熟练掌握的最基本技术，包括起跑、正滑、倒滑、惯性转弯、左右压步转弯、急停等。滑行姿势应是上体抬起，稍前倾，眼睛向前看，两脚蹬冰频率稍快。这种滑行姿势有利于在场内骤然急跑急停和频繁变换方向。攻防技术，包括控制球、传接球、过人、争球、射门等进攻技术和阻截、抢球、合法冲撞以及守门员防守等防守技术。射门是各项进攻技术中特别重要的一项。射门方法很多，有拉射、挑射、快拍、击射和补射等。这些方法又分正拍和反拍两种方式。现在又发展了弹射和垫拍等射门方法。战术是比赛中为了战胜对方而采取的攻防方法。冰球比赛中的战术包括：①进攻战术，有个人、2~3人和全队的进攻战术，全队进攻战术又可分为快攻和阵地进攻。②防守战术，分为个人防守、2~3人防守和全队防守战术。③"多打少"和"少打多"战术，冰球规则有罚出场2分钟和5分钟的规定，场上可能形成6打5或6打4以多打少局面，这是得分的最好时机，多打少战术就是针对这一情况采取的一种特殊形式的进攻战术；反之少打多则是因队员被罚出场而被迫采取的特殊形式的防守战术。

三、体育之于美国政治

在美国，公众舆论和新闻媒体都普遍认为，体育和政治是相对独立的个体，应该保持各自为政、互不干涉的状态：与音乐和其他艺术类似，体育运动超越了政治范畴。对于体育，我们要关注的应该仅仅是其本身，而非与其相关的政治。然而，纵观历史，体育中包含政治暗语的传统可以追溯到古希腊和古罗马时期，当时对体育的重视与对高尚品质和尚武理念的推崇息息相关。亚里士多德曾在《政治学》中说，体育"通常能培养勇敢坚毅的品格""有助于健康并能增强战斗力量"。作为组织性体育活动和泛希腊的运动盛会，奥林匹克运动会开创了颂扬城邦公民与希腊精神的时代，各类比赛项目是希腊人推崇自治和公平理念的彰显，也是对城邦的威望与权力的颂歌。罗马人则钟爱被诗人维纳利斯称为"面包与马戏"的战车比赛和角斗士比赛，这两类竞技运动不但起到了娱乐大众的作用，而且有效加强了帝国的内部统治：它们凸显了罗马帝国的严苛纪律和威猛势力，所以观众们观赏比赛的过程，其实也是受国家精神洗礼的过程。

这一将体育和政治联姻的早期西方传统在美国体育中得到了进一步的加强。正如美国著名国际政治学者、哈佛大学肯尼迪政府学院教授、美国国防部国际安全事务部前部长助理约瑟夫·奈在其著作《软实力——世界政坛成功之道》中所指出的：在"娱乐和信息的界限因大众媒体而更加模糊"的当下，赛事、"运动队、运动明星"这些大众娱乐"都能传递政治信息"。每年年度超级碗（Super Bowl，美国职业橄榄球大联盟的年度冠军赛）的电视收视率遥遥领先，观赏超级碗已经成为美国国民的集体经历；1980 年冬季奥运会上美国曲棍球队意外击败苏联，胜利带来的喜悦和民族自豪感在冷战的历史背景下更显得意味深长；美国职业篮球联赛赛场上白人球员由高强度正规训练得来的成果和黑人球员令人眼花缭乱的技巧印证了美国文化多样性及融合的魅力。本文将从文化社会学的视角，梳理被称为"体育共和国"的美国社会中体育与政治之间的重要关联与发展历程，例证作为大众文化的主要媒介之一的体育是美国软实力的重要来源。

早在北美殖民地时期，政治就入侵了体育领域，当权者在体育的令行禁止和塑造体育接纳标准方面起着决定性作用。尽管在当时体育这一概念还未清晰明确，运动、竞技、游戏、玩耍之间的细微差别也难以区分，但新英格兰殖民地的清教徒们将它们统统视为享乐的代名词。引用著名政治经济学家马克斯·韦伯的话，清教徒的工作伦理是"要勤奋刻苦地完成上帝对你的感召；一切社交、空谈、享受，以及超过健康必须的睡眠时间，都是浪费时间，需要接受强烈的道德谴责"。因此，对于早期殖民者而言，任何对殖民地不提供切实利益的事，包括无益于大众福利的各类游戏，都必须被避免。据史料记载，1621年，普利茅斯殖民地总督威廉·布拉德福德曾对着大街上明目张胆地玩耍球类的年轻人大声呵斥，因为在他看来，任何在大街上放纵游戏的行为都要被唾弃。清教统治者们对游戏的厌恶如此之深，殖民地议会甚至颁布了官方禁令和具有惩戒性质的法律；所有缺乏实用主义价值并且易导致蓄意破坏和财产损失的体育活动都被明令禁止，特别是在安息日，更被严厉打击。1659年，新阿姆斯特丹总督皮特·施托伊弗桑特将一周中的一天设定为禁食日，当天"所有如网球、球类游戏、狩猎、捕鱼、耕作、播种的运动和游戏项目，以及掷骰子、醉酒等违法行为"都被严惩不贷。1693年，康涅狄格州东部的一名男子因违背规定在安息日打球而被处以12先令的罚款和6小时的监禁。当然，统治阶级难以持久保留如此严苛的制裁，其一是因为大多数人很难压抑玩乐的自然欲望，其二是因为类似狩猎这样的活动具备着生存劳作、休闲消遣和竞技的多重功能。正因如此，这些"享乐"和"游戏"成了体育运动的雏形。

现代化进程见证了美国体育的急速发展与本土化革新，这一过程与美国例外论思想有所关联。法国学者托克维尔在其思想巨作《论美国的民主》中率先从"例外"角度探讨美国政治文化，阐释美国历史文化的重要理念。它在体育领域的表现则体现如下：19世纪末和20世纪初，欧陆体育运动在美国的影响力逐渐式微；加上南北内战的结束和镀金时代的到来，美国民族主义情绪被催化，体育成为美国寻求区别于殖民者的新文化以及美利坚民族身份认同的重要媒介。与新英格兰殖民地创建者主要从英格兰母国的体育文化中汲取养分不同，现代美国人将体育文化的重心挪至更为美国化的四大运动，即棒球、橄榄球、篮球和冰上曲棍球。特别是被奉为"美国国家消遣"的棒球，说它是美国体育界的《独立宣言》也不为过。著名棒坛学者与民族主义人士斯伯丁曾言，"从未像美国公民一样呼吸过自由空气的英国人是难以欣赏代表美国民族性的棒球运动的"。可见，斯伯丁的论述其实与超验主义学者爱默生在《论美国学者》中号召年轻的美国超越欧陆文化、发扬民族自尊、建立起文化自信的呼吁一脉相承。在本土化的体育项目成为文化主体的符码过程中，体育比赛的各方面也都日臻完善：从组织非正式、规则宽松、局限于地方、媒体报道的篇幅有限，演变至组织正式、规则标准化、竞争全国化或国际化、媒体报道专业化。

第三节　日本体育文化

一、日本体育文化概览

（一）倚重艺道形式

"艺道"，日本辞典《广辞源》给出的释义为：①专门的学问和技艺；②技艺中蕴含的原则、宗旨、神佛教义和宇宙原理。这表明，日本艺道中不仅含有"技"，也蕴含着以"原则、宗旨、神佛教义和宇宙原理"等为内容的"道"。日本民族体育的最显著特色就是采用"艺道"这一文化形式，将形而上的文化观念注入到技艺当中。习道者不仅要习"技"，还要悟"道"、体"道"，并在"道"的引导下完成身与心、技与道的和谐统一，从而获得身体健康、性情得到陶冶和精神得到砥砺。对于任何体育技艺，日本人一旦认定其有潜在的文化价值，便很快进行钻研、吸纳和改造，揉入本民族的精神和价值观，添加本民族的文化元素，发展成侧重精神修炼的艺道。被称为"技"的体育，一旦完成从"技"到"道"的升华，就意味着求真的大门被打开。以弓道为例，"全日本弓道连盟"将弓道规范为"射法八节"——站立、校正姿势、备弓、举弓、拉弓、开弓、放箭、箭与心的延续8个动作，训练时对每一个动作都要做千百次地重复练习，直至精确无误。弓道固然有着典雅而严整的动作程式，对每一个动作都有严格而明确的要求，但弓道的要义却不在此，掌握技术并不是弓道练习的最终目的，其最终的目的是"由技入道"，即通过周而复始的"技"的练习体悟"道"，从中反思、内省、感悟及触动心灵的体验。日本艺道往往有一个强有力的组织——家元，家元中权威人物，起着维持技艺传承、保护艺人利益的作用。以棋道为例，早在江户时代就已建立起"家元制"，形成了独立的艺道组织，担负着收徒授艺、组织比赛、维持棋道正统的任务，成为日本围棋传承发展的重要驱动力。

日本艺道深受中国古代体育文化的影响。例如，弓道就受到中国古代射礼的影响。杨口清之认为，日本弓道在某种程度上乃是中国古代射礼文化与本土神教的融合。剑道也是从中国古代剑术中获得裨益。中国剑术在隋唐时期传入日本，经日本人研习修改，取长补短，形成了独特的刀法技术，到19世纪末渐渐发展成为一项手持竹刀、穿着护具、注重精神修炼的剑道运动。近年来，以艺道为特征的日本体育文化已走出国门，被越来越多的民族所接纳。在欧美，日式体育道馆与日俱增，一些学校甚至将艺道列为体育课程，以此引导学生了解东方文化、接受东方式的心理训练。

(二) 揉入禅宗智慧

自公元12世纪下半叶，禅风东渐传入日本，绵延至今八百余年，禅宗与日本体育结下了不解之缘。禅宗重视精神修炼，要求禅者对人生有"达观清彻的悟性、不执着一物的心境、不迷惑于一念的感知"，认为只有摒弃杂念，清心静思，保持泰然的心境，才能达到物我两忘的精神境地。禅宗成为日本民族体育的重要精神支柱，它所主张的"静思""物我两忘""修订"等理念渐为日本习道者所接纳，并成为他们磨练意志、净化心灵的修身之道。

日本习道者认为艺道是禅宗生命观外化的表现形式，习道者只有如参禅般地保持内心纯净，挣脱世俗欲望的束缚，摈弃投机取巧的伎俩，才能掌握入道之技，进入物我两忘的禅境，否则要想修成正道就是徒劳。例如，被日本人推崇为"立禅"的弓道，其练习过程便揉进了禅智：在拉弓之前，射手身体直立，面向目标，聚精会神，清心平气；放箭之前，射手须努力排除心中杂念，并认真思考弓道练习的目的与意义；完成上述精神调整后，持弓者仪容自然，心态平静，动作沉稳而节奏明晰，此时才是最佳的放箭时机。再看空手道，习道过程亦纳入了禅智：空手道讲究"三无"——无先手、无极致、无常形，习道者为了修成正道，须孜孜不倦体悟"三无"之奥妙，力求找到那种似有若无、万般皆空的禅境。剑道也融入了禅文化，剑道心法强调"明镜止水""无念无惧""平常心"，日本剑道高手无不深谙此理。例如被称为近代日本剑道"三大剑豪"的山冈铁舟、高桥泥舟、胜海舟，他们共同的特点是不但剑术高超，而且都与"禅"结缘，达到了以剑论禅、以禅悟剑的程度。

（三）注重道德教化

日本重视体育的道德教化功能，认为"心"的磨练更胜于"技"的锤炼，他们将道德观念注入体育技艺之中，以强化体育的教化功能。早在16世纪，日本武术思想家贝原益轩就论述了"德"的重要性，认为德为本，艺为末。他在《文武训》中说:"所谓'武'这种集理论与实践于一体的社会活动,其内容有本末之分。按照传统兵家理论的说法,武德为本,武艺为末,这是不能本末倒置的。依此类推,忠孝义勇属于'德'这个精神层面,乃从武之本;而节制谋略、弓马刀枪属于'艺'这个技术层面,其地位较低。而且武艺从属于兵家理论,兵家理论则从属于仁义道德等人生观、价值观,这个序列也是不能够颠倒的。"按照贝原益轩的说法,习武的终极目标并不是掌握武艺到战场上发挥功效,而是培养品德,并且在日常生活中显示其作用。日本哲学家汤浅泰雄也认为日本体育重在修心:"东洋的修行就是训练身心的各种机能,通过这样那样的训练实践,将原本深藏在心底的多种多样的意识外在化、显现化。"日本常以段位来区分运动者的技艺水平,那是一种激励手段,其最终目的是修心明志,磨砺精神。虽然比赛要分出胜负,但对于运动员来讲,胜负并非是最重要的比赛诱因,他们更看重比赛过程中表现出的心性涵养。对参赛者而言,无论胜负,都必须尊重对手,决不可流露出负面的情绪。

日本体育崇尚"各守本分"的道德观。美国学者鲁恩·本尼迪克特在其专著《菊与刀》中指出:"要想理解日本人,首先就必须明了他们是如何理解'各守本分'的含义的。"对运动员而言,"各守本分"指的是根据自己的身份、职位等确立自己在体育团体或组织中的位置,并遵守相应的秩序,承担相应的责任,本分地做好自己所扮演的角色。在日本人眼中,"各守本分"不仅包含着身份、职位、辈分差别,而且也包含着年龄和性别差异,什么样的身份只能做什么样的事。辈分、职位、年龄等虽是特权,但也意味着责任与担当,运动员须各司其职、各尽其责。这种"各守本分"的道德观念正是日本传统的体育组织体系赖以维持所不可或缺的精神支柱,也是日本民族体育富有"集团主义"精神的重要原因。

（四）强调礼仪程式

日本民族体育讲究运动礼数，要求"始于礼而终于礼"。练习者笃信只有明晓礼仪，并将其一丝不苟地贯彻到练习活动乃至于日常生活之中，才能有效地约束自己的行为。他们还相信，只有通过行为上的高度约束与身心的统一，才能心平气和地进入"道"的状态，提高技艺水平，达到精神修炼的目的。

按照日本民族体育的礼仪要求，练习者对师长前辈毕恭毕敬自不待言，即便是同辈之间也必须严格遵守礼仪，否则将被视为狂妄自大。且看剑道的礼数：在学习剑道之前首先要学习礼仪，进入场馆要向前辈逐个问好，入座时绝对要从上到下按顺序坐，不可坐错，练习或比赛前要向老师和对手行礼。剑道还要求不得喧哗等。柔道同样有严格的礼数：进入道馆，首先虔诚地向道馆鞠躬，上垫之前，要庄重地向场地鞠躬，受教练指导之前和之后都必须行礼，比赛或练习结束时，双方应互致三鞠躬，在出入场馆时，要向场内的教练和队友行礼，当对方站立时行立姿礼，对方坐时行坐姿礼，在别人面前走过时要点头示礼。弓道也有着严格的礼仪要求，并且对运动服装也有明确规定：在平时练习的时候，练习者会穿上弓道衣，而在举行射礼时，他们就会穿上华美的和服。今天日本的体育礼仪"虽然已不像古代那样繁琐而趋于简单，但是简单却不等于敷衍，短短几分钟的礼仪过程，仍然要求练习者全神贯注、庄重肃穆、一丝不苟，做到'礼'从心生，绝不容忍做秀和浮躁化"。

日本体育礼仪以儒家思想为内核。"在儒学五大要义'仁义礼智信'中，日本人学得最好的应该是'礼'"。日本民族体育活动中那些看似繁杂的礼节，正是儒家文化渗透于体育的体现，它一方面透射出日本人对待传统的执着，另一方面也使得民族体育充满了"道"的光芒，使得民族体育拥有了浓郁的文化氛围，而又不失引人入胜的竞技性质。

日本从第二次世界大战失败后，经过短短的几十年发展，演变成世界经济强国。在提及日本的文化软实力作用时，西方国家有人认为，日本有效地利用了体育文化的特点及国际影响力作用，增强了民族的凝聚力，极大地普及了大众体育文化，使体育文化的软实力不仅仅只是促进了国家形象，在经济发展中更重要的是与其他民族文化共同演示了质量文化水平的提高，促进日本制造产品品牌的国际吸引力，提升战后日本形象和国际地位。

日本体育文化英雄：这些体育英雄人物的成长要归功于许许多多默默无闻的指导英雄。他们乐于奉献并认真负责，在造就体育优胜的发展道路上特别注重每一工作过程的细节管理与要求，由此也成为了世界质量的标志。

日本形象：以日本体育文化为一个支撑点最终促进了一系列经济贸易的升华，这无形中提升了日本的国际地位。至2022年，世界500强企业中日本有147家，占9.9%；日本的外汇储备及国民储蓄均列世界前列；日本人的平均寿命为女性85岁，男性80岁。这些令人骄傲的数据促进了日本国家形象在世界舞台上的感召力。

日本体育文化品牌：在日本的体育文化中，形成了不少世界性的品牌项目，且发展势头良好。例如，相扑运动，它已成为了日本对外文化交流的重要内容。此外，日本在休闲体育项目中，由惊险刺激而著称，形成了独特的日本品牌。这些由"后现代社会"所引发的系列体育文化，不仅是在体育文化领域发展，还在整个社会领域都形成了世界著名的日本品牌。日本优秀运动员所使用的装备，几乎都是国产货"美津浓"品牌系列产品，正因为有过硬的产品质量和超强的运动能力水平，使得日本的体育文化产品能够成功地推广到世界。日本的体育文化产品也是完美的代名词。

二、日本传统体育项目

（一）柔道

柔道是日本的国技，前身是柔术，起源可追溯到大约公元前2000年，在日本，广义的柔道指徒手的武术，中心精神是避免对方的攻击力量，并转化为制服敌人的技术。柔术的技击原理来源于中国《易经》中"以柔制刚"的学说，即利用灵活性，利用杠杆原理，通过选择性地使用技术而非与对手抗力、比力，让对手屈服或耗尽其体力，最终将其制服。柔术的特点使之适用于所有日本武术体系，因而随着战争的需要，柔术变成战斗性武术，随着战事的结束，柔术又变成日常生活中的自卫术。这种可塑性很强的特质，虽也给柔术带来一定的发展空间，但更多的却是使之因为缺乏规范化、体系化而被边缘化。1868至1912年，战斗性质的柔术已在日本几乎消声灭迹，很多柔术学校也关门大吉。

1882年，日本著名的教育家，"柔道之父"嘉纳治五郎，为适应时代和社会的变革，从对青少年教育的目的出发，以东方的柔术为基础，把柔术改良为一种新兴的运动"柔道"。柔道与柔术的一个重要区别在于：柔术重技击，易伤人，而柔道则取消了柔术中的危险动作，在进行技击训练时，还强调要以锻炼身体、修养身心、教育培养人为宗旨。但"持之以柔"的技战技巧一以贯之，不与对手争先，不急于求胜；要修虚静之心，见物不妄动，遇事沉着冷静而不浮躁。这种战术思想既体现了"道"的终极精神，也反映出武士道中的"忍者"文化，与日本民族的社会精神相契合。嘉纳治五郎还将柔道技术分为投技、固技和当身技三种门类，并完善了技术体系和练习方法，使之成为具有东方文化游戏性质和教育性质的胜负竞赛的对抗形式，促使青少年在练习过程中达到锻炼体魄和培养意志的双重教育目的。柔道至此已经具备了系统化的特征并开始蓬勃发展，最终成为日本极具代表性的国技。

为了促进日本柔道在国际范围内的普及，以嘉纳为首的柔道国际化的倡导者做了充分的准备。首先，柔道在国内巩固扎实的基础，规范讲馆、日本柔道联盟、国内比赛制度和规则。以各方面力量发展柔道活动，在全国范围内组织设立有段者协会。讲座在国外各国活跃一时，受到柔道练习者的热烈欢迎。这都为柔道在国际范围内的普及奠定了基础。后来，日本战后混乱给社会组织带来巨大的变化，柔道组织也不例外。1949年5月6日，全日本柔道联盟成立，这是有段位、柔道爱好者都可以参加的民主和独立性的柔道团体。日本柔道联盟正在推进柔道比赛的经常化和正规化。为加强自身管理，设立了专门营业场所，充分确保财源，保证组织活动正常运行。

　　日本柔道联盟的改革为柔道运动注入了活力，创造了有利于日本对外发展柔道的条件，但是日本柔道在国内没有专业竞技制度。第二次世界大战后，从日本柔道联盟发展柔道出发，吸收了有关西洋近代体育项目的设置的制度，成立了立审裁判员资格委员会等措施。在1956年举行的第一届世界柔道锦标赛上，比赛裁判员制度以及场地规定、服装规定等竞技制度在日本国内已有部分实施，为柔道的国际比赛提供了有利的保证。

　　从日本传统柔术的母体诞生的柔道，作为外来文化被国际社会广泛接受。自从国际柔道联盟成立以来，柔道在各国繁荣发展起来，包括柔道大会、世界锦标赛（第二届为止）在内，所有的竞技规则都是根据柔道比赛的裁判规则翻译后实施的。但是，当时的国际体育联合机构并没有公开规定。昭和40年，在国际柔道联盟理事会和总会上通过了 IJF 比赛裁判法的决议。明治15年，诞生于东京谷永昌寺的嘉纳讲道馆的柔道，为社会做出了贡献，陶冶了人们的情操。后来被定位为世界柔道，在奥运会上以重量级别登场竞技。

　　以明治维新为契机，日本打开了近代化的大门，日本开始全面模仿西洋文化。明治维新以来，大量的西方近代思想被大力提倡，如穆勒和斯宾塞等英美系统的自由主义、功利主义思想和达尔文的生物进化论也陆陆续续涌进日本，随即掀起了思想启蒙运动。日本政府为了促进社会的现代化，积极吸收西方的生活方式，日本社会开始了模仿欧美文化的狂潮，传统的柔术被视为封建社会遗留的糟粕，遭到了社会各界的鄙视。这时，作为柔道创始人的嘉纳治五郎积极适应社会变革的大趋势，运用西方大学的教育理论，继承传统柔道的思想，挖掘传统体育的教育价值，改变柔术，成为少年身心发展的教育手段。同时，借助其在日本教育界的声誉和人气，柔道在学校的普及也得到了许多便利和支持，进而取代了西方单调的兵操教育内容，成为学校教育的内容。嘉纳作为教育家，积极向日本教育当局提出柔道体育教育的价值，采用西方智育、德育、体育的"三子育论"。练习以体育为目的的柔道时，有助于技术和精神修养方面的提高；练习比赛技术时，也不能忘记培养体育和精神修养方面的知识。练习者要时刻铭记运动、胜负和修心，为成为优秀的"社会人"而努力。至此，在开放文化环境和自身教育的背景下，嘉纳适应了时代和社会的变化，赋予了柔道新的教育意义。

在柔道的学习过程中，教会了学习者如何重视"道"的修行。柔道练习的目的是通过攻防来强健身体、培养精神修养、实现人格完整化，为社会做出贡献。嘉纳创立的讲道馆，以防御攻击为目的的柔术为基准，融合了西洋文化的科学性、合理性、社会性、教育性。作为教育家的嘉纳把柔道和学校之间紧密地结合起来。柔道作为体育课程在学校中广泛得到应用，为柔道之后的人才培养奠定了坚实的基础。

可以说，日本柔道在近现代发展过程中，作为传统体育充分认识到了现代社会的教育价值，形成了日本柔道"体育"、"胜负"和"修心"三大教育理论，同时具有现代教育中的"德、智、体"的基本要求，使柔道顺利地融入到学校教学中。达到锻炼身体、培养斗志、强化自己的修养的教育目的。

坚持民族传统体育文化的精神，同时吸收现代体育文化的传播学、竞争学等内容，民族传统体育也能服务世界。同时，在近现代发展过程中，充分认识到传统体育在现实社会中的社会价值，"精力利用、与他共荣"的柔道理论，使人们和谐相处，提倡社会共同发展。

日本柔道项目具有近现代国际体育项目的特点，随着国际体育的发展，比赛制度、比赛规则不断创新，比赛的公正性、竞技性和观赏性都得到了极大的发展和提高。

研究表明，日本柔道在走向世界的过程中也出现很多问题。比如传统和国际化的冲突、东西文化价值理论的冲突等。这些冲突常常引起人们的思想混乱和困惑。因此，在传统体育的国际化过程中，如何保持正确的心理状态也是一个值得深思的问题。

（二）剑道

日本剑道的起源尚无精准的考证。通常可追溯到公元 3 世纪的大河时代与当时的中国。而剑术成为一种技术体系成为人们常规性的演练方法，还是在室町时代中期以后的事情。剑道作为武艺的一种表现形式在战争年代中应用越来越广泛，受制于当时生产条件的限制，护具和竹刀尚未出现，剑士们通常以木制的刀练习，而技术动作追求简练、实用以求在战场上能克敌制胜。进入德川幕府后，由于社会安定导致以往任由普通百姓练习的剑术，上升为专属于武士阶层用来培养武士精神的特殊技能和手段的"独占物"，成为他们一种专门的防身健身方法。而今天风靡全球的剑道运动正是从那时繁盛而起的。

明治维新以后，随着武士阶级逐渐消亡，在新政府的诞生与大兴"文明开化"之风的影响之下，剑道开始日渐衰微。明治 10 年，一些有志之士为了保存和延续剑道的命脉，开始在警察系统中积极倡导并逐一推广，使剑道出现了复兴的转机。日俄战争以后，日本逐渐实行对外扩张的军国政策，开始鼓吹尚武精神和弘扬剑道。明治44年武道中的剑道变成了学校军事训练的部分，此时剑道的称谓才得以正式确认；随后更是被规定为必修课程。剑道在以学校为中心的推广之下逐渐恢复生命力和影响力。

第二次世界大战，日本战败投降。由于剑道被驻日盟军认为是助长战斗精神的运动而受到了最大的打压。文部省对学校体育中的剑道等武术进行了禁止，这同时也让其在学校和社会盛行一时的武术销声匿迹。在东京，以笹森顺造为代表的东京剑道俱乐部，号召全国志同道合人士对新剑道进行了讨论：保留以前的剑道精神，推出适合新时代的剑道。从剑道改造而来的"挠竞技"去除其武术要素，不仅对竹刀和防护面具做了改良，对服装也进行了改进。1952年随着国际社会对日本放松了限制，剑道运动也得以重见天日，而鉴于剑道有着比较坚固的历史根基，大家对"挠竞技"随之逐渐减淡，并把关注重点转向了剑道运动。成立于1954年的"日本剑道联盟会"更是为日本剑道的复兴和现代化作出了巨大贡献，并在制定剑道多元化的推广模式中发挥着主要作用。在日本国内主要是依靠政府及民间组织，按照统一的规章制度进行管理；在国外则主要是通过开设剑道场馆和委派本土教练员外出执教来实施推广。当今，全世界大约有超过300万人练习剑道，上至老人下至幼儿无不喜爱剑道。而剑道采用的剑道文化思想在国外推广中占据着重要的影响，正在影响着越来越多的国家对剑道学习的热情，并成为塑造国家文化形象一个不可忽视的文化推广战略和举措。剑道是对抗双方穿着护具，手持竹刀或木刀，在木质地板上赤脚对打，按规则击打有效部位，最后由裁判记点数判胜负的运动。剑道训练可以提高眼法、步法和身法的灵敏性，虽然是用竹刀比赛，但进行真实的击、打、刺、避、挡等招式的对抗，主要强调以重挫对手为致胜目标，力求凶狠。

剑道具有运动和武道的本质。初学者需要运用体能来施展剑技，但待到技术成熟后，则多以智能运用策略取胜；通常年轻时较易用体能，以快速与密集攻击为主，而年长后则是利用战术，靠思考，讲究一击致命，而非长时间的扭打。冷静稳健的智力，穿插适时的攻、守技法来克敌取胜。因此，剑道学习不受年龄、性别限制，适合各个年龄段的人练习，只要手能持刀就能参与。

剑道里蕴藏了深奥的东方哲学，它讲究剑、气、体三者合一，以静制动、以不变应万变、后发制人等。剑道还很强调精神的力量，讲究始于礼而止于礼，讲究培养自身坚忍的性格。

日本剑道讲究"手、眼、心"的统一，尤其强调精神修炼，重视人格的培养，通过武道教育，最终形成"忠诚报恩，知耻尚勇"的武士精神。从形式上，日本剑道是一种手持持刀剑的格斗术，但在其自身的理论体系中却包含了丰富的中国儒家思想和禅文化。

日本国内的民族体育非常讲究运动礼数，要求"始于礼而终于礼"。练习者若要想让自身的修为得到提升，就必须通晓礼仪，并在日常生活与训练中严格贯彻，这样才能有效地约束自己的行为。日本民族体育对礼仪有着极其严格的要求，练习者除了要对前辈师长毕恭毕敬之外，同辈之间也必须严格遵守礼仪，否则就将被视为肤浅失礼，受到惩罚。以剑道为例，在学习之前要先学习礼仪：进入道场要向前辈们逐一问好；入座时绝对要按照尊卑顺序，不可坐错；练习或比赛前要向老师和对手行礼；剑道服饰中的剑道裙有五道褶皱，代表儒家五德；剑道比赛中的气合，主动的进攻，代表勇敢不退缩；练习休息间歇，竹刀与护具应摆放整齐，行走时不可跨越；取胜时不能当场欢呼雀跃，否则会被认为是不尊重对手而被取消成绩；让对手受伤弃权，不管是否有意，都将被判为输掉比赛；练习结束时应收刀行礼，心存感激和谦逊等。

日本剑道把儒家的"德治"和"人治"充分地结合，构成了武士的人生观和价值观，在以下几方面中得到最大化的体现。

视死如归，不怕牺牲。武士的死，虽然是一种"牺牲"，但也是一种"奉献"。

忠诚服从，即对天皇的绝对效忠、服从。正如儒家所曰"君要臣死，臣不得不死"。

珍惜名誉，舍生取义。孟子曰："生，我所欲也，义，亦我所欲也，二者不可得兼。舍生取义者也。"日本武士视名誉重于生命，为了名誉可以付出一切。

朴素节俭。追求享受是人的本能，作为人中之杰的武士必须超越本能，压制自身的欲望。他们曾经一天仅吃一顿饭，不吃中餐，旨在培养坚忍的性格，正如孔子所言："饭蔬食，饮水，曲肱而枕之，乐亦在其中矣。"

严格自律，活人之刀。剑道之所以称为"道"，而不叫武艺或武术，是因为真正的剑道不会像武艺那样以杀人为目的。作为武士道的修养读物《叶隐》中，第二条就要求武士"应成为唤醒大慈大悲的人"。剑道不是杀人而是除恶，是除一恶人而救万人，这才是剑道的根本。

公元16至17世纪，禅文化传入日本。禅宗所主张的保持淡泊、超脱生死等思想理念为日本的剑客们所接受，将其作为武士们磨练意志、砥砺武德的修身之道，并形成了剑道哲学。日本第一代幕府的武士首领就是位痴迷的禅修行者。剑道是剑与道的结合，剑为体而道为心。剑道的最高境界是无刀取胜，要达到此境界，除了要苦练速度和技法，关键还要进行"心法"的练习。要使"元神稳于周身"，必须要有极大的定力，做到泰山崩于前而不惊，故武学修炼成败与否，心态修炼是其关键因素。日本著名的禅宗研究者与思想家铃木大拙认为，日本武士那种决不后退的精神是来自哲学的自信。与哲学相比，禅宗作为一种宗教，属于意义精神层面上的，其更具备道德激励功能。武士的思想比较单纯，他们更愿意去寻求禅的帮助。而参禅就是要"沉入"整个生命而不能仅仅停留于表面。武学及剑道的修炼也同样要以无我的追求为最高境界。

临敌时"无我"才能"无畏",只有"大无畏"才能无往而不利。这种"大无畏"首先是不能有胜负之心。在日本剑道史上,泽庵大师曾培养出了柳生流的开山鼻祖宗矩。泽庵大师曾经这样教导宗矩:"剑家不可有争胜负之心,只有超越了胜负这一差别之境,才会得到自然的剑法。

只有凭借无心无欲的剑,才能道达剑禅一如的境界。"泽庵大师在他的"不动智神妙录"一书中有精辟的论述,他认为,"剑道修炼首先的是去掉执着之心",即"心无所置",就是面对敌人把心置于任何地方都不行,不把心置于所有的空间和地点,也就是把心不止于一处,力求达到"不动智"。"不动智"中的"不动"不是指静止不动,而是要"动中静,静中动"。剑道不仅要身手快,而且还要后发制人,要不动而动,动作之快到极处如同静止。

禅通世理,剑有禅机。禅宗与剑道的关系已经达到了以剑论禅,以剑悟禅的程度。泽庵大师所说的无置所之心和无心之心,是对禅的领悟,也是日本的剑道之心。要体验无心,仅靠头脑是不够的,唯有按照泽庵宗彭所说的"冷暖自知"之法,亲身去修炼、去体会。近代以后的日本剑客大多深谙禅理详机,并将其融入剑道之中,这种风气一直到今天都长盛不衰。

日本剑道是武道的灵魂,是武道的代名词,但其目的不是杀人而是除恶。"不杀人,以不杀为胜",体现了剑道中所蕴含的儒家思想和禅文化。

剑道曾经沦为日本军国主义对外侵略的工具,被日本法西斯所利用。二战之后在国际社会的思想改造帮助下最终回归正道。学习剑道,必须与批判军国主义相结合,用心体会剑道的本质是"不争胜负,不拘强弱",追求无刀之心的境界。

(三)弓道

从《日本书纪》《古事记》等书籍了解到,弥生时期出土的文物中对弓箭有一定的记载。日本弓道的盛行由中国唐代引入，唐王朝是公元 7 至 9 世纪全世界最为强大的封建帝国，并对东亚诸国有着深远的影响。当时日本派遣大量遣唐使来中国学习，中国传统射箭技术便随之东传日本。从日本奈良时代中期到平安时代，受中国儒教文化的影响颇深，礼法的形成作为宫中仪式开始举行射礼的盛典。自镰仓末期直迄室町幕府是日本弓道革新时期，在后醍醐天皇时代，经由小笠原贞宗等人确立了弓术、马术礼法的标准。此后的将军家更以小笠原氏的弓马术礼节为范，一直延续到德川时代。

明治时期武家社会崩溃与政府倾向欧化，明治 12 至 14 年皆十分盛行飞马竞射与犬追物的活动。大正、昭和年代，弓道被纳入中学以上学校的正式体育课程与社团活动。第二次世界大战爆发时，由文省部主导弓道以体能训练科武道身份，赋予实际作战的意义。昭和 26 年日本战败解除禁令，弓道被获准以学校社团活动名义复兴，纳入高中体育正规课程。弓道在近年的发展中，成立全日本弓道联盟组织，在国内举办不同级别的赛事。同时，以外派教练的形式在全球范围内进行推广与传播，受到大家的推崇与喜爱。

现代弓道以明治维新后将作为近世武艺之一的弓术进行传统再建构为基础，综合了各个流派的特点制定的新型射法、射礼。因此，即使不归于特定流派门下也可学习弓道，这一套被总结为《弓道基础教程》。《弓道基础教程》里将"射法八节"确立为射法形式。关于射法形式，按照一支箭射出的推进过程古来称作七道，把七项进行分开说明后加上"意不断（残身）"成为八节。即站位、正身、搭箭、起弓、张弓、瞄准、离弦、意不断。射法八节中，起弓方法分为正起弓和侧起弓两种，二者任选其一。正起弓是预备动作结束后，从身体正面举弓，并保持垂直方向举弓，本来属于骑射所用技术。另一方面，侧起弓是预备动作结束后，在身体左前方调整手掌位置后，先由左手向前移动带弓，然后向上方举起，本来属于徒步射箭范畴。蓄势吸纳了小笠原流的礼法动作。如此全日本弓道联盟便统一了流派各异的蓄势方式，平复了大会和审查中的混乱，从而普及到全国。

1952年举办了校园弓道解说会，校园弓道的普及由此拉开序幕。另一方面，1948年东京市学生循环赛作为大学社团活动比赛开赛，1953年组建了日本学生弓道联盟。同年，第一届全日本学生弓道锦标赛开赛。高中则是1956年全国高中体育联盟中成立了弓道部，同年举办了第一届全国高体联弓道大会。和如火如荼的大学、高中普及状况相比，初中普及率很低。虽然弓道从1958年开始成为初中体育必修课，但由于辅导员、设施的问题，只有21所初中（0.12%）开始实行。因此，虽然初中弓道绝大部分也是社团活动，执行情况却因地而异。

目前，从事弓道的学生人数分布仍然不均，初中有12 750人，高中有70 621人，大学有14 416人。按照一般注册人员为43 273来计算，全日本弓道联盟注册会员人数中的一半来自高中，高中社团活动极大地普及了弓道，另一方面弓道作为初中社团活动以及体育必修课普及情况远远落后。另外，高中毕业后继续弓道事业的人数凤毛麟角，这也是弓道界整体面临的问题。

现代弓道在弓射的基础上规定了基本姿势和动作，称为基本体式。基本体式是弓道射法以及弓射前后坐立进退的前提，由四个基本姿势和八个基本动作构成，称为四姿八势。如今规定的蓄势便是以基本体式为基础组合而成的。

现代弓道将"真善美"视为修习的终极目标。所谓真即追求真理真相，所谓善即追求道德伦理，所谓美是通过积累练习掌握符合礼法的蓄势和基于射法之上的射行。现代弓道兼具技法和礼法，向往具有品格的弓射，也体现了对真善美的追求。由于规定了射礼作为行射的模式，真善美通过行射和礼法被具体化。

现代弓道将"射法八节"规定为弓射的基本射法形式。

内容如下：

（1）站位。以箭束为标准，外八字（约60°）站立，标靶的中心点和左右两脚的脚尖呈直线。

（2）正身。将弓弦下端置于左膝上，右手位于腰中，调整气息，将重心置于身体中央，气沉丹田，肩、腰与靶位中心线平行。

（3）搭箭。取箭，在掌中调整，注视搭箭。

（4）起弓。搭箭的位置从两手上抬直至头上。

（5）张弓。左右等力张弓，预备瞄准。在张弓过程中需要适度停顿一下，进行确认。

（6）瞄准。拉满弓后，需要身心合一静待发射良机。瞄准的步骤又可进一步分为舒展与拉满。

（7）离弦。上下左右充分舒展，迅猛瞄准，右手维持拉弦的姿势迅疾打开，扩胸发箭。

（8）意不断（残身）指发箭后的姿势和精神。发射后不改姿势，注视去箭，在身心恢复平静前一直保持姿势，离弦后也保持全神贯注，慢慢放弓。

弓道是日本传统身体运动文化的一种武道。虽然根据时代和主体不同有过些许偏向，但在武道中十分强调实战性、竞技性和精神性的三者平衡，现代的弓道爱好者也将它作为一种武术、一种运动、一种精神修行进行弓道的练习。现代社会多种价值观共存，环境问题等社会问题纷繁复杂，因此弓道的国际化进程要求我们在继承传统弓道的同时也要顺应时代的要求。

（四）相扑

日本相扑的历史可以追溯到一段关于"建御名方神"和"建御雷神"进行相扑比力的神话故事。日本相扑界将《日本书纪》中所记载的关于"野见宿祢"和"当麻蹶速"比赛相扑的传说作为相扑的起源。到5世纪末，相扑已成为一种流传民间的祭神仪式，各个村落选出相扑力士在公开场合比力，以此预测来年农作物年景。公元726年，圣武天皇组织了第一次神事相扑（节会相扑）以祈求风调雨顺，这一活动在日本农村的秋祭仪式中被保留延续至今。后来，相扑经过了一系列改革和变迁，依次产生了以搏斗为主的武家相扑、以表演为主的劝进相扑，从"娱神"到"娱人"，日本相扑实现了由"祭"到"武"再到"演"的历史转变。作为祭祀仪式的早期相扑，是古代社会的一种实现集团社会要求的途径。人们将对社会思想和社会意识的情感诉求附着于作为身体实践的相扑比力，赋予了相扑崇高性和神圣性，也正是因为这种崇高和神圣激发了人们对于传统的记忆和保存。作为相扑历史的集体记忆，神话传说和神事祭祀在相扑的发展历史中具有重要的意义，并对现代相扑的仪式化特征有着重要的影响。

"力士"是相扑手的文化称谓，高大、强壮是一个相扑手应具有的基本素质。从外表看，相扑手赤裸着大部分身体，仅用"丁字兜裆布"和锦制的丝带"回"裹身。裸体的意义已不再局限于防止比赛双方撕扯衣服而影响比赛，更重要的是裸体的比赛和训练所展现出的人体的自然美和健康美。由于相扑比赛不分重量级别，因此相扑运动员都在不断增加自己体重以在比赛中获得优势，虽然相扑运动员的外形硕大而肥胖，然而却体现了一种独特的阳刚之美。保罗·康纳顿认为，记忆是实践的积累。他将社会实践做出了体化实践和刻写实践的区分。其中，体化实践包括了对文化特有姿势的记忆，而这种特定的姿势操演提供了身体的助记方法。社会通过纪念仪式传递记忆，由于仪式通过身体来完成，所以社会是通过体化实践来传达和维持社会记忆。相扑运动员的身体是体化实践的载体，肥胖而硕大的身体形象是一种独特的文化符号，也是独特的记忆符号。硕大的身形体现了日本民族对相扑力士"大"的文化认同和向往强大的文化心理，建构了人们对大相扑之"大"的社会记忆。相扑运动员在比赛开始前的礼拜仪式中，通过一系列固定程式的身体动作形成了如康纳顿所说的特定的"姿势操演"，这些"姿势操演"通过"体化实践"的积累建构、维持和传递了相扑比赛的集体记忆。

在相扑比赛仪式中，观众不仅是作为客体的仪式过程的旁观者，更是作为主体的仪式过程的参与者，仪式离不开观众，观众融入仪式。神道祭祀是日本民族宗教信仰和生活思想的集中体现，从早期的神事相扑和节会相扑开始，相扑就是作为神道祭祀活动的一部分而存在的，与祭祀的相关性使得民众在欣赏相扑比赛的同时，也是在参与作为祭祀活动的"集体欢腾"。本尼迪克特以"菊"和"刀"来象征日本人的矛盾性格，阐述了日本文化的双重性。在日本人的心理中，既向往大又蔑视大，既肯定小又克服小，相扑比赛充分体现出了日本人以小搏大的文化心理。比赛中间，有时会穿插大相扑手与儿童相扑手的表演，最终以大相扑手的失败而宣告结束，这种表演总能使观众欢呼雀跃。有时，高级别选手被低级别选手战胜后，观众还会向场地中间扔垫子以表达不满，这些都淋漓尽致地展现了日本人以小胜大的心理诉求。一方面，仪式的参与唤醒了观众共同的信仰，增强了观众的心理凝聚力，强化了对民族文化及民族心理的认同；另一方面，观众通过参与相扑比赛的"集体欢腾"，在"我者"参与的体化过程中，强化了个人记忆和集体记忆。

在日本民众的心中，相扑不仅仅是一项竞技赛事，更像是生活中"调剂品"乌托邦。那么，相扑这项运动何以如此，相扑运动的"魅力"到底有哪些？

1. 独特的"场域"与仪式造成了相扑运动的显性标识

（1）以"土俵"为基石的传统"场域"的模仿与维系

相扑运动的专用比赛场地称为"土俵"。在古代，"土俵"是用于祭祀的祭坛。今天人们看到的"土俵"，仍是祭坛原形的一种保持，带有强烈的宗教化色彩。土俵为正方形，中部为圆圈（外方内圆寓意天方地圆），相扑力士在这个圆圈中进行比赛。按照传统的惯习，大部分"土俵"上方，都会用一条粗绳从天花板上悬吊下来一个屋脊似的顶棚，这是模仿日本神道中神圣而古老的伊势神宫的屋顶而建的，在顶棚的四周装饰有四色（青、红、白、黑）巨大的垂缨（也称流苏长穗），象征着四季神明。尤其是在国技馆内，这些象征与隐喻日本文化的传统元素的布设随处、随时可见。在不同的季节里，参与比赛的所有人员的装扮（主要体现在衣服和发饰上的花卉、风雪、动物等内容上）也都会随着季节的变化而有所不同。沿袭古代祭祀神灵的传统，"土俵"极其讲究方位，分为东、西、南、北四个方向，北方为正面，南方称为正面，相扑力士们入场要从东（左方为东）西（右方为西）两侧入场，不能从正面进入。人们一走进相扑赛场，便恍若回到了几百年前的社会情境之中，仿佛时光倒流了一样。对喜欢相扑的人们来说，光是这些独特的场景布设所构成的独特气氛就已经令他们兴奋不已了。

（2）赛事"仪式"遗风的保持与身体隐喻的再现

在相扑比赛中，"仪式"是相扑运动中不可或缺的重要构成，贯穿于比赛前后两个阶段，由"土俵祭""尘净水""弓取式"等3个环节构成。在每个赛季开始的前一天，国技馆中都要举行"土俵祭"。举行"土俵祭"过程中，力士们将事先准备好的榧子、海带、干鱿鱼、盐和洗过的米以及晒干剥皮后的栗子等6种东西埋入土俵中间，以"埋物献祭"的方式祈祷赛事与力士安全。比赛开始后，力士们左右脚轮流踏地2次，两腿交替抬高，然后，重重地跺在地上，表达驱赶鬼怪之意。待两人重心稳定后，二人双手在胸前相互摩擦，击掌两次尔后左右分开，而后用水漱口，这个仪式叫"尘净水"，相互表达光明磊落参与比赛之意。最后，力士走向土俵的角落取干净的盐，向场上大把地抛撒，表示清洁战场，准备投入到比赛之中。每日比赛完毕后，都要举行"弓取式"，力士们将未上弓弦的弓以传递接力棒的方式一一传递一圈，表达所有恩怨都"冰释前嫌"之意，也是宣告当天比赛的结束程式动作。一系列严肃而庄重的仪式将力士与观众们从日常生活中抽离，带入到人类学家特纳所说的"隔离空间"之中，比赛也被赋予了一层神秘而庄严的面纱。

2. 严格的"规训"与规范养成了相扑中有序的身体

（1）日常生活与训练中力士们被置于严格的"身体规训"之下

在相扑界内，以力士在"相扑部屋"效力的年头和比赛成绩而确定等级。力士若想进入相扑界，首先要在"部屋"内接受培养。在相扑界中，"部屋"是相扑身体训诫的第一空间。"部屋"是类似于大家庭式的、与外界接触较少的一个生活与训练的空间。在部屋中，等级最低的力士除了接受身体训练外，还要包揽"部屋"中所有的事项（打扫卫生、煮饭烧菜、浆洗衣服等）。当高级别力士来场进行练习时，低级别的力士则要下场等候或充当高级别力士的"陪练"，并且在陪练过程中"要毫无怨言地接受无数次摔打，直到结束"。

相扑界要求，"力士们一旦上场，就必须一丝不苟地进行角逐"。不在场上直接较量的力士要端坐在场下，认真观察场上力士们所用招式，揣摩其动作要领，以吸收他人的技术之长。同时，观看比赛的力士们也要正襟危坐在席位上，不允许随意走动或做出有损礼节的动作。

任何失礼的行为都会招来严厉的体罚，执行体罚的人要用力地打。力士武藏丸（一流力士）曾说："尽管我有时也想发点善心，但我必须狠打，因为这是相扑，它是国技。"

（2）"差异化"发髻与衣着"规范"

在相扑运动中，除了日常生活与在训练场上对相扑力士的身体"规训"外，还体现在赛场发髻与衣着的规范上。相扑界规定，所有的力士要蓄起长发，梳起头发髻。秃顶的人，即使技艺再高，也不可能成为力士。职业相扑手是当今日本社会中仅有的梳顶髻的男人；"发髻"是了不起的武士的标识，也是"级别"的差序与荣光的体现。

在相扑比赛中，等级与差序也明晰地体现在"差异化"的衣饰与着装之中。相扑力士在公开场合露面时，无一例外的都必须穿和服与木屐，不允许随意着装。比赛时，要沿袭古代角斗的规定，腰股只用一条"丁"字形宽的宽带兜裆布缠腰（日本人称它为"裈"）。力士腰股间的"裈"的布料、颜色、样式因级别而不同。相扑比赛中，除了对力士的衣着与发髻有规范外，对职业裁判的衣着上也有明显的差异性规范。

比赛进行时，裁判要戴黑漆帽、穿武士礼服、手持军配（指挥扇），并要根据执裁力士级别的差别，进行着装与配饰。

3. 相扑精神世界中富于"崇竞"与"尚和"的二重矛盾性格

（1）赛场竞技崇尚"力与慧"的瞬间"爆发"

与奥林匹克公平竞争不同，相扑比赛对力士（选手）不设体重要求，不论体重大小、身材高矮，都可以参加比赛。这是目前世界上所有格斗运动中，唯一不设置体重级别的运动项目，其规则的简单性，也是其他项目所不能比拟的。相扑比赛中，只要力士脚掌以外的任何部位触地或被推出场外即为负，这种简单的规则设计，甚至连儿童也都可以看懂。为了增加比赛的可观赏性，力士交锋的时间是有具体要求的，高级力士们（幕内）的交锋时间限定为四分钟，中级力士（十两）为3分钟，低级力士（幕下以下）时间为2分钟以内。

"比赛的开始，不像西方体育项目那样，由裁判宣布，也不是听笛声来决定，而是由两个力士自发决定"。二人站好，形成对峙状态时，场上热烈的气氛便一下变得异常安静，两人对撞前，要经过一系列的试探。"当两个力士呼吸达到一致时，两人同时站起，只为这最后的一个短兵相接，二人互相推顶、对撞"，大多数比赛瞬间即可分出胜负。当然，也有两人实力相当情况，两三分钟也分不出胜负，但胜与负的出现，往往就是一个转身的瞬间。

（2）"争而不失礼"的气度贯穿于赛场内外

大多数体育项目尤其是西方体育的个人运动项目，为了促进运动员个人水平的提高，往往采用循环赛的竞争方式。即使是同门师兄弟，也免不了要参与竞争。但是，在相扑运动中一直未引入这种竞争方式。相扑运动更看重每个"部屋"中的人际关系，按照传统规则，同一"部屋"里的力士，不可以在公开场合同场竞争。除非同一部屋里的两个人的胜负局数是一样的，否则，同一部屋里的力士是不会对战的。

在相扑比赛场上，相扑力士的比赛也较为斯文。通常情况下，相扑手仅系一个兜裆布上场，看似野蛮粗鲁，实则是表明堂堂正正比赛的表现，相互表达未藏匿伤害对方的不利之物之意。在交锋的过程中，虽有扭摔、拍打等动作的出现，但也不像拳击、自由搏击或职业摔跤等项目那样野蛮与血腥。相扑胜者常常友好地向被摔倒的败者伸出扶助之手，同时，相扑选手即使赢得了比赛，处于对对手的尊重以及出于到对方感受的考虑，绝不会在对手面前露出高兴的神情，更不会做出过度兴奋的动作在对手面前炫耀。

相扑比赛让日本这个民族保持了一个战斗的传统，同时，比赛也给平民缔造了一个观赏制造"传奇"的平台。人们可以看到比赛是真实的身体对抗，靠的是技艺而不是运气。力士获胜是一个既真实又有着象征意义的传奇，而创造这种传奇的恰恰是一个普通人，"他们的崛起取决于其功绩，他们的升华基于一个清晰的因素——力量，它没有血缘和继承的联系"，完全取决于个人的能力。相扑选手的胜利无形之中满足了日本民众一种自我向上的社会期许，这也是相扑魅力的最重要的核心所在。

三、体育之于日本课程改革

日本体育课程的变迁可划分为四个阶段，即经验主义时期、学科主义时期、体力主义时期和人本主义时期。

（一）经验主义时期（1945—1957 年）

1945 年 8 月 15 日日本战败。

1945 年 8 月 21 日战时教育令废止。

1945 年 8 月 24 日作为学校军事教育的军事训练及防空训练全部废止。

1945 年 10 月 6 日发出《关于战后体炼课教学项目的处理意见》。该文规定："取消军事色彩的教学内容，中止武道（剑道、弓道、柔道等）教学时数由体操代替"；"原教材纲要以外的篮球、排球等内容应得到实施"；"排除划一形式的训练；考虑学生发育、营养，重视学生个性和能力的发展"。

1947 年 6 月战后第一个"体育教学大纲（学习指导纲要）概要"公布。

1949 年 9 月小学体育教学大纲公布。

1951 年 7 月初中和高中的体育教学大纲公布。该阶段的体育教学大纲有如下特点：①把体炼课改为体育课；②改革大纲的"统制"性为指导性要求老师通过创造性的劳动并根据地区和学校的特点自主地制定教学计划；③强调娱乐和竞技运动项目从学生出发选择教材以游戏和竞技运动项目为中心；④重视健康教育把它作为体育课的内容；⑤重视从小学到大学的衔接，提出了大学要开设体育必修课。作为中学大纲的教材纲要按教学单元排列全部教材，分为中心教材和选择教材两类，两类教材中均列出众多项目；对每一项目规定了授课周数实际选用教材权交给教师，实质上是接受了美国的教学方式，成为一部对教师约束力很小的大纲。

1953 年对体育教学大纲进行修订但变化不大。该阶段的体育大纲被称为民主主义教育的组成部分，显示了新体育的方向，成为战后体育的起点。但是大纲还是存在不少问题，大纲涉及具体细节时仅注重权威的轻率解释没能提出有效的实施办法，造成实施困难。大纲批判了和军事相联系的形式主义教育，批判了强调机械划一的教师指导，使学校体育由体操为中心转向了以游戏和运动为中心。整个大纲的约束力不足且灵活性过大。

（二）学科主义时期

1958年文部省分别以80号和81号告示的形式公布了小学和初中的大纲。1960年又公布了高中大纲。这次大纲修订的精神是进一步确立国家的教育基准从维持和提高国家义务教育水准出发提出学校体育的规范要求。法定约束力得到加强而灵活性受到限制。大纲以运动项目本身的特点作为分类依据。体育教学内容共分为8类，即体育理论、徒手体操、器械运动、田径、格技、游泳、舞蹈、球类。各类教学内容均规定了时数比重。大纲采用新的分类原则，一方面是吸取了上一个大纲过于灵活的教训，另一方面是为了实现教学系统性和促进学生的身体全面发展。

（三）体力主义时期

伴随着经济的回升和生活水平的提高，日本青少年的体格有了显著提高。从1953年开始11岁儿童的体格已超过战前最高水准，到了1965年，11岁的男孩身高已达到138.5cm，相当于1935年12岁男孩的水准。在体重和胸围方面也出现了相同的趋势。但是体格的发展并未带来体力的提高。和1935年相比，1964年的体力数据不是提高反而降低了，这引起日本朝野的重视。到1964年东京奥运会期间，人们才认识到日本青少年的体力和世界各国相比也有差距，要求重视青少年体力发展的呼声日益高涨。1964年12月日本内阁在做出"增进国民健康和体力对策"的决定同时，还设置"增进国民健康和体力恳谈会"和"增进国民健康和体力对策协议会"二个机构进一步确定具体对策。1966年规定了全国统一的体育节。根据上述事态的发展，日本文部省于1965年6月要求教育课程审议会提出体育课程改革的具体方案。1968年7月文部省正式公布了日本小学和初中的大纲，次年公布了高中大纲。上述大纲在保健体育课总的目的方面提出了"在理解身心发展和运动特点的同时适当地从事各种运动，培养强健的身心以实现发展体力"；体育教学任务则提出简洁的四条：①提高体力；②掌握技能以实现体育生活化；③培养团结友爱等态度；④掌握有关的体育知识。值得注意的是，上一个大纲规定提高"活动能力"的地方一般都改为了"体力"，这反映了新大纲的特色。

（四）人本主义时期

体力主义的教学大纲在实施后也受到来自各方面的批评，主要是指责大纲统一得过死。学校缺少执行大纲的自主性教师，缺少选择教材的灵活性，对调动教师的积极性和发展学生的个性和能力均不利。日本在1977年公布了小学和初中的教学大纲，1978年公布了高中教学大纲，使日本的学校体育进入到了生涯体育时期。在修订本次大纲的同时，日本教育界进行了教学大纲的法定约束力和灵活性之间的讨论。通过讨论，人们普遍认识到教学大纲本身具有一定法定约束力。因此，要体现教学的灵活性首先就要改革大纲，使大纲本身有灵活的余地。战后第五个教学大纲就是力图扩大学校的自主性和教师的创造性，这使其成为一个较为灵活的大纲。关于这一点在高中大纲中得到更为明显的体现。

改订高中大纲的基本方针共有五条：

（1）进一步重视德育和体育；培养德、智、体协调发展、有丰富人性的学生。

（2）尊重学校的主体性，建设有特色的学校。根据教学大纲确定的各学科的目的、内容和注意事项发挥教师的主动性、创造性；根据学生的实际和学生的要求实施多样化的课程造就各种有特色的学校；教学标准大幅度的弹性化。

（3）试行适应学生个性和能力的教育。为了适应多样化的教学必修课及其所占学分数大幅度的削减，编定为以选修为中心的课程。

（4）有宽余地充实学校生活，削减必要学科的分数（把现行的 85 学分改为 80 学分），授课时数采用弹性化，各科的内容根据基础知识的要求加以精选。

（5）重视快乐和勤劳的体验。

第四节　西班牙体育文化

一、西班牙体育文化概览

西班牙地处欧洲和非洲的交界地，群山将它与欧洲大陆割开，面向非洲大陆张开怀抱，却被阿拉伯人长期占领八个世纪之久，至今阿拉伯人统治西班牙的痕迹也不曾被磨灭，不论是科尔多瓦的大清真寺还是格拉纳达的阿尔汉布拉宫，无论是五彩的玻璃装饰还是异域风情的瓷盘都凸显了浓郁的阿拉伯风情，在外族入侵留下文化痕迹的同时，西班牙很好地保留了自身的文化特色，大杂烩而不失自己的风格。西班牙作为一个通过海上贸易发展起来的国家，靠近大西洋和地中海这样的地理优势使西班牙成为了传统的海上强国，这样的历史渊源使西班牙人天性开放、热爱冒险、崇尚暴力、不惧挑战，这一点不论从西班牙的传统项目斗牛，还是流行项目击剑中都可见端倪。西班牙人喜动，能歌善舞，无畏竞争，崇尚个人主义，因此西班牙民众在休闲时喜欢足球、篮球、网球、斗牛、跳舞等热烈、活泼的项目。

西班牙的体育经历了漫长的发展历程。1992 年，在巴塞罗那成功举办的第 25 届奥运会给西班牙人带来了巨大的鼓舞，西班牙人对体育的热情逐渐高涨。自 19 世纪以来，西班牙的资产阶级及贵族效仿英国的贵族开展一些体育活动，主要是健身和身体活动，当这一健身风潮在西班牙的上层阶级中流行开来以后，慢慢地向中产阶级以及周边地区扩散，因此西班牙的体育兴起具有很强的阶级特点。19世纪80年代末，西班牙开始引入商业体育模式，建立体育俱乐部和健身房。位于马德里和巴塞罗那的私人健身房也分别于1851年和1860年开办，随后私人健身房的数量开始激增，得到了快速地发展，私人健身房不仅是西班牙贵族运动——击剑的发展核心地，更是西班牙吸引其他国家体育项目的媒介，就是在这一时期，足球、篮球、网球、自行车等项目纷纷在西班牙流行起来。

二、西班牙传统体育项目

（一）击剑

击剑起源于欧洲，是从古代剑术决斗中发展起来的一项体育项目。现代击剑运动是奥运会的传统项目，早在1896年希腊雅典举办的第一届现代奥运会上，击剑就是9个比赛项目之一。

击剑的基本装备包括剑、金属面罩、三件套（保护服、小背心、裤子）、手套、手线（连接剑与电动裁判器）、击剑袜、击剑鞋。如果是青少年，男孩还要戴护板，女孩还要戴护胸。击剑鞋的鞋底比较厚，鞋跟处有包边，可以在剑手做弓步时起到缓冲保护作用。

击剑主要分为花剑、佩剑、重剑。从基本装备到比赛规则、计分方式，都有所不同。从剑的质量、形状来看，花剑500克，剑头有弹簧；佩剑500克，剑头无弹簧；重剑750至770克，剑头有弹簧。由于剑击在人的身上会产生一定的压力，具有弹簧的花剑与重剑击中达到相应的压力（即大于500克或770克）时，电动裁判器才会显示亮灯，而佩剑只要碰到对方身上，就会亮灯。

在比赛规则和计分方式上，花剑、重剑选手只准刺，不得劈打，佩剑选手可以劈、刺。花剑、佩剑选手有优先裁判权，即使两边的裁判器同时亮灯，但具有优先裁判权的一方得分；而重剑选手没有优先裁判权，只要双方都击中，就算得分。此外，三者的有效部位、无效部位也不一样。

刺和劈是击剑的基本动作。刺的力量产生于手腕，由手腕带动剑，刺出去时前臂要完全伸直。劈相对简单一些，手臂出手时一定要快，手腕处不能往回带，径直往下劈。在刺、劈的基础上，可进一步细分招式，如刺可以分为直刺、转移刺、交叉刺等，同时需配合脚上的动作。

现在的击剑装备防护能力都很强。击剑比赛服的抗压能力达到800牛顿。面罩的抗压能力超过1600牛顿。就算在练习中，运动员也必须戴面罩，穿击剑服。剑刺到身上，一般不会疼，也没有任何危险。

在中世纪的欧洲，击剑与骑马、游泳、打猎、下棋、吟诗、投枪一起被列为骑士的七种高尚运动。为了研究和推动击剑技术的发展，欧洲各国纷纷成立击剑行会（协会和学校）。西班牙被认为是现代击剑运动的摇篮，第一本击剑书籍就由两位西班牙教练编著。14世纪在西班牙、法国和意大利出现了一个令人炫目的骑士阶层，他们以精湛的剑术纵横天下，博得了广泛的美誉。此后各国贵族纷纷效仿，一时间成为上流社会的时尚，以至于发展到贵族之间解决纠纷，动辄拔剑相向，一剑定生死。

（二）斗牛

西班牙斗牛起源于西班牙古代宗教活动（杀牛供神祭品），13世纪西班牙国王阿方索十世开始这种祭神活动，后来演变为赛牛表演（真正斗牛表演则出现于18世纪中叶）。现在西班牙拥有300多家斗牛场（最大的是马德里的文塔斯斗牛场，可容纳2.5万人）。每年3月至11月是西班牙斗牛节，有些时候每天都斗，通常以星期日和星期四为斗牛日。

斗牛的西班牙语为 toreo、corridadetoros 或 tauromaquia，葡

萄牙语为 tourada、corridadetouros 或 tauromaquia，是一项人与牛斗的运动。参与斗牛的人称为斗牛士，主要流行于西班牙、葡萄牙以及拉丁美洲，更是西班牙的国技。斗牛的历史可追溯至史前时代的牛崇拜以及壁画中。

西班牙斗牛已经有好几个世纪甚至上千年的历史。在阿尔达米拉岩洞中发现的新石器时代的岩壁画里，人们看到了一些记录着人与牛搏斗的描绘。根据历史记载，曾经统治西班牙的古罗马凯撒大帝就热衷于骑在马上斗牛。而后，斗牛发展成站立在地上与牛搏斗。至此，现代斗牛的雏形基本形成。在这以后的六百多年时间里，这一竞技运动一直被认为是勇敢善战的象征，在西班牙的贵族中颇为流行。

到了 18 世纪中期，波旁王朝统治时期，第一位国王菲利佩五世对于这项运动深恶痛绝，认为这种容易对皇室成员造成伤害的残酷运动应该被禁止。此后，这一传统贵族专利就从皇宫传到了民间。

现今，在这个伊比利亚半岛上，斗牛被视为一种高贵的艺术，从每年的 3 月 19 日至圣约瑟夫日，到 10 月 12 日西班牙国庆节这长达 7 个月的时期，成为斗牛季。其中 3 月时在瓦伦西亚著名的火祭节以及 6 月时在格拉纳达的圣体节都将进行一系列隆重的斗牛赛，另外，普及到民众中的就是我们熟悉的一年一度的奔牛节。

一场斗牛由三个斗牛士出场，共斗六条公牛，每人两个回合。在西班牙，所有的斗牛表演都安排在下午举行。西班牙人惯有懒散拖沓的习惯，较不准时，唯一准时的事情就是观看斗牛比赛。另外，斗牛时必须阳光普照，鉴于西班牙多数地方的温带大陆性气候、部分地区的地中海式气候条件，所以只能在每年的三月至十一月之间进行。这三位斗牛士各有一套助手班子，包括三个花镖手和两个骑马的长矛手。观众对每场决战都很难预料其结果，因为它取决于诸多因素，如斗牛士的胆略和技巧，但也取决于出场的公牛，一些由著名牧场培养的凶猛公牛直接威胁着斗牛士的胜利，甚至生命。其实对于斗牛而言，牛和斗牛士同样重要，因为它的受训练程度和凶猛性关系到斗牛士的吉凶，在历史上再出名的斗牛士都不免战死沙场，最后被牛挑死的命运。

西班牙斗牛（Spanish Matador）选用的公牛是一种血统纯正的野性动物，一般是生性暴烈的北非公牛，它们由特殊的驯养场负责牛种培育，经过4到5年即可用于比赛。但公牛好斗的本性不是经人训练出来的，而是其天生的。其实斗牛选用的公牛都是色盲，所以无论你将什么颜色的布展现在它眼前，斗牛都是没有感觉的，只有摇动的物体才能激起它们的斗志（之前关于斗牛士手中红黄相间的斗篷红色一面用来激怒公牛，黄色一面使牛安静的说法是没有经过确凿考证的谣言），所以哪天斗牛如果朝一辆风驰电掣的火车埋头撞去，你也不要感到奇怪。正式比赛的斗牛体重在四百到五百公斤。而见习斗牛士面对的一般是二三百公斤、三岁以下的牛。在表演中，没有被斗牛士刺死的牛最终也将被引入牛栏，被他人用剑刺死。

在西班牙乃至整个西语世界里，斗牛士被视为英勇无畏的男子汉，备受国人的敬仰与崇拜。西班牙斗牛士的地位高出一般的社会名流和演艺界人士。这个独特的人群具备高雅、勇敢的灵魂，他们将技术和体力、柔美和勇猛完美地结合到了一起。其实斗牛并非男子的专利，在20世纪30年代之前一直都有女性参与这项运动，只是后来女斗牛士遭到了禁止。但近十年来，又有不少女性陆续投身到这项勇敢者的挑战中。在奥斯卡最佳剧本获奖片《对她说》中，西班牙女演员罗萨里奥·福罗雷斯（Rosario Flores）向人们展现的正是一名坚强勇敢的女斗牛士莉迪亚的形象。虽然西班牙政府严禁不满16岁的少年参加斗牛，但在那些讲西班牙语的地区，这项运动被疯狂地推崇。

现今西班牙斗牛士的服饰还是继承了十六世纪前的传统。主斗牛士一般选用红色为主的衣着，上面镶有金边和一些金色饰物，使其在阳光下做动作时显得闪亮夺目，光彩照人。十六世纪的人习惯于盘发，因而主斗牛士都戴有头饰。这个传统一直被延续到今日，渐渐地，头饰成为了一种装饰。而主斗牛士是场内唯一佩戴头饰的人，这又演变为主斗牛士身份的象征。此外，红布和斗篷也是两件非常重要的工具。红布是主斗牛士的专利，其实所谓的红布是一面红色一面黄色，这正好与西班牙国旗的颜色一致。三名斗牛士助手则手持斗篷，斗篷与红布的区别是其中红色的一面被粉红色取代。全套斗牛士的工具包括：一把长矛、六支花标、四把不同的利剑以及一把匕首。主斗牛士在表演的初始阶段一般选用不带弯头的利剑，并支撑红布，以引诱公牛，到了最后的刺杀阶段，亮相的是带弯头的短剑，斗牛士将其刺入公牛后背的心脏。此外，主斗牛士还配备十字头剑，这是用来刺杀公牛中枢神经的。

整个表演以斗牛士入场拉开序幕，两位前导均是十六世纪装束，骑着马率先上场。他们径直向主席就座看台跑去，请求他赐给牛栏的钥匙。此时全场异常安静，观众静待这神圣又庄严的场面。尔后，乐队奏起了嘹亮的斗牛士进行曲，乐曲声中三位斗牛士各自率自己的一班人马分三列同时上场。绸制的斗牛士服在阳光下闪闪发光，十分耀眼。他们摆着特有的姿势绕场一周，随后来到主席面前向他鞠躬致意，等斗牛士退场后。主席反手一挥，号角吹响，也就是告示牛栏大门敞开，牛飞奔而出，即斗牛开始。以上的开始序曲部分各地有所不同，但都大同小异。

整个斗牛过程包括引逗、长矛穿刺、上花镖及正式斗杀四个部分。引逗是整个表演的开锣戏。由于此牛野性始发，所以由三个斗牛士助手负责引逗其全场飞奔，消耗其最初的锐气。几个回合过去，骑马带甲的长矛手出场，他们用长矛头刺扎牛背颈部，使其血管刺破，进行放血，同时为主斗牛士开一个下剑的通道。所骑之马都用护甲裹住，双眼蒙上以防胆怯。受刺后的公牛，会越发凶暴猛烈，因此长矛手稍不留神被掀翻刺伤也屡见不鲜。因此需要由三位助手上前引开公牛，便于长矛手退场。

长矛手完成任务后，由花镖手徒步上场，手执一对木杆制、饰以花色羽毛或纸、前端带有金属利钩的花镖，孤身一人站立场中，并引逗公牛向自己发起冲击。待公牛冲上来，迅捷地将花镖刺入背颈部，如果刺中，利钩会扎在牛颈背上，也起放血作用。由于做出瞄准、前冲、刺入的时间很短，且需判断牛的冲势，因此需要其动作干净利落。但也时常有人只能刺入一镖，或两镖皆不中，即会招来满场嘘声。但如果牛身上的花镖少于等于 4 只，可以允许其再补刺一次，但再失手，即不会再有这样的机会。这也为主斗牛士增加了难度。

最后手持利剑和红布的主斗牛士上场，开始表演一些显示功力的引逗及闪躲动作，如胸部闪躲，即让牛冲向直线冲向自身时，腿一侧滑，牛贴身冲过，另外还有如"贝罗尼卡"，即是以红布甩向牛的面部，以激怒引逗公牛。贝罗尼卡原是耶稣受难时为其拂面的圣女之名，因其动作的相似性，所以命名。其他还有斗牛士原地不动，引逗着牛围着其身体打转的环体闪躲等。

在最后阶段，即最后的刺杀阶段是斗牛的高潮。斗牛士以一把带弯头利剑瞄准牛的颈部，尔后既引逗牛向其冲来，自己也迎牛而上，冲上前把剑刺向牛的心脏。于是牛会在很短的时间内应声倒地。刺杀是最富有技巧的，斗牛士须将剑与眼睛齐平，踮脚，手水平下压，发力，剑入牛身后须抖腕使剑稍微左弯，以冲破心脏主心室，这要求很高的速度、力量和准确性。刺杀动作分为三种：人不动而牛冲过来；这时斗牛士在瞄准阶段等都是静态的，有利于准备，瞄准和判断。第二种是人动而牛不动，即在牛处在观望的时间内，斗牛士向前冲，边冲边瞄准，直至剑入牛身，这时牛也是发力向前顶，借力刺得更深。第三种是人动牛也动，这是最难把握和最高境界的刺杀动作。即斗牛士冲向牛，逗着牛也从一定距离冲向人，斗牛士在运动中判断运动中的牛的部位并准确下手，这是极其复杂和难掌握的，但如果运用得好，则牛的死亡时间最短，漂亮的甚至可能应声倒地。

如果牛被刺后，已失斗性，但由于剑刺得不够深或牛足够强壮，会暂时还不倒地而死，这时斗牛士或其助手会以十字剑或短剑匕首刺中牛的中枢神经部位，这时牛会立即倒地而死。此时装束着花饰的骡子车即会出场将牛拖走，斗牛士会接受观众的欢呼致意，也可将帽子抛向观众，也接受观众的欢呼、掌声和投来的鲜花，斗牛士按刺杀水平的由低至高分别享有保留牛耳，保留牛尾，被从正门抬出的荣誉。

关于这项传统活动，有着不少争议性。有部分声音抗议，西班牙斗牛过程其实很简单，就是先把公牛惹怒，然后，两名身骑高头大马的刺斗士，手持长矛，直刺牛背，把牛背刺得血流如注。接着两名梭镖手将带弯勾的梭镖准确无误地插入正在流血的牛背处，每次两镖，共投三次。最后斗牛士出场，他先把公牛累得筋疲力尽，再由杀牛手举起长剑直刺牛的心脏，公牛顿时鲜血喷涌，倒地而毙，斗牛士却在凯旋的乐曲声中接受观众的祝贺。这显得很残忍。而那些文质彬彬的绅士和小姐们居然还把"刽子手"当作英雄来景仰。即使在西班牙，这种行为也受到越来越多人的反对，每年斗牛期间都有人游行示威，谴责这种行为。因此，斗牛表演在西班牙也渐失去了往日风光。2001 年 7 月，西班牙宣布禁止在市场上销售斗死的公牛肉。卖公牛肉是养牛人的主要收入，这则禁令意味着养牛人将因无法负担高额驯养费用而放弃饲养，闻名世界的西班牙斗牛将会出现无牛可斗的局面。斗牛是西班牙的传统节目，其他国家似乎未见开展此项目。

（三）足球

1. 项目简介与发展

20 世纪 80 年代以来西班牙足球发展迅猛，逐渐成为世界足坛强队之一，无论是国家队还是俱乐部，都取得了骄人的战绩。国家队囊括了 2008 欧洲杯、2010 世界杯、2012 欧洲杯；俱乐部方面，巴塞罗那和皇家马德里俱乐部获得了 2008—2009 赛季、2010—2011 赛季和 2013—2014 赛季的欧洲冠军杯。西班牙足球的崛起，引起了世界范围内的广泛关注。

西班牙足球文化具有明显的地域性特征。西班牙每个地区几乎都拥有自己颇具实力的球队。马德里地区、加泰罗尼亚地区和巴斯克地区的足球水平是最高的，因为历史原因这两个地区之间存在着激烈的文化冲突。加泰罗尼亚和巴斯克地区一直认为他们的文化要优于马德里代表的卡斯蒂利亚文化，这两个地区的社会环境为西班牙足球注入了无限的激情与活力。而足球作为他们具有图腾意义的文化标志，就成为了展示优越文化、对抗外族文化的另一战场。

马德里作为西班牙的首都，其经济和地理上的优势，使其拥有四支参加甲级联赛的俱乐部，即皇家马德里俱乐部、马德里竞技俱乐部、赫塔菲俱乐部、巴列卡诺俱乐部，其中又以皇家马德里俱乐部最为著名。"皇家"一词使俱乐部带上了官僚色彩和贵族气质。加上佛朗哥独裁时期对首都足球的扶植，使得皇马俱乐部水平迅速提高，其在国内联赛和国际赛场都取得了无与伦比的战绩。2009 年 9 月，皇家马德里被 IFFHS 评为 20 世纪欧洲最佳俱乐部。皇马俱乐部在理念方面更加开放，与生俱来的贵族气质决定了他们的足球理念。皇马一直遵循的球员引进原则是："买贵的球员，要物有所值；买年轻球员，但要有潜质"。他们的主席弗洛伦蒂诺就曾提出著名的"齐达内和帕文"政策，从迪·斯蒂法诺的引进，到齐达内、"外星人"罗纳尔多、C·罗纳尔多的引进，无不遵守着这样的原则。

加泰罗尼亚地区的巴塞罗那俱乐部是该地区最著名的俱乐部。巴塞罗那作为艺术文化之城，其足球也被冠以"艺术足球"。近几年其传控球的技术打法被奉为最先进的战术打法，同时也为他们赢得了诸多荣誉。巴塞罗那足球深受荷兰足球的影响，荷兰足球全攻全守的战术理念在这里得到了传承和发扬。巴萨俱乐部功勋克鲁伊夫和巴塞罗那城的圣家族大教堂一样受人膜拜。俱乐部坚称：巴萨是种感情而非经济实体。他们奉行"三分之一"的建队原则，即球队主力中本地区球员、西班牙其他地区球员和国外球员各占三分之一。而实际上队内大多数主力都是由俱乐部的拉玛西亚青训营培养出来的。

在这些地区，足球不仅仅是一种运动，也是当地精神文化的象征，承载着一个地区人群自我心理认定以及其他诸多复杂的社会功能。这种功能尤其体现在加泰罗尼亚和巴斯克地区。当然，像西班牙第三大城市巴伦西亚、南部大区安达卢西亚首府塞维利亚都拥有两支甲级联赛的队伍（巴伦西亚的巴伦西亚俱乐部和莱万特俱乐部，塞维利亚的塞维利亚俱乐部和皇家贝蒂斯俱乐部），队伍之间的竞争，也丰富了当地的足球文化。

2. 著名足球运动员

（1）埃德松·阿兰特斯·多·纳西门托

埃德松·阿兰特斯·多·纳西门托（葡萄牙语：Édson·Arantesdo·Nascimento），又名贝利（葡萄牙语：Pelé，葡萄牙语译名：佩莱），巴西著名足球运动员，司职前锋，曾被国际足联誉为"球王"（The King of Football）。

1956年，贝利于桑托斯队开始职业生涯，期间获得2次南美解放者杯冠军、2次洲际杯冠军、6次巴西全国锦标赛冠军（前身）、11次圣保罗州足球甲级联赛冠军。1957年，贝利入选巴西国家队，代表巴西队参赛92场打进77球，夺得1958、1962、1970年三届世界杯冠军，为巴西永久保留雷米特杯，成为唯一曾三夺世界杯冠军的球员。

1971年7月，贝利宣布退出巴西队。1974年10月，贝利宣布退役。1975年，贝利在美国纽约宇宙足球俱乐部复出，并在1977年获得总冠军，同年10月再次宣布退役。

1980 年，贝利被法国《队报》联合多家报社评为 "20 世纪最佳运动员"，1999 年被国际奥委会评为 "20 世纪最佳运动员之一"，2000 年获首届劳伦斯终身成就奖，2001 年被国际足联评为 "20 世纪最佳球员之一"。同年《法国足球》组织30 位金球奖得主将其联选为最佳球员，亦被《时代周刊》列入 20 世纪最具影响力的 100 个人物。2012 年，贝利被金足奖官方授予 "史上最佳球员" 称号。2013 年，获得首届荣誉金球奖。

1940 年 10 月 23 日，贝利出生在巴西特雷斯科拉松伊斯（Três Corações）镇的一个贫寒家庭，贝利父亲唐迪尼奥也是名球员，并未获得成功，收入低廉，母亲不希望贝利重走父亲的路，但贝利从小爱好足球。10 岁时，贝利和伙伴们自组 "9月 7 日街道俱乐部"，在小镇街头踢球，同时还靠擦皮鞋给家里挣钱。

11 岁时，巴西前国脚瓦尔德马尔·德布里托发现了贝利的足球天赋，后来辗转将贝利带到圣保罗州的巴鲁竞技青年队，贝利在该队踢了三年。15 岁时，里约热内卢的邦固俱乐部邀请其加入，但被贝利的母亲塞莱斯特回绝了。

1956 年，贝利加入桑托斯足球俱乐部，和济托、佩佩、瓦斯康塞洛斯、佛米加一同训练，试训期间的表现让桑托斯俱乐部同意签约。虽然 15 岁的毛孩子技术非常老练，但是身体太瘦弱，只能被下放到青年队；9 月，和科林蒂安（并非著名的科林蒂安足球俱乐部）的比赛里，贝利第一次为一线队出场并打进本队第 6 球。

1957 年，贝利已经坐稳了球队主力，在圣保罗州联赛打进 36 球，在代表瓦斯科-桑托斯联队和欧洲的球队交手中大出风头。

（2）利昂内尔·梅西

利昂内尔·梅西（Lionel Messi），全名利昂内尔·安德烈斯·梅西·库西蒂尼（Lionel Andrés Messi Cuccitini），昵称莱

奥·梅西（Leo Messi），1987年6月24日出生于阿根廷圣菲省罗萨里奥，阿根廷足球运动员，司职前锋，现效力于法国足球甲级联赛的巴黎圣日耳曼足球俱乐部。

2000年，梅西进入拉玛西亚青训营。2004年，梅西与巴塞罗那足球俱乐部签下职业合同。2009年，梅西帮助巴萨加冕六冠王，个人首次荣膺金球奖。2011年，梅西帮助巴萨加冕五冠王。2012年，梅西以91粒正式比赛进球刷新足坛自然年进球纪录，连续第四年荣膺金球奖。2015年，梅西再度帮助巴萨加冕五冠王，个人第五次荣膺金球奖。2019年，梅西第六次荣膺金球奖。2021年8月，梅西自由加盟巴黎圣日耳曼；11月，梅西第七次荣膺金球奖。

2005年，梅西帮助阿根廷U20青年队夺得世青赛冠军。2008年，梅西随阿根廷国奥队夺得北京奥运会男足金牌。2014年，梅西帮助阿根廷国家队夺得世界杯亚军，个人荣膺世界杯金球奖。2015年至2016年，梅西随阿根廷国家队连续两年折戟美洲杯决赛。2021年，梅西随阿根廷国家队夺得美洲杯冠军。

（3）克里斯蒂亚诺·罗纳尔多

克里斯蒂亚诺·罗纳尔多·多斯·桑托斯·阿韦罗（Cristiano Ronaldo dos Santos Aveiro），简称"C罗"，1985年2月5日出生于葡萄牙马德拉岛丰沙尔，葡萄牙职业足球运动员，司职边锋/中锋，现效力于英超的曼彻斯特联足球俱乐部。

1995年，C罗加入马德拉国民足球俱乐部，1996年转入葡萄牙体育足球俱乐部青训体系。2001年，C罗在葡萄牙体育足球俱乐部经历U16、U17、U18、二线队和一线队5个不同级别赛事。2003年，C罗以1224万英镑转会曼彻斯特联足球俱乐部，并帮助球队获得包含2007—2008赛季欧洲冠军联赛冠军在内的10项锦标。在曼联期间收获了2006—2007赛季英格兰足球超级联赛最佳球员；2008年金球奖、国际职业足球运动员联合会最佳球员、英超最佳球员、英超金靴等奖项。

2009 年，C 罗以 8 千万英镑转会皇家马德里足球俱乐部，并在 9 年间帮助球队获得包括 2013—2014 赛季、2015—2016 赛季、2016—2017 赛季、2017—2018 赛季 4 次欧洲冠军联赛冠军在内的 16 项锦标。在皇马期间收获了 2013 年、2014 年、2016 年、2017 年金球奖等奖项。2018 年，C 罗以 1 亿欧元身价转会至意甲尤文图斯足球俱乐部，并随队夺得 2018—2019 赛季、2019—2020 赛季意大利足球甲级联赛冠军。2021 年，C 罗重回曼联。

2003 年，C 罗代表葡萄牙国家青年队参加了"土伦杯"，获得冠军；同年 8 月 20 日，C 罗在葡萄牙对阵哈萨克斯坦的友谊赛中首次代表国家队上场。2016 年，C 罗随葡萄牙国家队首次夺得欧洲足球锦标赛冠军。2019 年 6 月，C 罗随葡萄牙国家队赢取第 1 届欧洲国家联赛冠军。

（4）迭戈·马拉多纳

迭戈·阿曼多·马拉多纳（Diego Armando Maradona，1960 年 10 月 30 日—2020 年 11 月 25 日），出生于阿根廷布宜诺斯艾利斯，阿根廷职业足球运动员、教练员，司职中前场。

1975 年 10 月，马拉多纳完成了在阿根廷甲级联赛的处子秀。1978 年，成为阿根廷甲级联赛历史上最年轻的最佳射手 1979 年 9 月，马拉多纳率领阿根廷队获得世界青年足球锦标赛冠军。1982 年 7 月，马拉多纳转会至西甲球队巴塞罗那。1984 年 7 月，马拉多纳以创纪录的 750 万美元转会费加盟意大利那不勒斯队。1986 年 6 月，马拉多纳在世界杯上演上帝之手和世纪进球，率领阿根廷队获得世界杯冠军。1990 年 7 月，马拉多纳率领的阿根廷队，在世界杯决赛中不敌德国队，获得亚军。

1997 年 10 月 29 日，迭戈·马拉多纳正式宣布退。2008 年 11 月 5 日，马拉多纳出任阿根廷国家队主教练。2010 年 7 月 28 日，阿根廷足协官方宣布马拉多纳不再担任阿根廷国家队主教练。2017 年 12 月，马拉多纳担任 2018 年世界杯抽签仪式抽签嘉宾。

马拉多纳被认为是二十世纪最伟大的足球运动员，他不仅拥有南美球员精准的脚法和极其娴熟的带球技术，大局观也非常出色，在任何一支球队，他都是绝对灵魂，可以将球队整体盘活。

2020年11月25日，迭戈·马拉多纳在家中突发心梗去世，享年60岁。阿根廷总统府发布公告称，全国进入为期三天的哀悼期。

1960年10月30日，迭戈·马拉多纳出生在布宜诺斯艾利斯的维拉–费奥里托区，他来自菲奥里霍镇一户拥有8个孩子的贫困家庭。3岁时，马拉多纳从父亲那里得到了一个皮革制作的足球，足球开始成为他的最爱。

1970年12月5日，10岁的马拉多纳来到阿根廷青年人俱乐部的少年队参加试训。他顺利地入选小洋葱头队，并成为了教练的宠儿，教练甚至让他参加高年龄段的比赛。

1971年9月28日，11岁的马拉多纳第一次登上报纸。后来马拉多纳率领小洋葱头队在同级别联赛中创造了连续136场比赛不败的纪录。随着在小洋葱头队的成功，马拉多纳升入了阿根廷青年人俱乐部的青年队并开启了他的职业生涯。

（5）罗纳尔多·路易斯·纳扎里奥·达·利马

罗纳尔多·路易斯·纳扎里奥·达·利马（Ronaldo Luiz Nazario De Lima），1976年9月18日出生在巴西里约热内卢，巴西职业足球运动员，司职前锋。

罗纳尔多青少年时期成名于克鲁塞罗，1996、1997、2002年三度获得世界足球先生，1998年当选世界杯最佳球员，2002年获得世界杯金靴奖，2010年罗纳尔多获得巴西传奇巨星奖。

罗纳尔多的欧洲足球生涯始于埃因霍温，此后先后效力过巴塞罗那、国际米兰、皇家马德里、AC米兰四支豪门球队，共拿到1次西甲冠军奖杯，1次欧洲联盟杯、1次欧洲优胜者杯、1次西班牙国王杯以及2次西班牙超级杯冠军奖杯。

2011年2月14日，饱受伤病折磨的罗纳尔多宣布退役，终结了18年的职业生涯。

1976年9月18日，罗纳尔多·路易斯·纳扎里奥·达·利马出生在巴西里约热内卢西区的贫民窟里。他的母亲索尼亚是一名吃苦耐劳的女性，但父亲是个酒鬼。罗纳尔多降生时，由于家里穷困，他的父亲只能搭朋友的车去医院，开车的司机和接生的大夫都叫"罗纳尔多"，这个巧合被罗纳尔多的父亲认为是上帝的旨意，于是他就给儿子起了这个名字。小时候的罗纳尔多因为经常被人欺负所以胆小得要命，晚上不开灯不敢自己睡觉。当时和小朋友踢球时，也没人要罗纳尔多加入自己的球队，即使要了也不喜欢给他球，因为大家觉得这个家伙脑子有问题，而且踢球一根筋。

1984年，罗纳尔多加入了一个名为"瓦尔科勒网球俱乐部"的室内少年足球队。罗纳尔多加入这家俱乐部的原因之一是运动员不需要缴纳会费，这让罗纳尔多可以不用花钱就能踢上真正的足球比赛。在这里，罗纳尔多开始明白与佩拉达不同的足球，他学会了遵守纪律以及集体主义精神。1988年，11岁的罗纳尔多注册成为里约州室内足球联合会的正式运动员，罗纳尔多迈出了踏进足坛的第一步。

（四）世界一级方程式锦标赛

世界一级方程式锦标赛（FIA Formula 1 World Championship，简称F1），是国际汽车运动联合会（FIA）举办的最高等级的年度系列场地赛车比赛，是当今世界最高水平的赛车比赛，与奥运会、世界杯足球赛并称为"世界三大体育盛事"。首次比赛于1950年在英国银石赛道举行。世界一级方程式锦标赛（以下简称F1）自1906年出世以来已经经历百年的发展。

世界一级方程式赛车锦标赛是当今世界最高水平的赛车比

赛，年收视率高达 600 亿人次。F1 比赛可以说是高科技、团队精神、车手智慧与勇气的集合体。F1 是赛车中的顶级赛事，全年的统筹安排，每站比赛的赛事组织，车队工作，电视转播等各个方面都井井有条，F1 世界已经被整改得非常健全。

三、体育之于西班牙国家现代化改革

在 19 世纪的最后十年到二战之间，欧洲的社会舆论和许多欧洲政府开始把体育的成功等同于"种族"的价值。体育的成功激发了人们对政府和祖国的赞扬与热爱。在国际奥委会的推动下，各国建立了适合自身的理念和规章制度，体育理念和制度既能体现和平的主题又是显示国家潜力和国际地位的有效方式。在这种背景下，体育成为了西班牙社会现代化的手段之一。西班牙的改革者们希望重组西班牙社会来实现现代化。西班牙现代化主要针对西班牙社会型构问题展开，他们分析了欧洲有关社会、政治和行政改革对西班牙的渗透和影响。那些结论使他们首先支持把体育和身体文化引进西班牙社会。西班牙的体育先驱们的主要目的是通过体育达到生理的再生产、文化习俗的形成和国家的现代化。

在一战中，西班牙的中立帮助它恢复了工业生产和工业现代化，赶上了 19 世纪超过它的其他欧洲国家。许多城市，特别是一线城市在 19 世纪就完成了城市建设。城市是作为现代化中心、新文化的发源地和社会关系创建的有机整体。各城市的体育运动开始成为一种新的文化元素，被理解为任何社会要成为现代化社会必须的具体的文化。当时，运动在每次聚会上被提及，通过新闻栏目，运动的精髓在各年龄阶段和社会各阶层传播，这种"无例外"活动在每个渴望成为现代化国家对其社会转型产生了重要的影响。在 20 世纪初到 20 世纪 30 至 40 年代，当西班牙社会明确以体育实践为基础时，西班牙进入经济发展和现代化进程最快的阶段。德国历史学家恩斯特罗伯特·库尔修斯在 1949 年关于欧洲文学的评论集中写道："20

世纪为数不多令人欣慰的事件之一是西班牙文化的觉醒"。也就是说，当体育运动在西班牙成为一个替代工人阶级的传统习俗（与酒店相关的活动，比如吸烟、喝酒、打牌、斗牛、弗拉门戈等）时，他们的变革者明智地把推行体育运动作为一种社会变革和现代化的手段。

西班牙体育是一种文化的象征。体育代表了健康、活力和积极的生活态度。与其他欧洲国家一样，西班牙体育的起源与发展标志着西班牙社会、经济和文化的现代化进程。

第五节　英国体育文化

一、英国体育文化概览

早在 20 世纪 80 年代初，英国政府就十分重视体育文化软实力对国家发展的推动作用。1987 年英国政府成立了"文化事业发展指导委员会"，并下设了"体育文化事务工作组"，其工作重点是对体育文化事业的发展进行协调。经过 20 多年的发展，英国已显示出了强大的体育文化软实力，巩固了英国在世界的地位。英国体育文化的发展模式主要表现在独特的发展战略基础上。

（一）城市体育文化战略

英国政府曾提出城市体育文化"三步走"的发展战略，将城市体育文化软实力的发展提高到国家民族文化战略层面并给予了高度的重视，从而在社会经济、政治和文化的推动下维护了国家的利益，增强了国家形象的塑造，促进了国际对英国的理解和认可。

（二）现代体育文化的影响力

足球和网球运动诞生于英国，也是当今世界影响最大的体育文化项目之一。两者几乎成为了人类体育文化重要的国际化交流标识与符号。现在国际足联会员国已达 209 个，足球运动被称为"第一运动"。网球运动现在早已超出了上层社会的游戏范畴，在世界各国有着广泛的普及性，如今每年举行的"温布尔登国际网球公开赛"已成为国家名片，是英国体育文化软实力的核心资产。

英国每年举办了众多的高水平运动竞赛，如英国足球超级联赛等，构成了英国体育文化在世界竞争力的重要利器。另外有许多运动项目并非诞生自英国，如篮球、排球、田径和武术等，但英国政府十分重视外来体育文化的积极作用，仅中国武术馆在伦敦地区就有 120 多家，吸引着众多的英国青少年参与练习和中国优秀教练执教，成为了独特的教育资源。

（三）体育文化的创新

英国政府始终将体育文化创新作为影响世界的重要动力，不仅创造了足球、网球、乒乓球、羽毛球等一批对人类文化发展有重要贡献的体育文化项目，还培养了一批各时期世界级的体育文化明星，创造了许多吸引观众的竞赛制度，对世界体育文化的发展做出了巨大的贡献。与此同时，英国政府也十分重视民间体育文化的传承与创新，提出了"乡村创意体育文化"的概念，旨在"挖掘乡村体育文化，创造与显露个人技能与才华，通过政策性保护与支持，扩大社会文化财富，达到国家软实力水平的提高"。乡村体育文化经过近 30 年的扩大发展，吸引着体育产业和旅游产业的发展，带动英国 GDP 水平的提高。进入新世纪以来，仅体育产业就年均增涨 0.8 个百分点，国际旅游贸易年收入超过 115 亿英镑，成为英国新的产业项目及吸纳就业人数最多的行业之一。

二、英国传统体育项目

（一）板球

爱尔兰剧作家萧伯纳曾写道："相比板球，棒球有很大的优势，因为它比赛结束得早。"不懂板球的人，都会对此有同感。大多数运动比赛拼的是身体和速度的较量，局面瞬息万变，使人目不暇接。板球比赛则不然。打板球更像是下象棋，只不过棋盘挪到了一大片草地上。这就是英国和许多英联邦国家，如澳大利亚、新西兰和牙买加，对打板球情有独钟的缘故。

板球比赛中常会有平静的间歇期，但随之而来的短暂爆发结合了技巧和运气，引人入胜。获胜的球队永远是对比赛发展状况做出最佳战术回应的那支球队，正如多切斯特公爵在1777年写道："生命难道不是一场板球比赛吗？"

板球被这种哲学视角赋予了高贵的身份。足球相比板球是一种高能量的运动：英国人爱足球的跌宕起伏，更爱看球时的心潮澎湃、捶胸顿足。无论是看或踢，都很有意思。板球则被视为一种"更高层次"快感的体验，它是一种更偏向于智力的活动，其比赛中充满了细致微妙之处。

出于这个原因，英国大多数的精英学校中都有打板球课程，这项运动也被普遍视为上层社会的游戏。有人称板球是"国王的运动"。的确，观看板球比赛是一件很文明的事，板球球迷们喜欢和朋友们坐在一起，边聊边看，还要不时享用啤酒、葡萄酒、三明治和水果，孩子们也能参与其中。板球比赛至少要比一整天。在中午，板球手们竟然都要停赛吃午餐，上午和下午的比赛还分别穿插茶歇时间。

从表面上看，板球是一个简单的运动。两队各上场11名队员，最后比分高的队获胜。投球员将皮革覆盖的木球掷向手持细长柳木板的击球员。击球员身后有三个叫"门柱"的小木桩，门柱上边放着两个小横木。击球员要保护横木不掉下来。如果横木被投球员击中，那么造成击球员"出局"，新击球员上场的局面。

如果击球员打到的球被对方的守备员凌空接到，击球员也会"出局"。击球的一方把球击向椭圆形球场的任意方向，从而得到跑位或得分的机会。而防守一方要尽可能减少击球一方的跑位/得分次数。当击球方全部出局后，两队换位，击球员成为投球员。两队跑位/得分多者获胜。

一场职业的板球比赛能比五天，每天的比赛可长达八小时。有时比了五天也得不出结果，最后以平局告终。天气也是比赛的重要组成部分——下雨能使比赛中止，大风会改变球在空中及反弹后的运动轨迹。

板球的历史可以追溯到 16 世纪，国际比赛则始于 1844年。从那时起，某些国家就逐渐发展成了球场上的死对头，例如：巴基斯坦和印度、英国和澳大利亚。后两者自 1882 年起，大约每四年举行一届"灰烬杯"对抗赛，每届连赛五场，成为备受瞩目的赛事。"灰烬杯"经常在伦敦圣约翰森林的罗德板球场举行，这里也是英国板球的精神归属处。

尽管板球比赛竞争激烈，但其荣誉感和公平竞赛的传统成了打板球的国家对生活的隐喻：在任何情况下，一旦有欺骗行为发生，短语"这也太不板球了"就会被用到。板球在英国社会中的特殊地位毋庸置疑——就像英国温和的天气和清淡的食物一样，英国生活中没有了它会有很大的不同。

（二）曲棍球

曲棍球是一项古老的运动，目前在国际广为开展的球类运动项目，距近已有数千年的历史。古代曲棍球的先驱者姓甚名谁，虽然已无法考证，但是可以肯定距今三千年前，曲棍球就深受中国、波斯和印度等亚洲人民的喜爱。距今 2697 年前，中国的士卒就用棍和球进行过比赛，这是为人所知的。

最早的"考证"可以追溯到公元前 2000 年。在埃及尼罗河流域的贝尼·哈桑发现的第十六个坟墓的壁画上，有两人相对而立并且手持弯曲木棍彼此交互重叠，这很可能就是现代曲棍球运动的前身。另一个"证据"是 1922 年在雅典海岸防波堤上发掘的古代遗迹中，雕刻在坡壁上的一幅浮雕，描绘着 6

个球员参加一种类似曲棍球的游戏。浮雕中，4 人持棍在旁站立，中央两位似做曲棍球的争球动作，与现代曲棍球的争球方式十分类似。在埃及金字塔和古希腊壁雕上都有类似于现代曲棍球比赛的图像。现代曲棍球起源于英国，1861 年在英国出现了第一个曲棍球俱乐部，1875 年英国成立了第一个曲棍球协会，1889 年男子曲棍球比赛在伦敦举行。此后曲棍球运动逐渐传入英联邦各国。

曲棍球场地为绿色的人造草场，长和宽分别为 91.4 米（100 码）和 55 米（60 码）。长边和宽边分别被称为边线和端线；每条端线的中间设有一个球门。球门高 2.14 米，宽 3.66 米。场内主要标志线有：射门弧、22.9 米线（25 码线）、中线、点球点等。

球棍长 80~95 厘米，球重 156~163 克。比赛时两队各 11 名运动员上场。全场比赛时间为 70 分钟，分上、下两个半时，中间休息 5~10 分钟。进 1 球得 1 分，以射入对方球门多者为胜。男、女曲棍球分别于 1908 年和 1980 年被列为奥运会比赛项目。

（三）网球

1. 项目简介与发展

近代网球起源英国。1873 年，会打古式网球的英国少校 M·温菲尔德（Walter Clopton Wingfield），在羽毛球运动的启示下，设计了一种适用于户外的、男女都可以从事的网球运动，当时叫做司法泰克（Sphairistike，意思为击球的技术）。

1875 年，随着这项运动在 8 字形球场上风靡起来，全英槌球俱乐部在槌球场边另设了一片草地网球场，紧接着，古式网球的权威组织者玛利博恩板球俱乐部为这项运动制定了一系列规则。从此，草地网球正式取代了司法泰克。

1877 年，在英国伦敦郊外温布尔顿设置了几片草地网球总会，草地网球在英国得到了进一步的开展。同年 7 月，举办了首届草地网球锦标赛，即温布尔顿第一届比赛。

亨利琼斯同另外两个人为这次比赛制定了全新的规则，他本人担任了比赛的裁判。当时的球场为长方形，长23.77米，宽8.23米，至今未变。发球线离网7.92米，网中央高度为0.99米。发球员发球时，可一脚站在端线前，另一脚站在端线后，发球失误一次不判失分。采用古式室内网球的0、15、30、45每局计分法。可以说，亨利琼斯是现代网球的奠基人。

20世纪70年代以后，网球得到了快速发展。网球运动发展较快的主要原因有如下几点：

第一是允许职业选手参加温布尔顿等锦标赛，开创了职业网球巡回赛的先河，取消了职业选手和业余选手的界限，增加了大赛的激烈程度和热烈争夺名次的气氛，从而促进了运动员技术水平的提高，吸引了广大网球爱好者从事该项运动的热情和观看、评论网球比赛的积极性。

第二是科技在球拍等器材制造中的应用，促进了先进器材的生产，技术水平的提高，造就了一批年轻的优秀选手，从而促进了网球运动的发展。

1896年在雅典举行的第一届奥运会上，网球的男子单打和双打被列为正式比赛项目。后来，由于国际奥运会和国际网球联合会在"业余运动员"的定义上有分歧，已经连续七届奥运会都进行的网球比赛被取消，直到1984年的洛杉矶奥运会上，网球被列为表演项目，1988年的汉城奥运会上，网球重新被列为正式比赛项目。

进入90年代后，网球的发展有这样几个特点：一是普及，据有关资料透露，1990年初，在国际网联注册的就有156个协会；二是水平高，争夺激烈；三是随着器材的改革，尤其是球拍的研制，网球将向着力量、速度型方向发展；四是随着网球各种大赛奖金的不断提高，网球的职业化、商业化程度会越来越高。总之，作为世界第二大运动的网球运动将以其无比的魅力和不断发展的技术赢得越来越多的爱好者和观众。

2. 网球著名运动员

（1）安迪·穆雷

安迪·穆雷（Andy Murray），1987 年 5 月 15 日出生于英国苏格兰邓布兰，英国著名男子职业网球运动员。3 岁起，安迪·穆雷开始打网球。2004 年，赢得美国公开赛青少年组冠军。2005 年，正式转入职业。2006 年 2 月，在圣何塞拿到了个人第一个 ATP 巡回赛冠军。2008 年，在美国网球公开赛第一次打入大满贯决赛。2009 年 8 月 17 日，世界排名升到世界第二。

2012 年，在伦敦奥运会男单决赛直落三盘战胜费德勒，成为 104 年以来英国第一位奥运会网球单打金牌得主；同年，在美国网球公开赛夺冠，成为 1936 年以来 76 年中第一位夺得大满贯男单冠军的英国选手。2013 年，在温布尔登网球公开赛决赛以 3∶0 力克德约科维奇，成为 1936 年来继弗雷德·佩里夺冠之后第一位拿下温网的英国本土选手。

2016 年 7 月 10 日，在温布尔登网球锦标赛男单决赛中，穆雷直落三盘击败拉奥尼奇，拿到职业生涯第二个温网冠军，同时也是个人第三座大满贯奖杯。2016 年 8 月 5 日，在 2016 年里约热内卢奥运会，担任代表团旗手。8 月 15 日，在里约奥运会网球男单决赛中，穆雷战胜德尔波特罗，成功卫冕。11 月 7 日，穆雷首次登顶男单世界第一。11 月 21 日，穆雷以 6∶3、6∶4 击败德约科维奇，首次获得年终总决赛冠军，并成为 2016 年的年终世界第一。

2019 年 8 月，穆雷在辛辛那提大师赛上正式复出，出战单打比赛。2019 年 10 月，穆雷在 ATP250 赛事安特卫普赛打进了伤愈复出后第一个单打决赛，夺得冠军。

（2）约翰娜·孔塔

约翰娜·孔塔（Johanna Konta），1991 年 5 月 17 日出生于澳大利亚悉尼，英国著名女子职业网球运动员。

2016 年澳大利亚网球公开赛，在和张帅的黑马大战中，孔塔凭借更强大的发球和凶狠的底线，笑到了最后，成为了33年来，第一位打入澳网女单四强的英国人。

在2016年的中网上，孔塔连克多位强敌打入决赛，排名也提升至世界前十，结束了英国女网对世界前十长达32年的等待。

在WTA的年度奖项评比中，孔塔以超过80%的支持率几无悬念的拿下了2016年"最快进步球员"这一殊荣。

2021年7月，美国CNN公开一份名单，上面的运动员因感染新冠退出东京奥运会，英国代表团网球名将孔塔在列；12月1日，孔塔宣布挂拍结束球员生涯。

（四）斯诺克

1. 项目简介与发展

斯诺克（Snooker）是台球比赛的一种，意思是"阻碍、障碍"，所以斯诺克台球有时也被称为障碍台球。此项运动击球次序为一个红球、一个彩球直至红球全部落袋，然后按彩球分值由低至高的顺序至全部离台为止（其中：15只红球各一分；黄色球2分；绿色球3分；棕色球4分；蓝色球5分；粉色球6分；黑色球7分），最后以得分高者为胜。

斯诺克起源于19世纪晚期。1927年，伦敦举办了第1届斯诺克台球世界职业锦标赛。二十世纪五六十年代，斯诺克遭遇了低潮，直到世界职业锦标赛开始电视转播，斯诺克台球才出现了转机，并开始成为主流的职业运动。1977年，斯诺克引入世界职业选手排名。

关于斯诺克的起源，一个说法是：在19世纪晚期，台球运动风行于驻扎在印度的英国军队中，当时流行的玩法是黑球入袋。这种玩法用1个白球、15个红球和1个黑球。1875年的一天，驻扎在印度贾巴尔普尔的英国陆军上校内维尔·张伯伦和他的战友们觉得这种玩法过于简单、乏味，便决定增加黄色、绿色和粉色3个彩球。不久后加上了棕色和蓝色球。这种新玩法很快流行开来，导致了斯诺克台球的诞生。而斯诺克一词则是当时英国军队中对军校一年级新生的流行叫法。这使得斯诺克被这些军人们用来称呼这种新玩法的初学者，最终则成了这项运动的名称。

1885 年，当时的英国英式台球冠军约翰·罗伯特在印度旅行时见到了张伯伦并从他那里知道了斯诺克这种新玩法。回国后，罗伯特就把斯诺克台球带回到英格兰。但是，当时斯诺克台球并没有引起人们足够的重视。

1916 年，斯诺克锦标赛开始举行，当时举办了首届英格兰业余斯诺克锦标赛。

1927 年，在乔·戴维斯等人的努力下，第一届斯诺克台球世界职业锦标赛在伦敦举办，并由乔·戴维斯本人获得冠军，赢得 6.10 英镑的奖金。

20 世纪 30 年代，许多名手逐渐转向斯诺克台球。这其中包括斯诺克台球的传奇人物乔·戴维斯。乔·戴维斯首先意识到了控制主球走位的重要性。在此之前，打斯诺克台球的普遍策略是在将明显可以打进的球入袋之后做一杆斯诺克防守。而乔·戴维斯通过良好的意识和精湛的杆法控制主球的走位，连续得分能力明显增强，大大提高了斯诺克运动的水平。从此斯诺克台球才开始在英国兴盛起来，并流行到世界各地。

二十世纪五六十年代，斯诺克遭遇了一个低潮，甚至严重到 1958 年至 1963 年间没有任何锦标赛举行。直到 1969 年，情况才迎来了转机。当时英国广播公司为了推广新的彩色电视广播，发起了新的斯诺克锦标赛 Pot Black。彩色的斯诺克台球和选手们的精彩表现很快吸引了观众的兴趣，斯诺克台球和彩色电视节目一起得以迅速推广。几年之后，世界职业锦标赛也开始电视转播。斯诺克台球开始成为一项主流的职业运动，并于 1977 年引入世界职业选手排名。

1985 年，斯诺克迎来了黄金时期。在这年世界锦标赛决赛上，有近 1850 万（相当于当时英国三分之一的人口）观众通过电视转播看到了丹尼斯·泰勒以一记重击将最后一个球送入袋口之后举起奖杯庆祝的场景。斯诺克在英国持续广泛地流行，拥有的电视观众仅次于足球。

斯诺克比赛涵盖的智与勇，是一般体育项目所不及的。如乒乓球和网球，备受体育迷们热爱，但是在大多数人眼中，其中的"智"是不明显的。当对手把球发过来时，打回去只是经过训练后产生的本能作用罢了，在那短暂的零点几秒后这几秒里，你绝对想不到下一个球要打到那个位置，用什么姿势，对手又会怎样反击那么远。

斯诺克的"智"，它所需要的薄厚，高低，走位，以及下一杆的前瞻性策略，对对手的压制、设陷阱、打埋伏都要求球手有良好的素质和高智慧，并且有自己对斯诺克的感悟（攻与守，慢或快）。

斯诺克的勇，更是难以抉择。面对对手留下的不知是机会还是陷阱的球，打，就需要勇气，防，更要有放弃可能是机会的勇气；面对难以处理的绝境，是选择作斯诺克，亦或是强攻；面对上一杆失误的走位，是打下去，还是保险起见；一个复杂的球型，又如何抽丝剥茧；每一次出杆都需要慎重的思考与不畏失败的勇气。

2. 著名运动员

（1）马克·威廉姆斯

马克·威廉姆斯（Mark Williams），1975年3月21日出生于英国威尔士，斯诺克选手，他以单颗球的准度著称，被称作"世界上最准的男人"，外号"威尔士进球机器"（Welsh Potting Machine）以及绰号"金左手"。与奥沙利文、希金斯并称"75三杰"。他们三人还与亨德利一同被誉为"斯诺克四大天王"。2010年前唯一一个赢得世锦赛的左撇子选手（2010年左撇子罗伯逊夺冠），威廉姆斯职业生涯赢得了23个职业排名赛的冠军，包括1999年以及2002年两次英锦赛的冠军。他还曾经两次在大师赛中封王，并且在职业生涯四个赛季世界排名位列第一位。曾经在 2000 年、2003 年、2018 年三次夺得斯诺克世锦赛冠军。

截至到 2018 年 11 月 20 日，威廉姆斯打出了 448 个百分杆，排在所有选手中的第十位。威廉姆斯在很小的时候就开始接触斯诺克运动，11 岁的时候赢得第一个青少年比赛的冠军，从那时起，他意识到，成为一个斯诺克职业球员才是他的梦想。在他 13 岁的时候他打出第一个破百的成绩。如果不是在斯诺克显露出天分，威廉姆斯很有可能跟随父亲成为一个煤矿工人。除了斯诺克，在拳击方面，威廉姆斯也是一个了不起的选手，作为学生，他曾经有过连战 12 场不败的战绩。

（2）约翰·希金斯

约翰·希金斯（John Higgins），1975 年 5 月 18 日出生于北拉纳克郡威肖，英国斯诺克运动员。

1992 年，希金斯正式转为职业球员。1994 年，年仅 19 岁的希金斯斩获个人职业生涯的首个排名赛冠军。1998 年，希金斯击败肯·达赫迪，首次赢得世界斯诺克锦标赛冠军头衔，同年摘得英国锦标赛冠军。1999 年，希金斯夺得个人首个大师赛冠军，成为包揽三大赛冠军的大满贯得主。2007 - 2011 年，希金斯获得三个世界斯诺克锦标赛冠军和一个英国锦标赛冠军。2017 至 2019 年，希金斯连续三年闯进获得世界斯诺克锦标赛决赛并获得亚军。

（3）罗尼·奥沙利文

罗尼·奥沙利文（Ronnie O′Sullivan），1975 年 12 月 5 日出生于英国艾塞克斯，世界著名斯诺克球手，因击球速度快，打法流畅，球迷赠与"The Rocket（火箭）"之称，他是斯诺克运动中罕见的天才型选手。

作为斯诺克有史以来最具天赋球手，左手技术和右手技术一样出色，他第一次参加比赛就打破了世界纪录，取得了惊人的成绩，自从 1992 年转为职业选手以来，创下了一系列惊人的记录。15 岁时，他就成为世界青年锦标赛的冠军；同年，在参加英国业余锦标赛时，他又成为赢得比赛单杆 147 满分杆的最年轻球手；17 岁时，获得第一个排名赛冠军头衔——英国锦标赛冠军，从而成为当时世界上最年轻的世界排名赛冠军得主。

在其职业生涯中，奥沙利文共获得过 73 个冠军，其中 38 个排名赛冠军头衔，20 次重量级邀请赛冠军（7 届温布利大师赛冠军+10 届斯诺克超级联赛冠军+3 届斯诺克冠中冠赛冠军），15 次单杆满分 147 分，唯一一位单杆破百 1000 的斯诺克球手，但是对于"火箭"来说他的存在不仅仅意味拥有这些冠军头衔，更重要的是他非凡的个人魅力，他那顺畅的、进攻性的击球和令人窒息的技术都令数以百万的球迷因此疯狂和陶醉。

球迷们常简称奥沙利文"Ronnie"，口音与"Rocket"相似，再加上他闪电般的击球速度，所以英国球迷们把"The Rocket"这个绰号送给了奥沙利文：华丽得令人窒息的台球技术、干净利落顺畅如行云流水般的进攻；还有他非凡的个人魅力。仅火箭一人，就俘获了全世界大部分台球迷的心。

作为最具有天赋的斯诺克球手，奥沙利文 10 岁打出了 117 分，15 岁的时候就获得世界青年锦标赛冠军，并打出 147 分的满分杆；1993 年，17 岁的奥沙利文夺得英国锦标赛的冠军，从而成为当时世界上最年轻的世界排名赛冠军得主；19 岁，当选国际台联优秀选手。一切都显得那样的顺利。

19 岁的奥沙利文的生活却陷入梦魇。父亲因为犯下杀人罪被判了 18 年监禁；母亲因为偷税漏税被判一年监禁；还有他的妹妹，整天和毒品打交道。还是少年的他不知怎样去宣泄自己的苦闷，内心得不到安宁的他放纵自我，从酒精、大麻以及摇滚乐中寻找慰藉。1994 至 1998 年间他只获得英国公开赛（1994）、亚洲锦标赛（1996）、德国公开赛（1996）和苏格兰公开赛（1998）四站分量不是很重的排名赛冠军。

此后他开始真正进入职业生涯的收获期：摘得中国公开赛

（1999，2000）、苏格兰公开赛（2000）、UK锦标赛（2001）、欧洲公开赛（2003）、爱尔兰公开赛（2003，2005）和威尔士公开赛（2004，2005）。最重要的就是五夺斯诺克世界的最高殿堂的世锦赛桂冠：2001年以18-14击败希金斯，2004年18-8轻松战胜多特，及2008年18-8战胜阿里斯特·卡特，2012年18-11再次战胜阿里斯特·卡特，2013年18-12击败巴里·霍金斯。

（4）吉米·怀特

吉米·怀特，生于1962年，英国伦敦斯诺克职业选手。

1977年，吉米·怀特在16岁以下青少年比赛上夺得冠军。一年之后，他又以16岁零11个月的年龄成为英国业余锦标赛最后的冠军。

吉米·怀特还获得参加1980年世界业余锦标赛的资格。他在世界业余锦标赛上所向披靡，成为赛事历史上最年轻的冠军，当时他仅18岁191天。

在伦敦长大的怀特，自幼便显示出对斯诺克的痴迷。在11岁那年，父亲把他引到了斯诺克球台前。从此，小怀特只要有空就泡在台球馆里，怀特回忆说："我真的很喜欢那里的空气，喜欢那里的比赛。"怀特具有极强的台球天赋，抓起球杆不到一年，他就能够在一局比赛中打出100分以上的高分。

怀特少年时期常常和另外一名当今也是很优秀的斯诺克选手托尼·米奥（Tony Meo）逃课去一家名为赞的斯诺克俱乐部（Zan's snooker club）打球。相传，当后来他们的校长意识到他们在斯诺克方面的天赋后，还特意准许他们下午练球，不过前提是上午必须去上课。甚至有一位伦敦的出租车司机在他们成名之前，赞助他们二人在英国各地打商业比赛。

怀特首次引起大家的注意是在1977年的英国16岁以下青少年比赛上，当时他获得了冠军。一年之后，成为英国业余锦标赛最年轻的冠军，开始了他的职业生涯。怀特共夺得23个职业赛事的冠军头衔，其中10次是排名赛事。这其中包括两次英国公开赛（1987和1992）和一次英国锦标赛（1992）的冠军。

尽管他曾六次（1984，1990—1994）打入世锦赛决赛，但总是与世界锦标赛冠军无缘，每次都功亏一篑。其中离世锦赛冠军最接近的一次是在1994年，当时他和斯蒂芬·亨得利打成17-17平。决胜局中，怀特在一次直线击打黑球时出现失误后让亨得利一举清杆，葬送了夺冠的机会。

赛场之外，怀特的健康状况也颇为引人关注。他曾于1995年3月间检查出患有睾丸癌，并不得不切除了左睾丸。另外他还进行过一次不大成功的头发移植手术。此外，怀特也曾有过酗酒的历史。

怀特是5个孩子的父亲，他妻子莫林（Maureen）是位爱尔兰人，比他大一岁。此外，他还是英超切尔西队的忠实球迷。除斯诺克以外，怀特亦曾参与周星驰所主演的电影龙的传人，饰演其真实身份——职业斯诺克球手。

《龙的传人》，是1992年他应周星驰之邀来到香港所拍的电影，拍摄前后一共用了一周的时间，每天都要拍16个小时。

杰米-怀特叫这部片子《Dragon》，但这并不是他拍的第一部电影。虽然他曾说至今也不清楚这部片子的名字和台球有什么关系，但这无关紧要，怀特说他很高兴结识了Steven Chow（周星驰），两人还有联络，周星驰还邀请他吃过饭。同时，他也很感谢周星驰，并去过很多次香港。

三、体育之于英国现代文化

（一）英国传统体育文化的特点

阶级身份的象征。英国在历史发展中逐渐形成了以贵族为主导、森严的等级制度，受此影响，英国的传统体育文化呈现出明显的阶级性。不同阶层所参与的体育活动截然不同，且大部分体育活动仅属于特殊的社会阶层，如高尔夫、骑马、射箭、猎狐、击剑等，大部分是上层阶级的专属，是阶级身份的象征，其他阶层一般没有资格参与，其他阶层参与的体育活动主要包括乡村足球、斗兽、摔跤等。在英国历史的很长一段时期，从人们参与的体育活动上就能轻易地分辨出活动主体的阶级身份。

浓郁的乡土特色。英国在18世纪工业化、城市化之前经历了漫长的农耕生产方式，有着强烈的乡村情结，其传统体育也带有浓郁的乡土特色，呈现出运动项目的地域性、活动开展的时节性、与村落和农耕生活紧密结合、以户外自然环境为活动场所及以动物为活动对象的特点。英国进入封建社会之后，各种庄园建立起来，这些庄园主、农民除了战争需要外，大部分时间都在庄园活动，这使得英国的传统体育呈现出以庄园为基本活动空间的区域性特征。另外，传统体育活动往往是宗教庆典或者传统节日的附属活动，与天气、农耕季节、乡村生活有着紧密的依附关系，往往也多以牲畜为活动对象，如各种狩猎、斗鸡、斗牛、斗熊、钓鱼、骑马等。

强烈的民族情结。由于英国的历史发展、地理环境、民族成分的差异及其松散的政治特性，英国4个地区在民族性格、生活方式、传统体育项目方面明显不同。苏格兰、威尔士和北爱尔兰地区的人们有着强烈的民族情结，他们将传统体育视为表达这种民族情结的一种方式，各地区均有自身的特色传统运动项目，且大部分项目都有自身独立的管理机构和独特的联盟体系，即使参与同一个运动项目，不同地区也风格迥异，使英国的传统体育呈现出多民族性的特征。在国际竞技舞台上，4个地区也都坚持拥有自身独立的参赛资格以保持其独立性，例如，在足球、橄榄球、高尔夫、业余拳击的国际比赛中，4支队伍皆是单独参赛。

松散无序。由于英国传统体育的多民族性和地域性，其传统体育并没有规则或者统一的规则，各自按照自身的方式参与其中，由于缺乏规则的限制，很多传统体育活动非常无序，有些甚至充满了不安全因素，并常常与赌博联系在一起。例如，足球是英国最传统的一项运动，在很早以前就已经在英国的乡村中广泛流行。然而，由于没有规则，有时参加的人数多达1000多人，活动中常见踢打、互咬、群殴现象，被称为"野蛮游戏"，而传统的斗鸡、斗牛、斗熊、摔跤、格斗等活动更是充满了野蛮性。英国的封建王室和教会曾多次明文禁止这些活动，但这些传统的体育活动仍然在民间广泛流传。

（二）英国传统体育现代化的过程及特点

从历史的视角来看，现代化是指"人类社会从工业革命以来所经历的一场急剧变革。这一变革以工业化为推动力，导致传统农业社会向现代工业社会的全球性大转变过程，它使工业主义渗透到经济、政治、文化、思想各个领域，引起深刻的相应变化"。英国传统体育的现代化转型过程经历了漫长的历史阶段，它受英国社会现代化转型的推动，孕育于16、17世纪，随着18世纪工业革命的进程呈加速状态，到20世纪初已基本实现了从传统农业文明条件下的经验型文化模式向工业文明条件下的理性文化模式的转型，转型后的英国传统体育在国内外迅速传播开来，并随着时代的变化不断地进行修正和完善。英国作为最先完成这种转型的国家，其大部分的传统体育在19世纪中期以后逐步传向世界，对世界其他民族的传统体育文化形成了强烈的冲击。

在中世纪的英国，虽然学校被教会垄断，体育课程无法开展，民间体育活动也受到王公贵族的限制。然而，英国的传统体育活动和游戏还是在骑士教育、民间的宗教祭日和节日里得到了保留和发展，这为英国传统体育的现代化发展奠定了基础。中世纪晚期以后，在欧洲3大思想运动及培根、洛克、休谟、斯宾塞、霍布斯、柏克尔、莫尔、罗素等具有代表性的思想家和16世纪亨利八世的宗教改革的影响下，英国人的休闲娱乐有着更为宽松的内外部环境，各种传统的体育休闲活动又兴盛起来；然而，时代的变化对英国传统体育的发展提出了新的挑战。18世纪下半叶，首先在英国兴起的工业革命加快了城市化的进程，大量的自由劳动者涌入城市进行工业化生产的同时，也将他们传统的体育娱乐活动带入了城市。这种在封建社会农业生产方式上孕育的传统体育活动在进入资本主义工业化生产方式的新环境时，暴露出各种不和谐的因素，如街头斗兽、格斗导致赌博之风盛行，街头格斗、足球导致私人物品损坏及暴力冲突不断，社会不稳定因素增多等，这与逐渐孕育起的理性精神和工业文明格格不入，于是，从政府到中产阶级都开始致力于对工人阶级的这些体育活动进行压制；另一方面，伴随着工业革命带来的财富的增加、科技的进步及休闲时间的增多，人们对体育休闲活动的需求又逐渐增加，当传统的体育活动被压制时，他们将更多的精力转向了酗酒、赌博等消遣活动（直到19世纪初期，大众经常参与的休闲活动是赌博、酗酒和各种斗兽活动）。在这2方面的矛盾冲突中，一股支持"理性消遣"的思潮逐渐在中产阶级中蔓延开来，人们开始着手对传统体育进行"文明化"改造，以满足新时代的要求，英国的传统体育就在这样的背景下开始向现代化转型。到维多利亚时代结束，英国大部分的传统体育已逐步摆脱了血腥、野蛮及对军事和宗教的依附，演变成为一种全新的、符合工业文明需要的规范化与科学化的大众休闲方式和教育手段。

19世纪中叶以后，随着英国工业实力的强大，转型后的传统体育开始以不同的方式迅速向欧洲、美洲和世界其他地方传播。到19世纪70年代后，英国许多传统的户外竞技运动已经在欧洲各国和日本、菲律宾、印度等国家扎稳脚跟，到19世纪末期又传入土耳其、伊朗、埃及、黎巴嫩、巴西、阿根廷、墨西哥等国家及地区，其中球类项目最受欢迎。人们不仅引入了英国的体育活动，而且还模仿英国成立体育俱乐部、协会来规范体育的发展，组织体育竞赛，将户外竞技运动引入学校等。伴随着大量的国家和国际体育组织的成立及现代奥林匹克运动会的复兴，英国的传统体育活动、体育规则、体育精神也被传播到全世界。

第六节　德国体育文化

一、德国体育文化概览

（一）德国近代体育发展历史

德国近代体育兴起于启蒙时代，邻国法兰西的思想浪潮感染了德意志一批爱国之士投身教育复兴的事业中。18 世纪法国启蒙思想家卢梭的小说《爱弥儿》掀起教育的哥白尼式的革命。德国是卢梭自然主义教育的践行者，从德国博爱教育家巴塞多到德国"近代体育之父"古兹姆茨；从德国学校体操之父阿道夫·施皮斯到德国体操之父弗里德里希·杨，他们前赴后继创造近代体育的形式"德国体操"，为欧洲近代体操的形成和世界体操的发展奠定了基础。

（二）体育在西德、东德的历史状况

1945 年二战结束，战败国德国被东西方两大阵营一分为二。1949 年 5 月 23 日，西占区成立德意志联邦共和国（西德），同年 10 月 7 日，德国东部的苏占区成立德意志民主共和国（东德），德国由此分裂成两个主权国家，至 1990 年 10 月 3 日，重新统一，其间分裂 40 余年。

由于东、西两德分属不同的意识形态和社会制度，两德的体育战略也因此发展出了不同的形态，主要体现在：西德采取以大众体育为中心、竞技体育自由发展的体育战略，注重各类体育形式的协调发展；东德则实施竞技体育优先发展战略，注重通过竞技体育成绩彰显国家制度的优越性。

1. 体育在西德

西德采取以大众体育为主、竞技体育自由发展的体育战

略，重视体育事业的协调发展。具体措施体现在：

（1）采用体育协会管理制度

1950 年，西德体育联合会（DSB）成立，体育协会作为其会员开始接受统一管理，确立了联邦、州及地方体育俱乐部自我管理的模式。运动员利用业余时间在职业俱乐部训练，保障了竞技体育的可持续发展。在俱乐部体制下的竞技体育、大众体育和学校体育得到了均衡发展。

（2）实施"黄金计划"，落实"体育发展的第二条道路"

1959 年，西德体育联合会提出名为"体育发展的第二条道路"（Zweiter Wegdes Sports）。这一全民健身计划，标志着大众体育和全民健身运动的开始，推动了竞技体育向大众休闲体育转变。与该提议相配套的"黄金计划"（Goldener Plan）得到了政府与社会的广泛支持，大量资金被用于体育场馆的修建和体育配套设施的完善，为大众体育创造了基本的设施条件，实现体育为群众服务，促进体育运动的普及。

（3）促进学校体育健康发展

西德鼓励青少年从事体育锻炼活动，重视学校体育发展。乒乓球、排球等体育项目进入课堂，体育俱乐部与学校协调合作，为学生课外体育活动提供了延伸发展的空间。

2. 体育在东德

在短暂的 41 年历史中，东德曾是与美国和前苏联鼎足而立的竞技体育强国。东德的运动员在各项世界大赛上不断摘金夺银，造就了名副其实的"金牌工厂"。数据表明，从 1968 年墨西哥城夏季奥运会到 1988 年汉城奥运会，短短 20 年间里，仅有 1600 万人口的东德共赢得了 519 枚奥运奖牌，数量仅次于苏联（773 枚）和美国（625 枚），位列世界第三。以人口平均数计算，东德的奖牌数量是苏联的 10 倍，是美国的 13 倍。有学者指出，"世界上没有其他国家能在拥有如此小的人口基数的情况下，像德国那样斩获如此多的奖牌。从诸多体育竞技指标看，东德都远远领先西德。"如此辉煌的体育成绩，离不开东德政府对竞技体育的高度重视和大量投入。

（1）东德竞技体育战略

东德以"提高"为中心的竞技体育"优先发展"战略。这一战略主要为社会主义建设服务、重视挖掘竞技体育的激励和宣传作用，通过竞技体育优异成绩的取得达到宣传和强化意识形态的目的，发挥竞技体育的政治功效，展现社会主义制度的优越和巩固执政党的领导地位。

① 采用举国体制。东德竞技体育体制是所谓"举国体制"，即集中全国人力、物力、财力，组织调动全社会资源用于培养精英运动员，在短期内形成突破，从而在国际体育比赛中尽可能多地赢取奖牌。从图4-1可以看出，东德体育的最高领导机构为统一社会党（SED）中央委员会政治局和其下设的中央竞技体育委员会，由上至下分级管辖体育科研、场馆建设、行业协会、学校体育和军队体育、俱乐部、行业体育协会和东德奥委会等内容和机构。东德体育具有高度集权化特点，国家是竞技体育的"舵手"和"金库"。

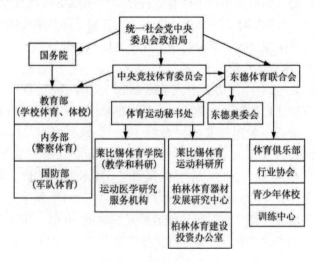

图4-1　东德竞技体育体制示意图

② 高度重视竞技体育发展。东德政府高度重视竞技体育的发展，甚至将其通过宪法规定为社会生活的一部分。大众体育为竞技体育让路，学校体育为竞技体育服务。最早从幼儿园阶段开始，国家便展开了对天赋运动员的筛选和分级。此外，政府还为竞技体育投入大量经费。以 1988 年为例，体育经费的投入为 15 亿（东德）马克，占当年东德国民收入的 0.56%，其中 60% 分配给群众体育，40% 分配给竞技体育，但实际上分配给群众体育的经费中用在支持青少年体育运动的部分也间接地为竞技体育服务。

③ 体育工作围绕"奥运战略"展开。作为规模最大、奖牌数量最多的世界综合性运动会，奥运会是东德展现自身体育实力，提升国家形象的最佳舞台。因此，在奥运会上尽可能多地摘金夺银便成为了东德竞技体育工作的重心。在"奥运战略"的驱动下，东德在奥运会中取得了举世瞩目的成绩。从表1可看出，自 1972 年起，无论在夏季奥运会或冬季运动会，东德竞技体育成绩始终稳居世界前三。

（2）东德体坛丑闻

虽然东德曾获得了举世瞩目的金牌成绩，但两德统一后，对原东德体育系统内部的调查披露了这个"金牌工厂"诸多的惊人内幕。例如，举国体制催生了体坛腐败，原东德官方体育管理机构——"东德体操与体育联盟"被查出贪污和挪用公款，涉及人物分布于东德体育体制的每个层面。此外，东德体坛还被爆出有组织、有计划地长期服用违禁药物——兴奋剂。经过调查，东德有至少 10 000 名运动员（其中很大一部分为青少年运动员）在东德体育机构指使下有计划地长期服用各类禁药，并且造成了至少 100 名运动员的死亡。受举国体制的影响，众多机构被卷入兴奋剂事件。例如，东德运动医学研究所（SMD）秘密研制兴奋剂，并投放至德累斯顿等制药厂推广生产，其中最有名的兴奋剂便是"蓝色小药丸"。代号为"14.25"的国家计划将服用兴奋剂的流程规范化、普及化。东德国家安全局（史塔西）则负责监督该计划的实施。此外，还有机构负责系统研究如何应对赛事药检。兴奋剂虽使东德运动员们在奥运会上大放光芒，但也严重损害了运动员的身心健康，如生育障碍、代谢紊乱、肝病变、癌症以及一系列心理问题。

两德统一后，东德体坛丑闻在很长一段时间内都未能平息。在德国国内，近百名受害的前东德运动员集体状告德国奥委会，寻求赔偿。国际上，英美等国家纷纷要求讨回本该属于本国运动员的荣誉，要求奥委会收回颁发给涉嫌用药的前东德运动员的奖牌。

（3）东、西德时期德国体育发展的对比分析

从东、西德体育战略的实施效果看，东德以"提高"为中心的发展战略重视政治需求，虽在短期内提升了竞技体育的成绩，但忽视了大众体育和学校体育的协调发展，导致体育事业发展存在不平衡、不协调的问题，特别是兴奋剂丑闻暴露了举国体制之下体育战略的负面影响。西德采取"普及与提高"并重的体育战略，即发展大众体育为主，竞技体育自由发展，注重人本需求，强调体育为民众服务，注重国家整个体育事业的协调发展，在一定程度上推动了竞技体育的可持续发展。

3. 德国体育发展现状

当下，德国实行独立自治的体育政策。联邦政府没有设立专门从事体育运动管理的部门，而是发挥协同配合的作用，将这一事项主要交由社会体育组织来进行。在这一战略机制下，体育的人本需求得到强化，呈现出俱乐部体制更加完善、大众体育进一步加强、竞技体育良性发展和学校体育自主性增强等特征，推动了德国作为传统体育大国的相关建设工作。

德国奥林匹克体育联盟（DOSB）作为德国体育行业中最为重要的组织，对各类体育运动实行统一管理，其工作范围十分广泛，涉及竞技体育以及大众体育的方方面面。该体育组织下属100个成员组织，涵盖16个州的体育联合会，66个全国

性质的专项体育协会（包括 40 个奥运项目协会和 26 个非奥项目协会）和 18 个特殊体育协会（如德国体育科学协会、德国铁路体育协会、德国高校体育协会、德国警察体育委员会、德国企业体育协会等）。

体育俱乐部是德国体育的基本组织形式。截至 2017 年，德国共有 89 594 个体育俱乐部，约有 2 740 万俱乐部会员，约占德国人口的三分之一。这些俱乐部种类丰富多样，规模大小不一，会员人数从几十到上千不等；地区差异也十分明显，如勃兰登堡州的组织水平最低，仅 13.7% 的人在 DOSB 旗下俱乐部参加体育活动，而萨尔州有将近 37% 的人口都是体育俱乐部的成员。

在俱乐部之外，公司、教会组织或培训机构也会组织体育活动；同时也有大量积极从事体育运动的人不在体育组织内活动，他们自行运动锻炼。传统的受欢迎的运动有游泳、跑步、踢足球和骑自行车等，新兴的体育类型如街球、滑板和跑酷等也吸引了越来越多的年轻人参与进来，一定程度上体现出了当代青年的文化风貌。

从自身特点来看，德国体育俱乐部数量众多，涉猎广泛，规模大小不一，地区之间也有所不同，正在日益成为德国大众体育发展进步的坚实基础，也是为竞技体育培养优异人才的摇篮。在功能方面，德国体育俱乐部的作用已超越体育本身，其影响力深入到社会之中，包括推动社会交流、促进社会和谐与包容、培育志愿者精神等，这些也逐渐成为了德国体育俱乐部的价值取向。俱乐部不单单是运动健身的平台，也是举办社区活动、亲友聚会的常用场所，同时也为俱乐部聚集人气、吸引会员，丰富了俱乐部的收入来源。就性质而言，德国体育俱乐部的本质是具有互益性的社会志愿性组织，为俱乐部会员的共同利益服务，实行自主管理、自负盈亏，既不是企业，也不同于事业单位，更不隶属于政府部门。德国体育俱乐部的诞生与快速发展，其动因主要还是德国经济社会发展背景下日益增长的体育参与的内在社会需求的拉动，其自下而上的原生性发展路径，也决定了俱乐部发展会员、依靠会员、服务会员是其根本任务与发展模式。德国民众对体育健身、社会交往等高层次的精神需求，相对稳定与富足的生活水平，高度奉献的志愿者精神，使得德国体育俱乐部一直保持旺盛的生命力，并能够在相对专业的管理与服务下实现可持续发展。

二、德国传统体育项目

德国人是热爱体育运动的民族。这种热爱已经深深融入他们的日常生活之中。他们不仅热衷于观看各项体育赛事，更乐于亲身参与各类丰富多彩的体育活动。根据阿伦斯巴赫市场和广告分析（Allensbacher Markt-und Werbeträger-Analyze，简称AWA）于2021年9月最新发布的数据，约1 784万德国人有着在电视上收看体育赛事直播或体育节目的习惯，这对于人口仅为8 300余万的德国人来说，已经超过了总人口的五分之一。最受德国人喜爱的运动项目，如图4-2所示，包括足球、跳台滑雪、手球、冬季两项（滑雪射击）、田径运动、汽车赛车、阿尔卑斯山滑雪、拳击、网球、游泳、冰球、自行车运动、铁人三项、长距离滑雪、体操、有舵雪橇、骑马、摩托车比赛、篮球、雪橇滑雪、乒乓球、美式足球、排球、滑雪板滑雪、沙滩排球、电子竞技、高尔夫和帆船运动等。

在各项体育运动中，足球毫无悬念地成为2021年最受德国人欢迎的体育运动，约有32%的受访者对足球展现出浓厚的兴趣。跳台滑雪、手球等运动也颇受欢迎。这两项体育运动分别获得约14%、13%的受访者喜爱，仅次于足球，位列喜爱度榜单第二、三名。

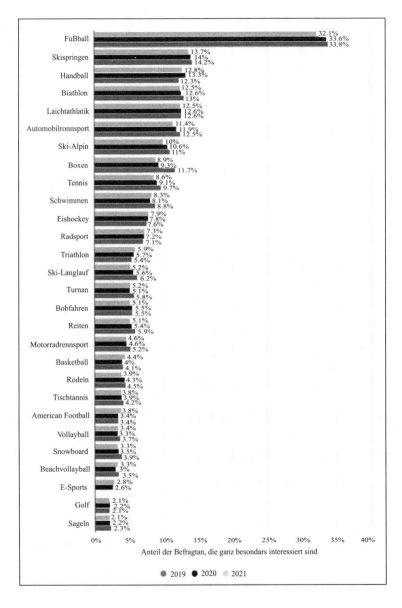

图4-2　2021年德国人最喜爱的体育运动调查

（一）德国第一大体育运动——足球

除了俱乐部以外，体育协会是组织体育运动的另一个结构单位，其中最强大的协会是拥有约700万会员的德国足球协会（DFB）。其他同样拥有大量成员的体育协会还有德国体操协会（DTB，近500万会员）、德国网球协会（DTB，140万会员）、德国登山协会（DAV，110万会员）等。

1. 德国足球联赛系统

在德国，足球是最受欢迎的运动，全国有超过26 000个足球俱乐部，俱乐部是各级联赛的参赛者。德国足球联赛系统由多级别联赛构成，囊括了多种全国性及地区性的足球赛事，其中位于最顶端的两级为德国足球甲级联赛（Bundesliga，简称德甲）和德国足球乙级联赛（Bundesliga，简称德乙），各有18支球队，采取主客场双循环制的方式进行角逐，每个赛季排名德甲积分末尾的两到三支队伍降级到第二级的德乙联赛，相应地，排在德乙积分榜首的两到三队便可以升级进入德甲赛场。同样，该赛季在德乙联赛中垫底的两到三支队伍也要降级到德国足球丙级联赛（Liga，简称德丙），德甲、德乙球队的预备队能够在该级别赛事参与竞技。继续向下划分，这一联赛系统还包含了德国足球地区联赛（Regionalliga）、德国足球州级联赛（Oberliga）等不同级别的区域性联赛。德国足球联赛系统经过几十年的长足发展，已形成较为完备、成熟的足球赛事体系，在世界足坛上拥有一定影响力。

健康、高效的职业足球运营体系在推动德国足球运动的普及和进步方面发挥了积极作用。德甲联赛也曾经历过一段低谷时期，它所受到的关注度、所拥有的著名球星数量都无法同英超、西甲等联赛相提并论。根据2013年德国图宾根大学对欧洲五大联赛25年来的比赛数据调查研究显示：经过多年的发展，德甲联赛正在逐渐成为欧洲最好的联赛，而在德甲长期具有统治力的拜仁正在成为世界最顶级的球队之一。近年来，德甲联赛在欧洲五大联赛中一直有着最低的票价和最高的平均上座率，并且是唯一实现盈利的联赛，始终保持着不断进步向好的趋势。因此，德甲被誉为全欧洲最优良的足球资产。

2. 德国国家足球队

德国国家男子足球队实力强劲，成绩斐然，总共赢得了四次世界杯冠军（1954、1974、1990、2014年）、四次亚军，在该赛事中的成就仅次于获得五次世界杯冠军的巴西，与同得四冠的意大利并列全球第二。德国男足还曾三次夺得欧洲杯冠军（1972、1980、1996年），与西班牙并列成为登顶欧洲次数最多的球队。德国足球的风格强调团队性、意志力，重视身体力量与脚下技术的结合，被赞誉为绿茵场上的"德国战车"。然而近些年来，德国男足正在经历低潮期，2018年世界杯未能从小组赛出线，2020年欧洲杯（实际推迟至2021年举办）也止步16强，为担任主教练长达15年且为德国赢下一次世界杯冠军的功勋教练勒夫的国家队生涯画下了遗憾的句号。目前，担任德国国家队教练的是汉斯·弗里克，队长为曼努埃尔·诺伊尔。

德国国家女子足球队同样优秀而强大，于2003年和2007年夺得女足世界杯冠军，成为第一支成功卫冕世界杯的女足球队。此外，德国女足还赢得了八届欧洲足联女子锦标赛冠军（1989、1991、1995、1997、2001、2005、2009、2013年），其中包括六次连续夺冠。

德国是唯一一个同时赢得男子和女子世界杯以及欧洲杯冠军的国家。

3. 德国足球青训文化

德国足球重视培养、训练青少年足球人才，依托文化理念制定一套合理完善的青训体系，实施一系列政策和措施，以促进德国足球健康有序的发展，保持一流水准。首先，以"快乐足球"为基本理念。在德国足球青训大纲中，明确阐述了以快乐游戏为基本出发点，在足球训练和比赛过程中，培养青少年学习足球的兴趣，在激烈对抗中体验快乐，快乐游戏体验是德国青少年足球发展的内在动力。其次，以"社会足球"为学习理念。足球是一种社会化的运动，人是足球运动的发起者和参与者，通过足球运动促进青少年社会化进程，遵守社会规范和章程，树立集体主义精神，做有担当、值得信赖的人。再次，足球运动促进青少年身心全面发展，强身健体，提升身体素质，培养青少年养成运动习惯。最后，以"合作足球"为核心理念。德国足协与德国政府部门、俱乐部、学校和媒体等建立多元化合作模式，五个独立个体，各司其职，紧密联系，旨在提高青少年足球水平。

（二）手球

手球作为一项球类运动的体育形式，起源于德国，其形状既像篮球又像足球，而且更为相像的是，手球的某些规则是由篮球的规则转变而来的。历史上，曾经于19世纪的欧洲，在德国、丹麦等国家出现了手球游戏的雏形。德国的体育教师M. Heiser为女子设计了一种集体游戏，并规定比赛的双方队员只能用手进行传接球活动，身体不能接触。紧接着，柏林的另一位老师对M. Heise的游戏进行了改进，规定双方可以有身体的接触，还进一步规定了持球一方接球后可以先跑三步再进行下一个动作。依照这些规定，20世纪20年代末，德国等欧洲国家进行了首次国际手球比赛，自此之后，世界各国便展开了手球的竞赛活动，确定了每队11人制的比赛人数。

手球本身的特点是其体积较小，比较容易掌控，手球的危险性相对于其他球类而言较小，但是其冲击性和机动性较强，加之手球比较好控制，故较易发挥球之劲力。而且，手球的场地面积不大，对场地要求较小，作为球类运动的一种，手球也是很好的运动形式之一，这是因为手球是考验个人和集体的一种很好的运动，这项体育运动不只考量个人，而且更要求集体的配合。手球只靠一个人的力量是发挥不出其功能的，需要集体的力量和技巧合作完成，所以，手球是一项集体性的体育运动形式。另外，手球适合不同年龄段的人群，可谓是一项全民运动，它适合中学生，也适合大学生，因此，手球这项运动，是适合在学校普遍推广的一项体育运动形式。

手球的场地一般是一个宽为 20 米，长是宽的两倍的长方形场地。手球的比赛时间一般是 60 分钟，分为两场，各场 30 分钟，两场比赛中间间隔 10 分钟以休息，在上、下两场比赛中，每队各有一次暂停的机会，每次暂停的时间为 60 秒。在比赛中，当比赛时间结束，但是双方打成平手时，那么就要按照竞赛规程决出胜方，需要休息 5 分钟后，进行决赛，决赛共 10 分钟，共分为两场，即每场 5 分钟，中间可以休息 1 分钟，中场休息后，双方交换场地继续进行下半场的比赛，这是第一个决胜期的比赛；如果在第一个决胜期仍打成平局，那么进行第二个决胜期的比赛，第二个决胜期仍为上下场各 5 分钟，两场之间休息 1 分钟。但是，如果第二个决胜期后仍为平局，将选定一方球门进行掷罚 7 米球，以决出胜方，这就需要双方各出 5 名队员分别依次掷罚；如仍为平局，则将进行 1 对 1 掷罚，直至决出胜方。

在奥运会上，手球比赛每队只允许 15 名队员报名，而每场比赛在记录表报名登记的只有 14 名队员。正式比赛时，只有 7 名队员上场进行比赛，其中 6 名为场上队员，另 1 名是守门员，必须始终在场，被认定为守门员的队员可以随时成为场上队员，队员号码不变。同时，随队官员未经允许不得进入场地，如果违规将受到非体育道德行为的判罚，同样，场上队员也可以随时充当守门员。守门员服装颜色要与场上队员明显区别，手球运动员的号码规定为 1-20 号，但是运动员使用的号码没有特别的规定，只是按照习惯，守门员通常使用 1 号、12 号和 16 号。

在比赛中，场上的队员无论何时都不能超过 7 名，场外要有 7 名队员作为候补队员，而且这 7 名队员不得随处游走，只能和随队官员，如领队、教练、队医等坐到替补席上，但是随队官员不得超过 4 人，在 4 人当中，必须有 1 人是"球队负责人"，这名负责人是在球队有必要和裁判员讲话时的代表。

手球运动是一项集快速、连续、激烈为一体的对抗性球类集体项目。作为观众，在观看比赛时，应该提前入场，提前找到自己的座位就坐，这不仅体现了观众的素质，而且更是对运动员裁判员等人的尊重。在具体注意事项上：①观众的着装应该整洁，而且举止要文明，即使看到激烈的比赛场景也不要出现侮辱性的语言，更不得无原则的向场内乱扔杂物。面对激烈的竞争和比赛，场上紧张的气氛会强烈感染观众，而观众也应对运动员在场上的顽强拼搏精神给以掌声鼓励。②在随身携带的物品方面，应该携带软包装的饮料、食物，而且最好是另外携带装垃圾的纸袋或塑料袋，将自己的垃圾及时的自行带出。③观看比赛时，要禁止吸烟，而且，为了避免嘈杂的环境，应该将手机调制震动或静音状态，尽量创造一个比较文明的比赛环境。④观看比赛时应该服从赛会组织安排，不能大声嬉戏、高声谈笑，更不要站起来或来回走动，避免影响其他观众观看比赛，当看到激烈的比赛场景时，要注意适当控制自己的情绪，应该为运动员打出精彩的球而欢呼喝彩，但不要因运动员一时的失误而起哄发出嘘声，要能同时欣赏双方运动员的精彩表现。在运动员罚球时，观众最好保持安静，不要扰乱运动员的情绪，罚球后再喝彩鼓掌。⑤比赛结束后退场应有序，礼让老弱妇幼先走，不要拥挤。

三、体育之于德国文化和经济发展

（一）体育与文化

德国体育发展的文化特征，是以竞技体育促进体育的普及，让其承担社会责任，推动德国社会的发展。德国竞技体育发展是从普及体育开始。16 世纪宗教改革为德意志民族普及教育打下基础，由此，德国成为世界上第一个普及义务教育的国家。早在 1717 年，普鲁士就规定了"所有未成年人，不分男女和贵贱，都必须接受教育"。普鲁士不仅开创了义务教育的先河，同时也把人人平等接受教育的原则注入了德国社会。18 世纪末，德国涌现了一批著名的哲学家、教育家，他们的全民体育观点奠定了普及体育的理论基础，也形成了近代体育手段"德国体操"。19 世纪，德国体操走出学校，进入社会，并且借助社交活动、节日聚会，在大众中产生了广泛的影响。20 世纪，德国体育发展也是遵循人人体育的原则。从 1911 年起草的"德国体育场地法规"到 1913 年颁布"德国体育奖章"制度。这些举措的目的，都是要让更多人参与到体育中。第二次世界大战后，德国更是小心谨慎对待竞技体育，把精力全部投入普及体育中，联邦德国曾经开展过 5 次大规模的全民健身活动，并出台以建造体育场馆为目标的著名"黄金计划"。德国体育发展的主旋律，就是"体育为大众"，因此，德国竞技体育完全建筑在大众体育的基础上，只有大众体育开展得好的项目才能取得优异的成绩。

德国体育的另一个文化特征，就是承担社会责任。德国曾经是个四分五裂的国家，长期分裂的历史，使德国的政治体制在纵向层面上相互制约，在横向层面上平等而松散。作为这种体制的弥补机制，德国社会出现了一种公共意识和自我管理模式的协会组织，帮助政府承担社会公共管理事物。德国的俱乐部就是这样一种协会组织，它成立初期是人们通过体育这一共同的兴趣，相聚在一起，聊天和结友，作为社会的一种融合剂。随着俱乐部的发展，它的形式得到了法律的认可。体育俱乐部不仅承担着培养竞技体育后备人才的任务，更重要是要为不同人群、不同性别、不同年龄、不同职业、不同信仰、不同国籍人群提供体育服务。体育和赛事是德国民众间交流融合的重要形式。体育除了对本国人交流融合外，它还为外国人融入德国社会创造条件。在难民没有大量涌入德国前，体育是帮助外国人融合德国社会的重要手段，也是促进社会安定和健康发展的重要手段。

德国体育发展的第三文化特征，就是公益性。公益性是德国公共服务和社会福利服务事业的重要支柱，它不是为竞技体育特制的，而是德国社会发展的需要。德国政府把竞技体育作为公益事业来赞助，为体育俱乐部提供免费场馆，减免俱乐部的税收，而体育俱乐部不仅为大众提供体育锻炼和提高竞技能力机会，同时，也为社会培养乐于服务、无私奉献的志愿者。德国大部分体育俱乐部是通过成员无偿工作、志愿服务来保障俱乐部的运作，而这种志愿服务又被视作社会公益服务的一部分。俱乐部的模式体现了德国社会文化的一种公共精神，其目的是调动大众的参与热情，增强了俱乐部的凝聚力和俱乐部成员的责任感。由于历史的原因和德国社会发展的需要，德国对大众体育和民众的健康重视程度要重于竞技体育的奖牌和名次，德国体育发展更关注它的社会价值。在历史上，德国人用温和的改革方式完成了英国人和法国人用暴力和流血的方式才解决的社会问题。如今，体育也是德国用于解决社会问题的一剂温和的良药。

体育与文化间有着不可分割的紧密联系。文化是体育发展的土壤，体育是传播文化的桥梁，两者的相互关系在古今中外的体育运动发展史中便可见一斑。例如，古代奥运会就形成了一种价值体系，也就是"奥林匹克精神"。核心内容是和平、友谊、体魄与美等。前国际奥委会主席萨马兰奇对于奥运会的认识，也可聊备一格：奥运会"是一种将身体、精神与意志和谐统一在一起的人生哲学。"

同时，体育又是重要的文化载体和文化传播的桥梁。"在当今，体育作为一种文化形态，具有特殊价值与文化内涵。体育集经济生产力、政治影响力、社会亲和力、文化传播力于一体，体育不但提升国民身体素质，对推动经济社会发展起着重要作用，还支撑着民族的精神、国家的脊梁。体育已不单是一种身体运动，更是一种生活方式，甚至成为一种信仰，一种精神寄托，它已成为人们精神文化的重要组成部分。"①

在德国，例如足球，不仅仅是一项体育运动，某种意义上成为了一种德国的文化符号。德国国家足球队作为"德国战车"，体现了一种永不放弃、团结协作的体育精神。1954年联邦德国队上演了勇夺世界杯的"伯尔尼奇迹"，激励了德国战后的经济复苏。1996年联邦德国队夺得欧洲杯冠军，激励着每一个德国人的爱国情怀。

足球在今天的德国，其文化内涵愈益丰富。在德国男子国家足球队中不同种族的面孔，比如土耳其后裔的中场核心厄齐尔（已于2018年7月23日宣布退出德国国家队）和加纳混血防守中坚博阿滕，在某种程度上体现了德国社会融合、包容的层面。而在日常生活中，人们也能看到这样的场景：在德国首都柏林一个小区的足球场地上，来自土耳其、伊朗、乌克兰的移民小孩，与柏林当地儿童一起挥洒汗水，团队协作，于无声处促进着德国社会的团结和移民的融入。

（二）体育之于名人：歌德、康德、黑格尔和默克尔等

（1）歌德——滑冰

德国著名的文学家、思想家歌德（1749年8月28日-1832年3月22日），也是一位体育运动爱好者。年轻时他曾患过咯血症，由于体弱一度弃学归乡。此后，他便十分注重体育锻炼，终于练就一副强健的筋骨。多年来，他发展了广泛的体育爱好，跳舞、剑术、骑马都不在话下，尤其爱好冬季的各种运动。每年冬季，他都会冒着风寒登山、冬泳、滑冰。歌德年轻时正值滑冰运动在欧洲兴起，在当时，这是一项只有上流社会才能接触到的运动。维也纳、莫斯科和奥斯陆的贵族们身着最华丽的皮衣、穿戴柔软的皮手套和最昂贵的溜冰鞋，在冰面上滑翔，歌德很快就迷上了这项运动。他曾说："滑冰是各

① 朱华. 文化强国与体育强国的关系探析 [J]. 体育与科学, 2012: 69-72.

种体育活动中最好的，它不会使人陷于过度的兴奋，持续长时间也不会像其他运动一样，使人感到疲劳。"他更多次在诗中提到这项运动，他曾写道："花样滑冰，使人返老还童。它的柔韧，使我更加年轻"。他认为，滑冰可以使人们从老化和僵硬中解脱出来，并将其赞美为"运动的诗篇"。据说，歌德与德国诗人克洛普施托克（Friedrich Gottlieb Klopstock，1724 年7 月 2 日至 1803 年 3 月 14 日）初次相逢时，两位文学家不谈诗论文，而是大谈滑冰靴与滑冰姿势。后来，身为滑冰家的克罗斯杜克还在丘利希湖上，拉着歌德的手，耐心地教他滑冰。而歌德也曾创作有关滑冰的诗作"滑冰场"（Die Eisbahn）。

图 4-3　滑冰的歌德

（2）默克尔——足球

德国总理默克尔被称为德国国家足球队的"首席球迷"。在大赛期间，她曾多次到德国队更衣室内与球员们一同庆祝。自2006年世界杯开始，几乎每逢重大的国家队赛事，都能见到默克尔在贵宾席的身影。当德国队进球时，她常常情不自禁地高举双手，忘情欢呼，这也让球迷们看到了"铁娘子"的另一面。事实上，除默克尔外，德国历届总理中从来不乏足球爱好者，科尔与施罗德在任期间都曾亲临现场为德国队加油助威。而德国政治家争当超级球迷的现象，也在某种程度上折射出在德国，足球与政治间的紧密联系。

图4-4　默克尔为德国队欢呼

（三）体育与经济

1. 体育的发展离不开经济的发展

社会生产力是人类利用自然、征服自然、改造自然的一种能力，是社会发展的根本动力。社会生产力所提供的社会财富与生产资料成为体育全面、健康发展的重要基础，从这个角度来看，体育的进步必然离不开经济的发展。

纵览全球各地及人类历史发展的情况，不难发现，越是经济发达的国家或地区，其体育发展的水平也越高。这是由于经济的发展提供了充分的物质基础，社会能够将更多的可支配资金用于建设体育事业，加快国家体育进步的脚步，提升国民体育水平；另一方面，经济发达国家的民众相对而言不必为生计发愁，在生活上拥有更为清晰的自豪感和满足感，这种心态会潜移默化地影响着扎根体育行业、从事体育运动的人们，激起他们的昂扬斗志和奋斗热情，提升自己的体育竞技水平。

2. 体育的发展对于国民经济的发展起到显著推动作用

首先，体育行业产生了大量的就业岗位与就业机会。一方面，体育事业作为第三产业，人口相对密集，因而体育事业的发展可以在客观上促进国民经济发展，能够解决大量的就业问题；另一方面体育的相关行业多种多样，包括体育用品、器械的制造业以及竞赛服务类行业，这些行业的发展也会显著促进国民经济的提升。其次，体育可以产生一定的联动效应，其中最为明确的就是与运输以及旅游业的联动效应。例如，足球运动是当今世界第一大运动，每年各种各样的足球比赛能够吸引大量来自世界各地的球迷前来观赛，极大地推动了各地的旅游业以及交通业的发展，也对各国经济的发展起到了积极作用。最后，体育锻炼助力人们强身健体，保证身体素质良好，提升生活品质。随着科学技术的不断进步，也为了提升工作效率，计算机在各行各业工作领域中的运用愈加广泛，久坐不运动使得人们患上各种职业病的风险大大增加。为了解决这部分问题，加强体育锻炼是必然的趋势。体育锻炼不但能够帮助人们强身健体、延年益寿，更是改善工作状态、提升工作热情与积极性的一剂良方，让人们能够以更加饱满的状态投入到生产与生活中去，这样也就在客观上促进了经济发展。

体育与经济的发展互相关联。经济发展是体育建设的基础与保障，同时也是体育事业发展的内在驱动力。而体育事业的发展又会带动社会就业岗位的增加，联动相关行业共同发展，提高人们的身体素质与工作效益。

3. 德国体育与经济的关联

体育行业不仅包括生产体育所需商品、服务和作品的所有上游产业，还包括将体育作为重要投入的相关产业——如媒体、旅游和广告等。整体而言，体育行业是一个充满活力和快速增长的行业，对经济增长和就业做出重大贡献。

在欧盟范围内，体育直接就业的人数约占欧盟总就业总人数的2.1%，而体育活动所创造的就业岗位为相当于欧盟就业总数3.5%的人提供了就业机会。这些数据证实了体育是欧盟的重要经济部门，在国家经济中发挥着重要作用，其经济影响与农业、林业和渔业的总和相当，预计未来还将继续增加。

德国是当今世界公认的体育发展水平和效益领先的国家之一，其体育文化氛围浓厚，产业链条较为成熟。以体育为基础的生产活动在国家总增加值中所占比例与德国汽车工业的直接影响相当。在德国与体育相关的产业中，最大部分由公共和私营服务行业提供，这些行业所创造的 GDP 约占德国体育总GDP 的三分之一。此外，批发和零售贸易行业也不容小觑，因为大多数与体育相关的商品和服务由私人家庭消费。与其他大多数欧洲国家相比，德国体育产业在国民生产总值中所占比例高于欧洲平均水平。2020 年在进出口贸易方面，德国的运动服装、运动鞋和设备的出口额接近 32 亿欧元；体育用品的进口数量也显著增加，进口额高达 222 亿欧元，在进口到德国的所有商品中占比约 1.9%。在就业方面，德国约有 124 万人从事体育行业，其中大多数在服务业、交通运输、酒店餐饮以及商贸行业工作，占德国所有就业人员的 2.9%，包括体育设施、俱乐部和健身中心的经营者、职业运动员、私人教练、体育裁判、体育医生、理疗师、体育新闻记者、体育用品制造商的员工以及代理商员工等不同类型的工作岗位。

体育赛事，尤其是在本国或邻近国家进行的体育赛事会对经济产生积极影响，如 2012 年的伦敦奥运会以及波兰和乌克兰共同举办的欧洲足球锦标赛。由于地理位置接近，这些赛事吸引了更多德国人通过媒体关注比赛、去往现场观看、购买粉丝撰写的文章或是自身受到鼓舞也参与到体育运动中去。

相比之下，欧元债务危机则对体育产业产生了负面影响。它削弱了德国总体经济的增长动力，并带来了通货紧缩的趋势，其中部分将持续数年，对许多与体育相关的商品和服务都形成了不利影响，例如一些低成本的健身房不得不压低价格。

4. 体育作为一种超越性力量——体育精神

体育立身于历史、政治、文化和经济的发展传统，尽可以止战，为了和平；可以锻炼战士，为了新的战争和为了实现新的和平；可以健体、修身或为了心性发展，体现为身体性乃至灵与肉的结合；可以是审美的，不仅在于体育本身的内容、形式、所育所成之人，而且在与艺术打通之后，体育在几乎任何层面都可以以审美的方式去把握，并展现美的特质；可以为了沟通、理解和实现"交往理性"；可以实现政治、经济、文化等方面诸多的现实诉求，乃至在制度之争、意识形态之争中的价值诉求——可以体现为功用性的多样可能性，当然，也可能被加诸种种不幸和阴暗：例如暴力、权力与政治操弄、贿赂、兴奋剂、偏见与傲慢，以及不那么光明的体育搭台、旅游和招商乃至经济发展唱戏。

第七节　俄罗斯体育文化

一、俄罗斯体育文化概览

俄罗斯体育之所以能取得瞩目的成就，除了在政策支持、经济保障、体育传统和民族心理等多种因素外，还有更重要的民族文化内涵因素，概括起来有以下几个方面：

（一）俄罗斯弥赛亚意识

弥赛亚意识（мессианизм）是俄罗斯民族思想的重要内涵之一，是俄罗斯文化的特殊性所在。公元988年，罗斯受洗后便有了神圣民族和神选民族的理念，这在古罗斯第一任督主教伊拉里昂的《法与神赐说》以及罗斯第一部编年史《往年纪事》中均有体现。弥赛亚意识与选民思想、末世论及其相关的特殊宗教理念密不可分。俄罗斯弥赛亚意识对社会政治、哲学、文学乃至整个民族文化价值观都产生了深远影响，使它成为了俄罗斯人所特有的文化观念（культурныйконцепт）。这观念深深扎根在俄罗斯人民的生活中，激发了人们的智慧、才华和灵性，并影响着他们的价值观，影响了无数俄罗斯民众在竞技体育比赛中勇往直前和顽强拼搏的体育精神。因此，俄罗斯人被誉为"战斗民族"的称号。

（二）胜利者文化

每年的5月9日是俄罗斯卫国战争胜利日，正是当时的苏联红军攻克柏林，促使了纳粹德国的最后灭亡。这一天全国放假，铭记每一个为国牺牲者的姓名，即使是无名英雄，也要为他们点燃庄严神圣的长明火，这是俄罗斯的光荣传统。每年这一天，俄罗斯都要举行阅兵式，鸣放礼炮，并在莫斯科的无名战士墓长明火旁设立固定哨位。在体育赛场上，俄罗斯人经常高喊的口号是"我们是胜利者！"（Мыпобедитель！）。近年来，席卷全俄罗斯的"不朽军团"活动的目的不仅是纪念战争胜利，更是将这种"胜利者"精神传承下去。这种"胜利者"骁勇好战的文化传统已经给俄罗斯人打上了深深的精神烙印，深刻地融进了俄罗斯的民族心理和民族自豪感之中。因此，在他们的观念中，参加体育比赛的唯一目标就是胜利。面对竞技比赛，俄罗斯人常说"不成功，便成仁"（Панилипропал）、"成者为王败者为寇"（Илигрудьвкрестах，илиголовавкустах）。

（三）别尔嘉耶夫的自由精神哲学

别尔嘉耶夫因其理论体系思想精深而享誉西方世界。他被认为是俄罗斯东正教精神的鲜明代表，是俄罗斯的精神导师。别尔嘉耶夫认为，在俄罗斯民族的深处蕴含着比西方民族更多的精神自由，即人的精神改造，所谓"人格主义革命"。他还强调人具有超越性，提倡每一个人都应成为无可取代的一个真正意义上的人。这种精神指向给予了俄罗斯人冒险进取，敢于拼搏的体育精神。

二、俄罗斯传统体育项目

（一）桑博

桑博（Sambo、самбо）一语来自俄罗斯语"самозащит абезоружий。"意思就是"不带武器的防身术"，即徒手防身术，所以被称为"徒手格斗"桑博技术。分为运动式桑博（一种国际性的摔跤运动）和格斗式（即实战）桑博两种。

桑博虽然作为俄国重要的传统武术组成体系之一，但是一直到一九三八年正式成为苏联官方认可的全国性运动项目。桑博的创立者并没有被广泛认同为一个人，一般意义上大家说Anatoly Kharlampiev被认为是创立体育桑博摔跤与将其引入体育的第一人。桑博历史上另外两位伟大的人物是瓦西里奥谢普科夫（因为拒绝否认柔道师承而死于一九三七年政治大清洗）与维克托斯皮里多诺夫（在一战受伤后将桑博发展为一种类似于合气道的软武术，也就是现代格鲁乌、克格勃、以及柔化体系武术的前身）。桑博正越来越多地综合其他外来的技术，向一门综合武术体系的方向发展。

桑博曾作为苏联的国技在其15个加盟共和国内广为发展和传播，特别是斯大林时代；桑博作为一种团结各民族的体育运动，在苏联的各个共和国内进行。

1939 年苏联举行了第一届全国桑博大赛，国际上 1973 年在伊朗首都德黑兰举办了第一届世界桑搏锦标赛；1980年桑搏在莫斯科奥运会上曾向全世界展示。桑搏的世锦赛、世界杯赛、欧洲公开赛等各种各样的国际比赛也很多。在俄罗斯和苏联的加盟共和国中桑搏仍然是国家安全部队必须接受的训练科目，也是人们喜欢的一项体育活动。

俄罗斯共有两种格斗术，桑搏（SAMBO）和西斯特码（BJJ）。他们的技术区别就是桑搏更注重拳击和摔跤、大关节技能和柔道技能，还有步伐和呼吸，训练方式比较接近学院派；具有现代体育的内容和运动理念，加入了很多军事格斗的技能和技巧。

虽然两种格斗术有一定的相似程度，但是两种格斗门派的诞生理念不一样；BJJ起源于日本柔术也忠实于日本柔术的原创性和精神教义，它的技术和策略都是基于对地面打斗的深入研究而发展的。而桑搏起源于军事格斗，在目的性上也更偏重于杀戮；风格上也更为粗犷，综合性比较强。所以基于以上的方面，我们还是很容易区分出这两种格斗门派的不同。

桑搏运动是俄罗斯的民族传统体育项目，其运动技术及文化内容中既体现出了东方武道特征，又表现出了斯拉夫民族善战的特点。桑搏在俄罗斯有着80多年的历史，这项运动在俄罗斯的普及程度从儿童、青少年到大学、专业运动员已经非常成熟，是俄罗斯的全民健身运动。

（二）舍宾

舍宾是英文SHAPING的译音，来源于20世纪90年代的俄罗斯。其含义就是形体整型、塑造或雕塑。字面的解释为塑造、成形。它包括形体测试系统、形体锻炼系统、形体营养处方系统、形体模特服装、发型优化系统、软组织运动雕塑程序方法体系。它是有别于健美操、有氧操的一种全方位追求形体美和形象美的运动。盛行于俄罗斯、独联体和欧洲地区，且流行范围越来越广。

舍宾起源于俄罗斯的舍宾运动，1997年4月落户北京。它通过电脑测评分别制定出适合个体的营养+运动+医学+心理学不同的训练处方，完成从形体美到总体形象美化，从外在姿态美到内在气质美的培养。舍宾形体运动设定的人体健美标准是形体的曲线美和围度的比例美。参加舍宾运动的女性先要做一次身体测试，以后每个月进行一次复测，以便调整训练计划。

舍宾不是一般意义上的运动项目，该运动是由一批苏联多学科专家，吸取了健美运动、体育舞蹈、保健医学、营养学、人体美学等先进成果，应用计算机技术，经十多年的实践研究，所推出的集人体测验评、形体雕塑、形象设计、整体美化于一体的人体美化系统，1991年获得苏联国家专利局专利，成为当今世界上唯一拥有多项运动专利的国际协会，短短几十年，舍宾体系连锁俱乐部已迅速发展到20多个国家，遍及约300个城市。

舍宾训练由姿态练习开始，学员们穿着舞蹈鞋，跟随教练完成一个个优美舒展的动作。接着换上高跟鞋，在乐曲声中时而转身留头，时而上步回身，有时双手交叉，有时右手滑落，在教练的口号声中或收腹提气，或双手相抱，宛如T形台上的模特。在姿态和步态练习之后，学员们重新换上舞蹈鞋，作协调性练习。随着优美的旋律，在教练的指导和示范下含胸，抱腿，脚点地，手臂时而伸展，时而做波浪状。

舍宾专家认为，人的形象设计概念引自现代企业形象设计——CI概念，它是由VI——视觉识别系统，BI——行为识别系统，和VI理论识别系统构成的，是由理论到行为到外观的整体形象定位。舍宾作为高质量的形体雕塑，整体美化设计工程系统可以说在美容业界或是体育运动界都未能创造成出这样一个先进的科学的可操作系统。

现代人正在追求5个层次人体美，即健康、静态形体美（外形、肢体围度、脂肪百分比、皮肤护理等）、动态美（姿势、表情、动作等)、气质美和整体美(包括自身和服饰、发型、化妆的谐调配合)。舍宾运动是针对女性的生理特点,面对现代人对全面美的追求,由许多致力于形体研究的运动学家、医学家、营养学家、美学家和电脑专家等经过多年的共同努力,全面研究了人类生命、健康、长寿、生长、发育以及肌肉、骨骼等领域,得出的一套人体标准体态和最佳气质的人体美化工程系统,创造性地开发出了一套人类形体的计算机测评系统和骨骼结构分类形体模型标准设计方法。是一套全新的形体雕塑和形象美化的科学方法。具有很强的综合性、科学性和针对性。练习舍宾的主要是女性,因此,舍宾也被称作是"女人的私房运动"。

舍宾运动是一个完整的形体雕塑及形象设计系统,是世界上第一个把现代减肥美体理论及综合治理原则转变成具体的、可操作的、严密的系统工程体系,也是当今世界唯一形成专利体系及连锁俱乐部形式发展的国际性运动协会组织。

三、俄罗斯体育史

俄罗斯奥运经历可大致分为四个阶段:1952年赫尔辛基奥运会—1988年汉城奥运会,以"苏联"名义参赛;1992年巴塞罗那奥运会,以"独联体"名义参赛;1996年亚特兰大奥运会—2012年伦敦奥运会,以"俄罗斯"的名义参赛;2016至今,俄罗斯以"俄罗斯奥运队"名义参赛,简称"ROC"。

苏联没有参加奥运会,直到1952年赫尔辛基奥运会才首次亮相。然而,苏联首次亮相奥运会,就显示出其强大的实力。在本届奥运会上,苏联代表团一举夺得22枚金牌、30枚银牌和19枚铜牌,在金牌榜上仅次于40枚金牌。美国队获得第二名。在奖牌方面,俄罗斯与美国的差距只有5个。奥运会的霸主美国,第一次真正感受到了来自对手的压力。在随后的奥运会上,1960年的罗马,苏联夺得金牌榜首;1964年,美国在两次失利的东京重新夺回头把交椅，并于 1968 年在墨西哥城保持这一位置；1972 年和 1976 年，苏联再次在奖牌榜领先于美国。随后，美国和苏联共同抵制了对方主办的奥运会。直至 1988 年两国重新共同参赛，苏联获胜。

1992 年，苏联解体，各加盟共和国以"独联体"的名义参加奥运会，再次以 45∶37 的比分压倒美国夺得金牌榜第一名。然而，从那时起，苏联开始独立竞争，苏联的主要继承者俄罗斯很难与美国抗衡，1996 年和 2000 年两届奥运会败于美国，两次获得金牌榜亚军，2004 年在雅典奥运会上被中国超越，再次屈居第二。2008 年北京奥运会，俄罗斯代表团获得 23 金 21 银 29 铜，在金牌和奖牌榜上排名第三，仅次于中国和美国。俄罗斯在传统优势赛事中保证了很高的夺金率。其中，田径方面，伊辛巴耶娃以 5.05 米的世界纪录夺得金牌。2012 伦敦奥运会，俄罗斯得到 24 枚金牌 26 枚银牌 32 枚铜牌，排名已降至第四。

2016 年 7 月 23 日，世界反兴奋剂机构（WADA）根据调查结果建议国际奥委会禁止俄罗斯国家队参加里约奥运。国际奥委会执行委员会之后同意了该建议，以显示兴奋剂是对体育完整性的攻击，俄罗斯运动员只得以"俄罗斯奥运队"名义参赛，在金牌榜中再次排名第四。在 2021 年举办的东京奥运会中，俄罗斯奥运代表队排名已滑落至第五名，排在美、中、日、英之后。

第八节　阿拉伯体育文化

一、阿拉伯体育文化概览

伊斯兰教作为阿拉伯民族全民性的信仰，不仅影响着阿拉伯人的精神生活，还影响着他们的社会生活。伊斯兰教非常重视体育锻炼，先知穆罕默德就曾经郑重地指出："你对你自己的身体负有义务。"在哈里发统治时期，他们大力倡导娱乐活动，不仅有益于阿拉伯体育的发展，还丰富了穆斯林的社会生活。

阿拉伯民族是一个崇高武勇的民族。先知穆罕默德这样说过："你们应当教你们的孩子游泳、射箭和骑马。"在阿拉伯诗歌或传说中都有一些力量过人、勇猛无畏、技艺超群的英雄人物。蒙昧时期的阿拉伯部落盛行互相劫掠，这实际上就是一种体育竞赛。因为这种劫掠有着严格的规矩，各部落之间斗智斗勇，一般不允许流血和死人，胜者获得战利品，如羊群、骆驼等，就是对竞赛胜利的奖赏。

赛马在一些阿拉伯地区是很流行的运动。阿拉伯半岛上还盛行赛骆驼，骑手多为青少年。在贝都因人中，驯鹰是人们喜爱的一项传统运动，这种既需要经验和技巧，又需要体力的活动已有上千年的历史。在阿拉伯各地还有许多各种各样的民间体育活动。现代奥林匹克运动兴起以来，阿拉伯国家虽然起步较晚，但进步非常快。在 1924 年巴黎举行的第 8 届奥运会上，埃及足球队一举击败了老牌劲旅法国队和爱尔兰队，名列第五。其次，埃及运动员在摔跤和举重中也获得过较好成绩。从此，欧洲人开始对阿拉伯人刮目相看。1928 年在阿姆斯特丹举行的第 9 届奥运会上，埃及的赛义德·纳赛尔在次轻量级举重中，第一次为阿拉伯人夺得了世界冠军。在这次奥运会上，阿尔及利亚出生的法国籍阿拉伯人欧阿菲还摘取了马拉松金牌。

在此之后，阿拉伯运动员在历届奥运会上还取得了一系列好成绩。比较突出的有：1949 年第 13 届奥运会上埃及获举重和古典式摔跤的金银牌三枚。法籍阿拉伯运动员阿兰·米莫恩连续在赫尔辛基和墨尔本举行的第 14、15 届奥运会上两次获马拉松冠军。摩洛哥著名的长跑运动员穆罕默德·加穆迪在 1964 年东京第 17 届奥运会和 1972 年慕尼黑奥运会上获得 5 000 米金牌、10 000 米铜牌和 5 000 米银牌，被誉为"奥运三朝元老"。另外两名摩洛哥运动员，阿卜杜拉·萨里姆和赛义德·奥伊塔分别在1960年罗马奥运会和1984年洛杉矶奥运会上夺得马拉松银牌和金牌。阿拉伯小国黎巴嫩从1952到1980年中也曾在射箭等项目中四次获奥运会冠军。

阿拉伯人擅长长距离游泳。虽然在奥林匹克运动中没有长距离游泳项目，但埃及、叙利亚运动员在世界长距离游泳竞赛中的优秀成绩却是举世公认的。在六七十年代中的横渡英吉利海峡和那不勒斯长距离游泳赛中，埃及、叙利亚游泳选手都名列前茅。

然而，今天阿拉伯世界最热门的运动却是足球。足球从20世纪初传入阿拉伯世界后，立即与阿拉伯人结下了不解之缘。现在阿拉伯各国都有许多足球俱乐部和人数众多的球迷。球迷们把足球看做生活中不可缺少的"面包和奶酪"。球迷们都有自己支持的足球俱乐部和崇拜的球星。阿拉伯球迷对足球的热爱程度比起西方的球迷来毫不逊色，一有重大比赛常常是万人空巷。

在早期，埃及在阿拉伯足坛一直独领风骚，除了在奥运会中两次跻身8强外，在1934年和1964年的世界杯赛中两度闯人半决赛。埃及俱乐部球队长期以来独霸非洲足坛，它的两支最著名的球队，民族队和扎马里克队，一直轮流在非洲冠军杯和非洲优胜者杯赛中执牛耳。60年代后，埃及足球逐渐走下坡路，摩洛哥、阿尔及利亚和突尼斯三个北非国家的足球开始崛起，不仅一再捧走非洲杯，而且在世界大赛中能与欧美强队抗衡，出色的表现使人耳目一新。北非转到西亚，特别是海湾国家。海湾地区足球运动的迅速发展，一方面是因为巨额的石油收入为其奠定了经济基础，另一方面是当地人民对足球的喜爱。沙特阿拉伯和科威特、阿联酋等国家的王室成员中有不少人是"超级球迷"。每逢这些国家的球队参加大型比赛，这些"超级球迷"都要带上庞大的拉拉队，不远万里前去助阵，并悬赏重奖鼓励本国球队取得好成绩。现在海湾国家有着众多的足球俱乐部和世界第一流的训练、比赛设施。仅沙特阿拉伯足球协会就有 154 个下属足球俱乐部，每个俱乐部都有自己的训练场和比赛场。另外，还有许多属于国家或地区的比赛场馆，最大和最先进要数利雅得的法赫德国王体育馆，这座世界超一流的体育馆宏伟、豪华，设施先进，可容纳 68 000 人。

尽管足球在海湾地区只有 20 多年的历史，但成绩非常惊人。沙特阿拉伯很长一段时间保持着亚洲冠军的称号。科威特参加了 1982 年西班牙世界杯足球赛，阿联酋参加了 1988 年意大利世界杯赛。人口不到 30 万的卡塔尔在世界青年杯赛中跻身四强，并于 1984 年与另外 4 支阿拉伯足球队（埃及、摩洛哥、伊拉克和沙特阿拉伯）一起参加了洛杉矶奥运会的比赛。海湾足球锦标赛现已被认为是阿拉伯世界的最高水平比赛。在已举行过的 9 届比赛中，科威特 6 次捧杯，伊拉克两次获得冠军，沙特阿拉伯获得一次冠军。

近年来阿拉伯体育事业有了很大发展，但由于宗教和传统习惯的影响，不少阿拉伯国家的女子无权参加各种体育比赛，从而限制了阿拉伯人在各种国际比赛中取得更多的好成绩。尽管近年来北非和伊拉克、叙利亚等地妇女的社会地位已有很大提高，但参加体育运动的妇女人数还是很少。而在海湾地区，妇女根本没有机会参加任何公共活动，连观看比赛也只能从电视机里，更不用说参加体育比赛了。虽然阿拉伯国家女性的地位不断提升，也出现了第一支女子足球队参加世界型赛事，然而在大部分地区女性依旧不被允许参加。阿拉伯的体育文化中受宗教信仰的影响较大，且缺少女性的参与，整体的发展尽管飞速但却不够均衡。

二、阿拉伯传统体育项目

阿拉伯人从事体育运动有着悠久的历史，而且在体格和精神上也不逊于西方人。只是到了近代由于西方殖民主义的入侵和统治，才使阿拉伯人在某些体育项目方面落后于欧美。

沙特阿拉伯和科威特、阿联酋等国家的王室成员中有不少人是"超级球迷"。每逢这些国家的球队参加大型比赛，这些"超级球迷"都要带上庞大的拉拉队，不远万里前去助阵，并悬赏重奖鼓励本国球队取得好成绩。现在海湾国家有着众多的足球俱乐部和世界第一流的训练、比赛设施。仅沙特阿拉伯足球协会就有154个下属足球俱乐部，每个俱乐部都有自己的训练场和比赛场。另外，还有许多属于国家或地区的比赛场馆，最大和最先进要数利雅得的法赫德国王体育馆，这座世界超一流的体育馆宏伟、豪华，设施先进，可容纳68旧加人·尽管足球在海湾地区只有20多年的历史，但成绩非常惊人。沙特阿拉伯很长一段时间保持着亚洲冠军的称号。科威特参加了1982年西班牙世界杯足球赛，阿联酋参加了1988年意大利世界杯赛。人口不到30万的卡塔尔在世界青年杯赛中跻身四强，并于1984年与另外4支阿拉伯足球队（埃及、摩洛哥、伊拉克和沙特阿拉伯）一起参加了洛杉矶奥运会的比赛。海湾足球锦标赛现已被认为是阿拉伯世界的最高水平比赛。在已举行过的9届比赛中，科威特6次捧杯，伊拉克两次获得冠军，沙特阿拉伯获得一次冠军。

三、体育之于阿拉伯历史

　　阿拉伯作为一个全民族信仰伊斯兰教的地方，在体育方面也深受宗教信仰的影响。在中世纪时期，伊斯兰教开始注重体育的培养，间接地让阿拉伯在当时体育发展达到了一定的高度，在阿拉伯帝国时期，体育发展曾经有过一段非常繁荣的时期，其中主要得益于伊斯兰教对于身体健康和军事体育等方面的大力宣传。

　　伊斯兰教注重体育锻炼。人只有在身体健康的情况下才能对社会发展做出自己的贡献，同时健康的身体对人的道德和精神也能产生积极的作用。鉴于此，伊斯兰教一开始就特别注重人们的身体健康，鼓励人们进行体育锻炼。伊斯兰教强调要尽量使自己的身体保持健康的状态，免遭各种疾病的侵害。在穆斯林世界，素有"健全的理智建立在健康的身体之上"的说法。因此，为了保证人们的身体健康，伊斯兰教非常注重饮食、环境、生理和心理等方面的卫生，反对吸烟等危害身体的陋习。《古兰经》里有许多关于卫生、保健方面的论述。

伊斯兰教重视军事体育出于宣传伊斯兰教和进行圣战的目的，所以军事体育在阿拉伯帝国体育中非常突出。穆圣本人就曾练就了一身防卫的本领。他在青少年时期，就经常练习射箭、游泳、赛跑等体育项目。他还鼓励圣门子弟们习武。据《圣门弟列传》记载：穆圣每年都要在麦地那的辅士青年中进行一次角斗选拔赛，优胜者被选入圣战者亲军的行列。

哈里发倡导体育游戏 "哈里发" 是阿拉伯语中 "继承人" 一词的音译，意思是安拉在大地上设置的代理人。哈里发时代，既是阿拉伯帝国社会大发展的时期，也是阿拉伯体育走向繁荣的时期。在这一时期，体育游戏引起哈里发及其廷臣们的兴趣，他们亲自参加到这些体育游戏中，推动了阿拉伯体育游戏的全面繁荣。

首先，室内游戏普及。这一时期，室内游戏主要有骰子、象棋和双陆。据记载，倭马亚王朝时代，麦加就有一种俱乐部，里面有象棋、双陆和骰子的设备。骰子是阿拉伯人传统的室内游戏，在这一时期大为流行。象棋，原来是印度的一种游戏，后来传入阿拉伯帝国，逐渐成为阿拉伯贵族们所喜欢的一种室内游戏。赖世德是下象棋的第一位哈里发（伊斯兰教国家对于政教合一的领袖的称呼），他非常提倡象棋游戏。据说他赠送查理大帝的礼物，就包括一个棋盘。同样在棋盘上玩的游戏还有双陆（一种投掷双骰的游戏），它也是起源于印度。这种游戏在 12 或 14 个方格的棋盘上投掷双骰，偶然性极大，常被用于赌博。其次，户外游戏也同样丰富。阿拉伯帝国时期，户外游戏主要有箭术、马球、剑术、赛马、狩猎等。据查希慈记载，要想成为哈里发的清客，就得必须具备这几种资格：会射箭、会狩猎、会打球、会下棋。在这些方面，清客和主公"分庭抗礼"，而无大不敬之罪。赛马是倭马亚王朝时期，人们非常喜欢的一种游戏。哈里发麦立克时期就举行过赛马大会。哈里发希沙木在位时，在他组织的一次赛马大会上，参加竞赛的马就有4 000匹之多。

在早期的阿拉伯语著作中，有许多是论述狩猎、捕捉和放鹰的。马球在阿巴斯王朝时期也成为受人喜爱的体育游戏，它是在倭马亚王朝时期由波斯传入的。摔跤是德拉姆人酷爱的一项体育活动，摔跤时常常有乐手在场外助威。白益王公称雄时，摔跤场几乎遍布巴格达的各个角落，获胜者常常可以得到穆仪兹·道莱的赏赐。

第九节　希腊体育文化

一、希腊体育文化概览

竞技体育在古希腊人生活中占据十分重要的地位。对于古希腊人来说，参加竞技赛会已经融入了日常生活。在每年的七八月份，各种类型的赛会活动纷纷开始举行，古希腊人就在各个赛会的奔走中赢得荣誉和奖励。除了闻名于古希腊世界的四个泛希腊体育盛会以外，还有众多的地方性赛会活动。

竞技赛会在古希腊世界的繁荣发展，主要源于以下三个原因，宗教祭祀的表征形式、对人体健康的追求和军事战争的需要。

首先是宗教原因。在考古挖掘中发现，在克里特时期的克诺索斯宫的宫廷壁画中，就已经有"人牛共舞"场景的出现。在迈锡尼文明遗存下来的绘画和建筑上也出现了狩猎、战车、妇女献祭和斗牛表演等体育场景，在古希腊人看来，奥林匹斯山上的诸神与希腊人生活中的福祸生死以及战争中的胜利得失相关，要想求得战争的胜利以及生活的平安，他们需要在各种激烈的竞技比赛中表现出自己的忠诚，借赛会向诸神请愿，希望能够在战争和生活中得到诸神的庇佑。古希腊人因此举办了众多的体育竞技赛会，如能获取竞技赛会上的胜利，古希腊人便认为这是能够获取战争胜利和生活顺遂的另一种征兆。这使得古希腊的赛会活动自诞生之日起就已被经纳入到了古希腊的宗教活动体系之中，作为祭祀神灵的活动，逐渐发展成为希腊城邦祭祀仪式的重要组成部分。最后在祭祀天神宙斯的古代奥林匹亚赛会上达到了顶峰。

其次是对健康的重视。赛会活动就诞生于古希腊民主追求健康的生活方式之中。古希腊人清楚的知道，健康是一切活动的前提条件，而体育运动是增强体质的最佳方式，如希腊著名哲学家柏拉图（Plato）认为"在世俗性的事物中，健康居第一位，美貌居第二位，第三位是在赛跑和其他体育锻炼中表现出来的勇气，第四位才是财富。"作为所有快乐的先决条件。柏拉图的学生亚里士多德（Aristotle）在其著作《伦理学》中也认为"健康和富有比荣誉和声望更为重要。"

最后是军事发展的要求。公元前 8 世纪至公元前 6 世纪，正是希腊的奴隶制普遍确立和繁荣时期，自此揭开了人类文明史的序幕。生产力的发展，推动了体育运动的发展进程，奴隶社会初期，即史学上所说的"荷马时代"，是"掠夺和征服的时代，是英雄时代。"不同民族的部落和城邦领导人之间，为了财富、奴隶和生存空间的扩张，城邦之间频发战争，例如雅典和斯巴达，因争夺霸权而成为世仇，多次发生战争。虽然后期城邦制确立，政治趋于稳定，但频繁的战火仍然弥漫在古代希腊世界。在没有现代精良武器的时代，士兵强有力的身体才是获胜的关键，因此无论在哪一个城邦，民众的体育教育都是重中之重，竞技比赛也因此成为推动体育教育的有力方式。几乎所有城邦都有体育场馆的分布，在雅典的教育体系中，希腊儿童 13 岁就需要进入斗争学校，为期 3 年，主要就是进行体育训练，锻炼出强健的体魄。

古代希腊地域辽阔，除了现在希腊所在的巴尔干半岛南部以外，还包括地中海沿岸小亚细亚半岛的西部即伊奥尼亚地区、意大利南部及爱琴海中的各岛屿和克里特岛等。而岛国的资源是渔商而不是农业，岛国文化的环境，决定了要靠竞争才能生存，从而孕育了一种"竞争文化"，进而对西方文明的发展构成影响。

历史上人们通常把希腊文明看作是大约在公元前9世纪左右兴起的文明形态，史称"希腊古典文化"。古代希腊虽然统称为希腊，但却不是一个统一的国家，而是由许多地域较小、相互独立的城邦（polis）所组成的，它们在政治、经济和文化等方面的发展并不是均衡的。以希腊文化繁荣时期的中心——雅典为例，经过梭伦、克利新提尼和伯里克利等人的政治改革，雅典逐渐形成了比较完善的城邦民主制度，城邦的每个自由人都是公民，公共事务由他们选举出来的执政官主持，由全体公民组成的公民大会以直接民主表决的方式决定城邦的重大事务。这种相对而言比较民主的社会制度使它的公民具有强烈的独立自主性，这就为思想自由创造了良好的条件，从而为文化的生长提供了丰腴的土壤。另外，古代希腊社会实行家庭奴隶制，奴隶承担了全部体力劳动，使得奴隶主们有了闲暇，有了专门从事科学研究、学术思考、文艺创作等精神劳动的必要时间和精力。实际上，西文中的"school"（学校）一词，即导源于古希腊语的"闲暇"（skhole）。正如恩格斯在《反杜林论》中所说："只有奴隶制才使农业和工业之间的更大规模的分工成为可能，从而使古代世界的强荣，使希腊文化成为可能。没有奴隶制，就没有希腊国家，就没有希腊的艺术和科学"。当时，在一些实行民主政治的城邦内，由于没有高高在上的国王，也没有作威作福的大贵族和神庙祭司等特权阶级，因而古希腊的艺术体育活动大多是反映城邦的民主政治和公民的生活以及他们的传统观念、政治理想和生活习俗的。这是古希腊体育运动走向现实主义的一个基本的政治条件；同时，希腊平等的城邦思想为古希腊体育的平等竞争提供了强有力的精神支持。

古希腊人军事和体能训练中，十分强调拳击、角力、掷标抢等项目。在古希腊人看来，体育运动竞技中的胜利正好是战争中实力较量的胜利的预兆和缩影。因此，要获取竞技赛台上的胜利，正是古希腊人要获取战争中的胜利的心情的另一种表达方式。这就是所谓的"最高荣誉"，莫过于用身手赢来胜战。公元前6世纪，在希腊各地又创办了许多竞技会，其中影响较大的有皮根翁、伊斯玛历和尼米亚3个具有全民族意义的竞技赛会，它们都集中在古希腊的四大宗教祭祀中心，因而更为隆重和热烈。

古希腊人的这种总结"规律"的"逻各斯"思维方式，在很大程度上影响了古希腊的体育文化，他们在训练方面，制定了一些合理的训练方法和手段，并有专门的教练员。就教练员来讲，不仅有较高的专项或多项运动的技能，擅长竞技比赛，就是在文化知识、道德修养、医疗保健、营养卫生、训练方法以及运动心理学等万面也都相当精通，因而深受人们的崇敬和信赖。柏拉图曾经说过"一个成功的教练，必须对人体以及运动对人体的影响具有相当的知识。他应具有判断人的能力——能够向一个受训的人说明练习哪种运动对他最好，而且，为了使他能成功，必须采用何种训练方式。"

在这种"严守法律规定"的影响之下，古希腊的体育也必须适应这种规章制度。最具有代表性的是当时的"神圣休战"，为了确保祭祀盛会安全顺利地进行，各城邦的统治阶级经过协商后一致决定：无论战争进行得多么激烈，在祭祀盛会举行的前夕，交战双方都必须临时议和并且立即中止一切战争，以实现"神圣休战"。凡是违背"神圣休战"原则的人或城邦就是违背神的旨意，就要受到神灵的宣判和联合城邦最严厉的制裁。

另外，当时对参加的运动员及比赛规则都有严格的规定。

当时规定：凡是参加奥运会的人，必须是属于"伊利斯和其他地方来的一切希腊人（即具有希腊血统的自由公民）才可以参加比赛"。另外，当时审查运动员的"国籍"也是极为严格的，就连一些达官显贵乃至国土君主也不能例外；比如当时的马其顿国王亚历山大，必须证明自己的"希腊血统"才被允许参加比赛。古代奥运会的规则条文最后还规定：女子不能参加和观看比赛。否则，触犯神条的女子将被从山顶推入万丈深渊，处以死刑。由此不难看出，古希腊体育制度的严格性和执行力度。

通过上述分析，我们不难看出，古希腊体育文化来源于古希腊的"强力"与"法制"，"理性"与"神"两个核心思维价值肯定形式之间的相互渗透与相互融合，而这种近乎完美的结合方式，在当时的时代背景下，使古希腊的体育文化得到了很大的发展，同时为今后体育文化的发展方向埋下伏笔。

二、希腊传统体育项目

（一）马拉松

1. 简介与起源

马拉松赛是一项长跑比赛项目，其距离为 42.195 公里（也有说法为 42.193 公里，但比赛都是用 42.195 公里）。这个比赛项目的起源要从公元前 490 年 9 月 12 日发生的一场战役讲起。

这场战役是波斯人和雅典人在离雅典不远的马拉松海边发生的，史称希波战争，雅典人最终获得了反侵略的胜利。为了让故乡人民尽快知道胜利的喜讯，统帅米勒狄派一个叫菲迪皮茨的士兵回去报信。

菲迪皮茨是个有名的"飞毛腿"，为了让故乡人早知道好消息，他一个劲地快跑，当他跑到雅典时，已上气不接下气，激动地喊道"欢……乐吧，雅典人，我们……胜利了"说完，就倒在地上死了。

为了纪念这一事件，在 1896 年举行的现代第一届奥林匹克运动会上，设立了马拉松赛跑这个项目，把当年菲迪皮茨送信跑的里程——42.193 公里作为赛跑的距离。马拉松原为希腊的一个地名。在雅典东北 30 公里。其名源出腓尼基语 marathus，意即"多茴香的"，因古代此地生长众多茴香树而得名。体育运动中的马拉松赛跑就得名于此。

马拉松（Marathon）长跑是国际上非常普及的长跑比赛项目，全程距离 26 英里 385 码，折合为 42.195 公里（也有说法为 42.193 公里）。分全程马拉松（Full Marathon）、半程马拉松（Half Marathon）和四分马拉松（Quarter Marathon）三种。以全程马拉松比赛最为普及，一般提及马拉松，即指全程马拉松。

1896 年举行首届奥运会时，顾拜旦采纳了历史学家布莱尔（Michel Breal）以这一史事设立一个比赛项目的建议，并定名为"马拉松"。比赛沿用当年菲迪皮茨所跑的路线，距离约为 40 公里 200 米。此后十几年，马拉松跑的距离一直保持在 40 公里左右。1908 年第 4 届奥运会在伦敦举行时，为方便英国王室人员观看马拉松赛，特意将起点设在温莎宫的阳台下，终点设在奥林匹克运动场内，起点到终点的距离经丈量为 26 英里 385 码，折合成 42.195 公里。国际田联后来将该距离确定为马拉松跑的标准距离。女子马拉松开展较晚，1984 年第 23 届奥运会才被正式列入比赛项目。

1896 年首届奥运会后，马拉松赛在世界各地广泛举行，美国从 1897 年起举行波士顿马拉松赛，至 2000 年已举办了 104 届，成为世界上历史最悠久的马拉松赛。

2. 马拉松比赛规则

原本马拉松比赛没有设世界纪录，只有世界最好成绩。但国际田联（IAAF）为了刺激公路比赛的发展，决定从 2004 年 1 月 1 日开始，设立马拉松、竞走等公路比赛的世界纪录。

42.195 公里的距离对于人类来说，是一次对体能极限的挑战。赛前需要身体健康，在比赛中，运动员虽然会从路边的小桌子或者是路边站立的人手中接过来一些水。而这饮用水却不是谁都可以随便递的。

在马拉松赛中，比赛的起点和终点都提供水和其他饮料，而在比赛路线上，每隔 2.5 公里有一个饮料站。水和饮料放在运动员经过时容易拿到的地方，运动员也可自备饮用水，并且可以在他们要求的地方设置饮料站。饮用水和湿海绵提供站设置在两个饮料站之间。在那里，长跑运动员和竞走运动员经过时可以取到饮用水，还可以从海绵中挤水冲洗头部，起到冷却作用。除此之外，运动员不能从比赛线路上其他地方获得饮料。

可以说，"水"是马拉松比赛中规定最为严格的部分。此外，运动员只要在裁判的监督下沿正确的路线比赛即可，如有特殊原因，还可在裁判员的监督下离开赛跑路线，但如果不在监督下离开就会失掉比赛资格。

3. 著名国际赛事

（1）波士顿马拉松（规模超 1 万人）

波士顿马拉松开始于 1897 年 4 月 19 日，是全球首个城市马拉松比赛，当时只有 15 位跑者参加。从创办至今，波士顿马拉松每年一次，从没间断过，通常在 4 月中旬进行。在 1986 年以前，波士顿马拉松一直沿用古希腊的方式，对优胜者的奖励只有头戴橄榄叶编成的花冠，颁发奖杯，但没有奖金。

波士顿马拉松沿袭了其古老的传统，优美的原野、点对点的快速赛道、空前的现场观众，一切都体现着这个古老马拉松的魅力。但遗憾的是，很多选手都无缘体验波士顿马拉松，因为她对参赛资格有着严格的限制。但这并没有阻止人们前去尝试，正是由于有了这种排他性，才更增加了波士顿马拉松的吸引力，世界尖子运动员都以在这个赛事中夺冠为荣。

波士顿的道路起伏很大，所以男子没出过世界最好成绩，女子马拉松于20世纪70至80年代（在女子马拉松赛事还不多的情况下）产生过3次世界最好成绩。

2001年4月16日第105届，1996年奥运会亚军韩国的李凤柱冲破两名肯尼亚选手的围堵和奥运会冠军博拉的追赶，夺得冠军（2∶09∶43），他中断了肯尼亚人10年的垄断而举世轰动。李凤柱回到汉城时，受到英雄凯旋般的欢迎。

路线：比赛从波士顿正西方的Hopkinton出发，穿过7个小镇，最后在位于波士顿市中心的Copley广场结束。整个路线的起伏较大，特别是在开始阶段。

（2）纽约马拉松（规模超3万人）

如果说有哪个马拉松赛可以毫不犹豫地宣称自己是世界上最受欢迎的，那一定是纽约马拉松。纽约马拉松的声誉仅次于波士顿，创办于1970年，每年11月初举行，参赛者最多超过10万，声势浩大，通过纽约大吊桥时连桥身都震动，场面非常壮观。没有哪一个马拉松可以像纽约马拉松那样吸引如此众多的来自世界各地的跑手，这个城市独特的魅力、比赛壮观的氛围以及塞满赛道两旁的令人不可思议的观众使得越来越多的人加入到这个赛事中。如果你希望感受到城市马拉松的活力和激情，一定不能错过纽约马拉松。

20世纪80年代，挪威长跑女将韦茨共9次在纽约夺冠，是马拉松历史上夺冠次数最多的人。1981年，美国名将萨拉萨尔在这里创造了2小时8分13秒的世界最好成绩，他在1980至1982年获得3连冠，罗杰斯在1976至1979年共获得4连冠。1994年，肯尼亚女选手洛鲁佩首次在纽约跑马拉松，她那时21岁，身高1.50米，体重38公斤，看上去还像未成年的孩子，但却以2小时27分钟37秒一举夺魁。此后，洛鲁佩便成为肯尼亚最杰出的长跑女将。

20世纪90年代后，纽约马拉松除冠军奖金外还另加一部奔驰车，非常有吸引力。

路线：起点设在通向 Staten 岛的 Verrazano-Narrows 桥上，穿过纽约的五个城区后，抵达中央公园结束。此路线绝对是一次纽约节日文化之旅。

（3）柏林马拉松（规模：超过 2 万人）

每年 9 月下旬举行的柏林马拉松跻身于世界级马拉松之林，很大程度上要感谢它破世界纪录的赛道以及具有超高效率的赛事组委会。但柏林马拉松带给大家绝不仅仅是这些。柏林马拉松吸引了大量的观众，热闹而喧哗，比赛路线可以让你来一次 20 世界历史回顾之旅。你会跑过雄伟壮丽的历史建筑，前东柏林严肃整齐的大厦，以及西柏林现代、高科技、充满商业色彩的楼宇。虽然最近几年柏林马拉松的主题是世界纪录，但柏林马拉松最引以为豪的——它是真正的群众性马拉松。

1977 年，在女子马拉松还没有普及时，前东德女运动员瓦伦西克在这里跑出了 2 小时 34 分 47 秒的世界最好成绩。到 1998、1999 年，柏林在马拉松历史上大放异彩，28 岁的巴西人达·科斯塔在 1998 年刷新了登西莫保持 10 年之久的世界最好成绩（2：06：50），他是第 2 个跑进 2 小时 7 分钟以内的人。1999 年，洛鲁佩把她本人在鹿特丹创造的女子世界最好成绩缩短了 4 秒钟，使柏林的地位陡增。21 世纪的第 1 年，柏林再次跃进历史，日本运动员高桥尚子把女子世界最好成绩改写为 2 小时 19 分 46 秒，第 1 个突破 2 小时 20 分钟大关。

2003 年柏林马拉松组委会决定做一些改革，除像新年一样释放烟花外，参赛选手将穿过原来连接东、西柏林的勃兰登堡门，然后再往前跑 300 米冲过终点。同时将允许 35 000 人参加比赛。

路线除了两个大约 17 和 21 英里长的坡道外，柏林马拉松的路线总的说来非常平坦、宽敞并且相对笔直，特别是比赛刚开始的 2 英里和接近终点冲刺的部分。沿路将有很多可以吸引你眼球的东西，除非你完全专注于冲击世界纪录了。

（4）伦敦马拉松（规模：超过 3 万人）

伦敦马拉松诞生于 1981 年，当时是受纽约马拉松的启发而生成的。伦敦马拉松每年 4 月下旬举行，绝对是每一个跑手的节日，宽阔的场地、景色优美的路线、热情的观众、排山倒海般的欢呼声，再加上快速的路线和几乎完美无瑕的组织工作，这一切无疑深深吸引着那些马拉松资深跑手。

伦敦马拉松曾经是历史上产生男女世界最好成绩最多的城市，但那是在早期。20 世纪 80 年代后期，受到几个高奖金美国赛事的挑战，伦敦马拉松组织者急中生智，在比赛中增加了化妆队伍，使比赛别开生面，还常有新娘身穿婚纱和穿西服领带的新郎携手跑完 42 公里 193 米的距离。

20 世纪 80 年代初，伦敦产生过 3 次女子世界最好成绩，最后一次是挪威女将克里斯蒂安森 1985 年第 1 个突破 2 小时 22 分钟大关，创造了 2 小时 21 分 6 秒的世界成绩。2001 年最引人瞩目的是世锦赛和奥运会 10000 米亚军、5 次世界越野赛冠军特加特首次在这里跑马拉松，虽然没能夺冠，但他以 2 小时 8 分 15 秒夺得亚军，仍显出很强的实力。男子组第 10 名的成绩是 2 小时 12 分 2 秒，各名次之间的差距只有几秒，表明比赛的水平较高，竞争很激烈。就在刚结束的 2003 伦敦马拉松赛上，英国本土选手、世界女子马拉松最好成绩保持者拉德克里夫再次实现自我突破，以 2：15：25 的成绩谱写下最新的女子最好成绩。

路线从位于伦敦西南的布莱克希思格林尼治公园出发，经过国会大厦和白金汉宫，抵达靠近圣琼斯公园的终点，沿途可以欣赏到伦敦许多著名的历史名胜。虽然路线曲折、迂回，甚至某些地方可以说狭窄，但没有山坡。

（5）火奴鲁鲁马拉松赛（规模超 2.5 万人）

大多数跑步爱好者完全不必在每年的 12 月份给自己找个理由去火奴鲁鲁，当北半球的大部分地区都被包裹在厚厚的棉衣和沉重的黑暗中时，因为火奴鲁鲁马拉松就是很好的一个理由。火奴鲁鲁马拉松开始于 1973 年，当年只有 167 人参加，男女冠军都来自夏威夷。火奴鲁鲁马拉松赛事场面盛大，气氛非常好，这在很大程度上得益于远道而来的日本跑手，他们是火奴鲁鲁马拉松的主力军。火奴鲁鲁马拉松清晨 5 点就在黑暗中开始比赛，早得令人痛苦，但这样可以保证在凉爽的气温下进行比赛。而一旦太阳升起，你就可以享受到太平洋上童话般迷人的风景。

2002 年有 30 428 人参加了火奴鲁鲁马拉松，这使其在参加人数上排名世界第四。

路线：火奴鲁鲁马拉松近似环形的路线从 Ala Moana 海滨公园开始，到 Kapiolani 公园结束。在这条路线上，你会经过火奴鲁鲁最著名的景点，包括怀基基海滩、钻石头等。除了两个爬坡路段，整个赛道都很平坦。

（6）巴黎马拉松赛（规模超过 2 万人）

春天的巴黎树木萌芽、鲜花缤纷，是全世界最适合步行的城市。每年在这个季节举办的巴黎马拉松无疑吸引了众多的长跑爱好者。赛事当天巴黎周边道路将实施交通管制，降低车流量，巴黎市政府也鼓励市民尽量采用公共交通、自行车、步行等，可谓做足"环保巴黎"。而随着组织工作的提高，巴黎马拉松逐渐吸引着世界顶级跑手的加盟。虽然巴黎在现场观众人数上仍然有限制，但无论如何也阻止不了巴黎马拉松成为世界最伟大的城市马拉松之一。

2003 年巴黎马拉松的男子组桂冠被肯尼亚选手罗蒂奇以 2 小时 6 分 32 秒的成绩获得，并打破了这项赛事的最好成绩。卫冕冠军、法国选手兹维尔齐斯基在 2002 年的比赛中，创造了巴黎马拉松赛的最好成绩 2 小时 8 分 18 秒，他在本年度比赛中以 2 小时 6 分 36 秒的微小差距与冠军擦肩而过，屈居亚军。另一名来自肯尼亚的选手欧萨尔以 10 秒之差名列第三。巴黎马拉松赛吸引了 3 万多名长跑选手参加。女子组比赛的冠军同样被肯尼亚选手摘取，欧万扎以 2 小时 27 分 41 秒的成绩击败意大利选手孔莱索名列第一，坦桑尼亚选手马莎尼获得季军。

鸣枪起跑点是香榭丽舍大道旁的 Rue Galilee，东西向的慢跑路线将横穿整个巴黎。沿途你会经过协和广场、卢浮宫、艾菲尔铁塔等诸多耳熟能详的名胜。

进行马拉松是现代人们一种很好的释放压力的方式，这样不但能够让身体得到合理的锻炼，还能够将心理的压力得到释放。所以，马拉松是保护和调节心理健康的一种方式。

马拉松的魅力之一，是比赛场地的开放性。其他体育项目，只要是可以用来比赛的，要么是似曾相识的一块地，要么是司空见惯的一个圈，而马拉松赛的场地多从城市道路选取，对参赛者来说，每跑一步、每过一公里都是不同的风景。

马拉松的魅力之二，是对参赛者的包容。其他体育项目，只有同等选手才能同场竞技，业余爱好者几乎不可能与专业运动员 PK，而马拉松赛不同，无论专业运动员还是业余爱好者，大家都可以挤在一起比赛。

(二) 古典式摔跤

古典式摔跤出现于公元前 2 世纪末，是一种摔跤。现代摔跤运动起源于希腊，古希腊人非常崇尚摔跤运动。相传，神话中的英雄捷谢伊——雅典民主奠基人，从雅典女神那里学来了摔跤规则，从而发展了摔跤运动。

摔跤被公认为是世界上最早的竞技体育运动，希腊、埃及、中国以及日本等国家的古代文明中都有摔跤的文字记载。古代奥运会在公元前 776 年诞生之时，摔跤就是其中的一项比赛，而且一直是历届奥运会的比赛项目。

现代摔跤运动起源于希腊，古希腊人非常崇尚摔跤运动。相传，神话中的英雄捷谢伊--雅典民主奠基人，从雅典女神那里学来了摔跤规则，从而发展了摔跤运动。当时有人这样说："摔跤是最完善、最全面、最协调的一项运动，它是全部体育运动的结晶。"当时希腊有许多著名的哲学家、诗人和军事将领都是摔跤手，如古希腊著名的唯心主义哲学家柏拉图，就是当时的摔跤名将。公元前2世纪末，罗马帝国出兵侵略希腊。占领者在征服希腊之后，将自己国家原有的摔跤和希腊式摔跤相结合，并在此基础上发展与创新，产生了希腊罗马式摔跤。因为希腊罗马式摔跤出现于希腊奴隶制繁荣阶段，该时期在历史上被称为希腊古典时期，所以，这种摔跤最初被称为古典式摔跤。这项运动在希腊的不断发展和在欧洲其他国家的推广，对古典式摔跤的形成起到了积极的作用。

18世纪90年代，法国一些喜爱这项运动的人自动组织职业班子，到许多地方巡回表演。后来逐步演变成为一种比赛，使古典式摔跤逐渐发展起来。

1896年在希腊雅典举行首届现代奥运会，就把摔跤列为了正式比赛项目。如今的古典式摔跤可以说是古希腊和古罗马的摔跤运动的再现。

在8年之后的美国圣路易斯奥运会上，设立了规则更为自由的，也就是人们通常所说的"随便摔"的自由式摔跤项目。自由式摔跤在19世纪的英国和美国非常流行，经常是集会和节日等热闹场所的娱乐项目。

俄罗斯是古典式摔跤强国，在这项比赛中，运动员只许用手臂和上身攻击或搂抱对方身体的上半部分；很多国家在自由式摔跤项目上都有优势，上届亚特兰大奥运会该项目有17个国家的选手获得奖牌，在自由式摔跤比赛中，运动员可以用腿攻击对手，攻击目标可以是对方腰以上或以下的部分。

赛制2000年悉尼奥运会的摔跤比赛形式由以前的双淘汰制改为小组赛。20名参赛选手分成6个小组，有四名选手的两个小组第一名直接进入半决赛，有三名选手的四个小组第一进行四分之一决赛；半决赛获胜者争夺冠军，半决赛失利者争夺铜牌。

观看古典式摔跤时对观众要求必须保持观赛礼仪。看摔跤比赛时，首先要了解规则，可以通过裁判的手势尽快投入观看比赛。服装仪容要整洁，不能光膀子。带进场馆的食品包装、纸壳等，需放到指定的垃圾箱，或看完比赛后打包带出场馆，妥善处理。摔跤比赛都在室内进行，所以场馆内不允许吸烟；手机要关机或设置在振动、静音状态。在介绍运动员的时候，观众应该给予掌声鼓励。在升比赛双方的国旗、奏其国歌时，应该庄严肃静，全体起立。

（三）铁饼

1. 项目简介与发展

铁饼是在投掷圈内通过旋转，用单手将铁饼掷出，比投掷距离的比赛项目。

铁饼运动有着悠久的历史。远在古奥运会前，投掷圆石片在民间已经广为流传。在古代奥运会，铁饼成为正式的比赛项目，但当时比赛用的器材是扁圆的石块，重量和大小没有统一标准。1896 年，雅典奥运会将男子铁饼列为比赛项目。1912年，国际业余田径联合会统一了铁饼的重量和规格。1928 年，阿姆斯特丹奥运会将女子铁饼列为比赛项目。20 世纪初，现代铁饼运动传入中国。

铁饼运动的最高组织机构是国际田径联合会，该联合会于1912 年成立，总部设在摩纳哥，宗旨是开展世界田径运动等。男、女铁饼分别于 1896 年和 1928 年被列为奥运会比赛项目。

铁饼起源于公元前 12 至前 8 世纪古希腊人投掷石片的活动。

古代希腊在公元前十二世纪至公元前八世纪，已有投掷石片的体育活动，这可能是掷铁饼运动的最早渊源。掷铁饼运动是在在公元前 708 年第十八届古代奥运会上，被正式列为竞赛项目的，它同时也是"五项全能运动"项目之一。最初的铁饼是一个圆盘形石头，后来逐渐演变为用青铜、铁等金属制成的运动器械。

为了表现运动员在奥林匹克竞技场上的精湛表演，公元前五世纪古希腊著名雕塑家米伦，创作了一座健美刚毅的"掷铁饼者"雕像，它的复制品至今还耸立在许多国家的文化广场、公园或体育场馆。

在古代奥林匹克运动会的掷铁饼比赛中，所用的铁饼最初是用石头制成的，它的形状是略成圆形，且中心厚度较周边大，后来才逐步演变成用各种金属（如铁、铜、铝等类）制作的铁饼。考古挖掘的史料证明，那时铁饼的直径大部分为15至23厘米，重量为1.36至4.08千克，另外也有直径28厘米，重量达6.8千克重的，那是为了在训练或竞赛中分别给少年及成年运动员使用的。当时在铁饼的表面，一般都刻有记载事物的文字，有的还饰有某种造型以及竞技者的画像等。

当初，竞技场上常出现伤害事故。这是因为围观比赛的人常随便进入投掷区域所造成的。据说在公元前696年的第二十一届古奥运会上，有个优秀的斯巴达城邦的运动员就死于飞来的铁饼之下。以后，仲裁委员会便做出规定，任何人都不准在比赛时无故进入投掷的区域。

随着时间的推移，铁饼的比赛规则不断改变和完善。原来没有规定投掷方向，铁饼随意飞向各方，常常伤人。后来规定了投掷区，铁饼落在90°的扇形区内方为有效。17世纪开始，人们将铁饼改为铁木结构，并规定了标准：质量为1.924千克，直径为21.9厘米。一直到18世纪初，铁饼的形状结构、直径以及质量都只有微小的变化。

1896年，雅典奥运会将铁饼列入正式比赛项目。当时铁饼重量为1.932千克，美国运动员加列特模仿希腊人的所谓"希腊式"掷铁饼动作，以29.15米的成绩获得冠军。

1900年，在巴黎奥运会上，捷克运动员采用了旋转掷铁饼技术，这被称为"自由式"技术。

1908年，伦敦奥运会规定要分别采用"希腊式"和"自由式"两种投法进行比赛。美国运动员谢里登获两种掷法的冠军，"希腊式"的成绩是 37.99 米，自由式的成绩是 40.89 米，这显示了"自由式"的优越性。从此，"希腊式"掷法被淘汰。

1912 年，国际业余田径联合会确定了铁饼质量为 2 千克，投掷圈的直径为 2.50 米。同年 5 月，美国运动员詹·邓肯创造了第一个男子铁饼世界纪录，成绩是 47.58 米。

1928 年，阿姆斯特丹奥运会将女子铁饼列为比赛项目，波兰选手科诺帕茨卡获得冠军，成绩是 39.62 米。

1936 年，德国运动员吉·毛厄尔迈尔创造了 48.31 米的世界纪录，这也是国际田径联合会承认的第一个女子铁饼世界纪录。

1948 年，在伦敦奥运会上，意大利的阿·康索里尼首次采用背向旋转掷铁饼技术，以 52.18 米的成绩荣登榜首，此后他 3 次刷新世界纪录，最好成绩是同年 10 月创造的 55.33 米。从此以后，背向旋转掷铁饼技术在世界范围得到推广。

1961 年 8 月，美国运动员杰·西尔维斯特创造了 60.56 米的世界纪录。他的技术特点是加大了旋转动作的幅度，起转时两脚开立距离稍宽于肩，背向旋转，动作舒展大方、幅度大、连贯加速，奠定了现代掷铁饼技术的基础。后来发展为"大半径"背向旋转掷铁饼技术。

2003 年 1 月 1 日起，铁饼项目落地区标志线的内沿延长线的夹角由原来的 40°改为 34.92°。

2. 比赛规则

比赛参与者总数超过 8 名将先进行初赛，初赛与决赛相同，每位运动员有 3 次试投机会，在初赛完成后，前 8 名的选手可以进入到决赛当中，如有成绩相同者可同步进入。决赛出场的次序取初赛成绩排名的反次序，即成绩排居末位先投，排居前位后投。如果参赛人数最初即为 8 人以内，则可以每人试投 6 次，取最好成绩作为最后成绩。

铁饼投出后的落点必须位于扇区以内，铁饼落地触碰到扇区边线者视为无效成绩。运动员在投掷后，必须从场地的后半圆离开，如果从前方离开，或者在投掷过程中身体对投掷圈界限外的地面或事物发生了接触，都被视为犯规。成绩的量度上，通常取铁饼落地后的第一接触点到投掷区之间的距离，但测量范围不包括投掷区边线以内的地方。以达成距离最远的选手作为冠军，如果有选手成绩相等，则对比其第二好的成绩，再相等则对比第三好的成绩，以此类推。如果成绩始终相同，就要进行加赛来确定最终的优胜者。

铁饼比赛中，运动员应以单手投掷。进入投掷区开始投掷后，选手身体的任何一部分不得触及区外的地面、护笼和抵趾板的上面。投掷动作完成后，必须从投掷区半圆延长线的后面走出。每次试投的时间限制为 1 分钟；掷出的铁饼必须落在34.92 度的扇形投掷区内方为有效。

（三）田径

田径运动（Athletics）是指由走、跑、跳跃、投掷等运动项目及其由部分项目组成的全能运动项目的总称。

田径运动历史悠久，起源于人类的基本生存与生活活动，最早的田径比赛是在公元前 776 年的古希腊奥林匹亚村举行，从那时起，田径运动成为正式的比赛项目之一。到 648 年，奥运会又增加了跳跃、投标枪、掷铁饼等比赛项目。1894 年，在法国巴黎成立了现代奥运会组织，1896 年在希腊雅典举行了第 1 届现代奥林匹克运动会，走、跑、跳跃、投掷等 12 个项目被列为大会的主要项目。第 1 届奥运会的成功举办标志着现代田径运动体系的建立。

远在上古时代，人们为了获得生存资源，在和大自然及禽兽的斗争中，不得不奔跑相当的距离，跳过各种障碍，投掷石块和使用各种捕猎工具。在劳动中不断的重复这些动作，便形成了走、跑、跳跃和投掷的各种技能。随着社会的发展。人们有意识地把走、跑、跳跃、投掷作为练习和比赛形式。

公元前 3500 年，古埃及壁画描绘田径运动场景。田径比赛起源于古希腊的古代奥运会，最早的田径比赛，是公元前 776 年在希腊奥林匹克村举行的第一届古代奥运会上进行的，项目只有一个——短距离赛跑，跑道为一条直道，长 192.27 米。到公元前 708 年的第 10 届奥运会上，才正式列入了跳远、铁饼、标枪等田赛项目。当时只准男子参加，女子连观看也不行，违者处以死刑。从那时起，田径运动就作为正式比赛项目之一。公元前 490 年，传说希腊士兵菲利皮迪斯从马拉松城一直跑到雅典城，全程跨度约为 40 公里，为的是报告希腊军队打败了波斯军队的喜讯。当跑到雅典时，菲利皮迪斯精疲力竭而死。为了纪念他，后人就创立了马拉松跑比赛。

1894 年，在法国巴黎成立了现代奥运会组织。1896 年在希腊举行了第一届现代奥运会，在这届奥运会上田径的走、跑、跳跃、投掷等项目，被列为大会的主要竞技项目。

1928 年，在荷兰阿姆斯特丹举行的第九届奥运会上，首次增加了女子田径比赛，当时参加比赛的女子田径运动员有 95 名。

1964 年，全自动电子计时的最小计算单位达到了 0.1 秒。

1968 年，美国人吉姆·海因斯成为历史上首位 100 米跑进 10 秒大关的运动员。迪克·福斯贝里革命性的创造了跳高的全新姿势"福斯贝里跳"（背越式跳高）。同时国际大赛首次使用了合成塑胶田径跑道。

1983 年，第一届世界田径锦标赛在芬兰首都赫尔辛基举行。

1988 年，汉城奥运会上，加拿大短跑名将本·约翰逊在男子 100 米决赛中取得第一名，但是他却没有通过赛后的兴奋剂检测。

四年一届的奥运会是促使田径运动成绩不断提高和改进训练方法的动力。许多优秀的田径运动员经过刻苦训练、他们的先进技术和训练方法通过奥运会又推广于世界各地。如：第二届和奥运会推广了跨栏跑和剪式跳高技术。采用大运动量训练的捷克选手拉脱培克，在第十五届奥运会上取得 5 000、10 000 米和马拉松 3 项冠军后，变速跑的方法立即推广于世界各地。1960 年第十七届罗马奥运会上采用马拉松式训练法的新西兰运动员斯奈尔、马吉等在 800 米、5 000 米、10 000 米上取得好成绩后，新西兰的马拉松训练法又得以推广。在 1968 年的墨西哥奥运会上，美国运动员理查德·福斯贝里采用背跃式跳高取得冠军后，世界各地仅 2~3 年时间里便取代了俯跳卧式跳高技术。诸如此类事例在历届奥运会中不胜枚举，它对田径运动的技术和训练方法起到了推陈出新的作用，促使了全世界的田径运动的不断发展。

田径，被誉为体育之母，主流体育项目基本上都离不开跑、跳、投、掷等运动状态。在世界影响力最大的三大球项目中，球员拥有速度、弹跳这方面的优势的体现是非常明显的。正因为田径运动的重要性，它也就成为各项大大小小综合运动会的主体项目。以奥运盛事为例，田径运动合计有 41 大单项，产出的奖牌总数占赛事产出总数的 20%左右。

三、希腊传统赛会活动

古希腊的大型竞技赛会多带有宗教性质，期望以一种竞技性的表演向神灵献祭，所以古希腊赛会旅行的目的地与古希腊的祭祀圣地密不可分。古希腊共有四大竞技赛会。

（一）奥林匹亚竞技赛会（Olympic Games）

奥林匹亚竞技赛会起源于希腊南部有一块叫奥林匹克的小草原，这里建有供奉希腊主神宙斯的神庙，当地居民在这里举行赛会祭神。这种仪式逐渐发展成为全希腊崇拜宙斯的祭礼大典。公元前 776 年起，希腊各城邦即在这里举行竞技赛会，参赛者都是希腊公民。此后，这种竞技赛会会每四年举行一次。在古希腊，奥林匹克是高于一切的大事，赛会期间是禁止打仗的，即使战事正在进行，也必须"神圣休战"（即停止战争）。据古代希腊神话传说，居住在奥林匹斯山上的天神宙斯主宰着天地万物、整个世界。为了表达对宙斯的崇敬祈求，希腊人在伯罗奔尼撒半岛西部的奥林匹亚举行盛大的祭祀。他们进献上整牛整羊作为祭品，载歌载舞，欢庆宴饮，同时还要进行短跑竞赛活动。到公元前766年时，希腊规定每隔4年在奥林匹亚举行一次竞技大会，也就是运动会。这就是最初的奥林匹克运动会。

古代的奥林匹克运动会一共举行了290多届。到公元394年，侵入希腊的罗马皇帝狄奥多西下令禁止举行比赛，历时1 170年。奥林匹克运动会从此中断了1 500多年。后来，经过法国人顾拜旦的倡议和努力，公元1896年，奥运会又在雅典恢复了，仍然是4年举办一次，分别在不同的国家举行，而且参加者也不再限定为希腊人。如今，奥运会已经成为全世界瞩目的体育盛会，比赛项目不断扩容，参赛国家也越来越多。每隔4年，来自世界各国的运动员们会集在田径场上，向着"更高、更快、更强、更团结"的目标竞争拼搏，传递着人类大家庭的和平和友谊，奥运会也成为了人类和平友谊的盛会。

（二）皮提亚竞技赛会（The Pythian Games）

皮提亚竞技赛会是仅次于古代奥林匹亚赛会的第二大竞技赛会，创立于公元前582年，其赛会举办地位于希腊中部弗西斯地区的德尔菲（Delphi）圣地，因此也称作"德尔菲竞技赛会"。古传，德尔菲圣地是古代希腊最为历史悠久、最具神圣的影响力的宗教中心之一，皮提亚竞技赛会起源于祭祀太阳神阿波罗（Apollo）射杀了名为皮托（Pytho）的蛇妖，而创办的具有赎罪性质的体育竞技赛会。蛇妖是地母盖亚（Gaia）派来守护神谕的，但阿波罗希望能够自己用神谕来指引民众，所以射杀了皮托，并犯下了杀戮之罪，为涤除这一罪行，阿波罗选择自我流放德尔菲8年来为其赎罪，皮提亚赛会就是为了纪念阿波罗而举办的。

德尔菲圣地以阿波罗圣域为中心，其他的神庙和祭坛围绕。体育场所在外围，由于阿波罗是音乐艺术之神，因此皮提亚赛会极为重视音乐比赛。皮提亚竞技赛会的赛程主要分为"裸体竞技"和"马赛"，分为成人组和少年组来进行比赛，部分项目设置青年组，与奥林匹亚赛会的比赛设置如出一辙。"裸体竞技"包括赛跑、重型对抗项目和五项全能。赛跑比赛项目包括单程、双程、长距离赛跑和重负荷赛跑；对抗类项目包括摔跤、拳击和搏击。"马赛"方面包括驷马战车赛、双马战车赛等，后期又分为成年马和马驹比赛。皮提亚竞技赛会一般会持续 5 天之久。

（三）尼米亚竞技赛会（The Nemean Games）

尼米亚赛会创立于公元前 573 年，是四大竞技赛会中创办最晚的一个，与奥林匹亚赛会相同，它也是为了纪念"宙斯"而创办的比赛。尼米亚竞技赛会的赛制大多与古代奥林匹亚赛会的赛制相仿，其起源在古希腊人神话中有多种不同的说法：一是为了悼念吕枯尔法（Lykourgos）的孩子奥菲尔特斯（Opheltes）而创建的竞技赛会。另一种说法是为了纪念古希腊英雄赫拉克勒斯（Heracles）战胜"尼米亚的猛狮（Nemean Lion）"而创立的。

尼米亚赛会的举办地最初是在古尼米亚河的河谷地带的克列奥奈城境内，这座小城呈南北方向，周围群山环抱。公元前五世纪，开始被阿哥斯（Argos）城邦所控制，公元前一世纪举办地移至阿哥斯城，尼米亚竞技赛会的宙斯圣域类似于下文所提到的奥林匹亚的"阿尔提斯"圣域。希腊化时期，宙斯的祭坛、丝柏树圣林、会馆、旅馆、浴室、英雄祠等围绕圣域修建，东南面坐落着运动场。

（四）科林斯地峡竞技赛会（Corinth Isthmus Games）

在希腊南部的科林斯地峡举办的竞技赛会起源于公元前

582 年。科林斯地峡竞技赛会是为了纪念海神波塞冬而举行的，由于科林斯地峡位于大陆与伯罗奔尼撒半岛的连接处，因此地理位置非常优越。在地峡两侧各有一个港口，均可通过水路到达，交通的便利使科林斯地峡竞技赛会虽然不像奥林匹亚赛会一样闻名，但也同样吸引了大批旅行者前来游览。

科林斯地峡竞技赛会的比赛项目主要有"裸体竞技""马赛"等，类似于皮提亚竞技赛会，科林斯竞技赛会也举办音乐比赛。在罗马帝国统治时期，随着赛会的发展，增添了众多的文化比赛项目，除音乐比赛外，还包括诗歌、戏剧，绘画等比赛项目。各色人等齐聚科林斯，也带来了浓厚的商业气息。

上述提到的奥林匹亚赛会是古希腊四大体育竞技赛会中规模最大且历史最为悠久的，它使奥林匹亚城从一个小型的祭祀场所逐渐演变成一个泛希腊化意义的圣地，影响深远。此外，除上述四大体育赛会外，古希腊还举办了许多地方性的体育赛会，如埃皮达鲁斯竞技赛会、赫拉女子竞技赛会等。每年举办的泛雅典娜节是雅典民众生活中最盛大的活动，也是纪念护城女神雅典娜的地方宗教节日。但赫拉女子赛会仅对雅典城民开放，每四年才向其他城邦开放一次，当时的盛况在如今帕特农（Parthenon）神庙的横饰带上还可以看到。

四、奥林匹亚赛会之于古希腊

（一）城邦间的纽带：和平与交流

古希腊地形支离破碎，两百多个城邦各自为政，这种小国寡民的城邦制度在推进古希腊社会繁荣的同时也带来了战争。战火肆虐下，奥林匹亚成为了战争中的和平圣地。共同的宗教信仰和传统，使得各个城邦愿意在四年一次的奥林匹亚城握手言和，共同遵守"神圣休战"。这反映了古希腊人渴望和平的意愿和根本要求，各个城邦在竞技赛会举办期间受到城邦之间签署的休战协议的约束，虽也曾有所例外，但在大部分的时间里都缓和了城邦间的矛盾，使古奥林匹亚赛会延续不断的举办下去。

与此同时，在竞技赛会举办时，竞技场上的竞赛表演、诗歌演讲以及忽略城邦身份的沟通交流，强化了古希腊各个城邦的个人之间和群体之间的联系，为各个城邦的邦民提供了良好的社交平台，促进了不同文化的融合，成为了独立的城邦间和平的纽带，以致出现了"古代奥运会为和平自由之代表"的说法。

奥林匹亚赛会所带来的旅行活动因和平而延续，又在延续中促进了古希腊城邦间的和平交流，可见旅行活动的形成及发展与政治变革密切相关，并反作用于时代政治。这一旅行方式所带来的城邦之间的交流与正式谈判或战争等不同，能使人们加深对对方的了解，从而增进彼此的身份认同感，进而促进希腊世界的和平发展。

（二）旅行中的艺术感受：承载文化记忆

在《文化记忆》一书中，德国学者扬·阿斯曼指出，文化记忆是一个由个人记忆向社会记忆转变的过程，它通过个体与个体之间的相互交流、共享，最终形成一种被普遍认可、形式清晰、载体多样的文化记忆。不同的文化载体，如博物馆、纪念碑、文化遗址、歌曲，以及公众节日和仪式等，都承载着文化记忆。

而文化则是通过这些载体传播并代代相传，形成一个民族特有的文化。奥林匹亚赛会不仅是一次简单的竞赛活动，更是一个盛大的文化盛会，它承载着古希腊的文化记忆，大型的宗教祭典传达着古希腊人民的多神信仰，通过旅行，将奥林匹亚赛会中凝聚的精神底蕴及价值观传递到希腊世界，诸如公平公正，追求奋进，追求人体健美等价值观念得到了各城邦人民的认可，增强了希腊文化的向心力。同时也让奥林匹亚赛会旅行在历史长河中经常与希腊的荣耀以及泛希腊主义的精神联系在一起。

此外，由于赛会规模庞大，有许多诗人、哲学家前往奥林匹亚的圣地，参加这一泛希腊盛会，奥林匹亚也因此成为了诗歌和戏剧的诞生地，品达在奥林匹亚留下的颂歌千年流传，无数的绘画和雕塑成了无价之宝，宙斯的辉煌雕像被列为古希腊七大奇迹之一。以哲学、绘画、文学、建筑等为代表的奥林匹亚文化传播到整个希腊地区，使奥林匹亚成为了古代希腊世界中一颗璀璨的明珠。

（三）经济的催化剂：主办地的繁荣

现代旅游业的经济功能是显而易见的，旅游能给旅游地带来巨大的经济效益。尽管古奥林匹亚赛会的旅行活动与以获取经济收入为目的的现代旅游业有着本质上的区别，但已经具备了现代初级旅游业的雏形。除奥林匹亚圣地外，这一竞技赛会所带来的旅行活动也促进了伊利斯城邦的发展，前来参赛的运动员和部分远道而来的观赛者会首先来到这里进行训练或休整。在比赛之前，旅行者的大量涌入为城邦带来了商业活动的繁荣和住宿餐饮的需求。从伊利斯到奥林匹亚的道路的修建就体现了这一点。随着奥林匹亚赛会旅行的发展，每当奥林匹亚赛会举办之时，伊利斯都会成为重要的交通枢纽，转送前往奥林匹亚的旅行者。

奥林匹亚城在最初仅仅是一个寥寥数人居住的祭祀圣所，基础设施落后，道路交通闭塞，商业手工业均不发达。奥林匹亚赛会使大批旅行者涌入奥林匹亚城，促进了奥林匹亚的基础设施的不断完备，带来了交通、住宿、餐饮一系列基础设施的修建，还出现了早期的商业活动，小商小贩们兜售食品，为旅行者提供服务，古希腊各地的商人也在奥林匹亚集聚，销售商品给前来参赛和观赛的人，展销各类手工艺品和雕塑艺术品，如精美的宝石、金子饰品及其他金属工艺品、木刻和象牙雕等装饰物品，以及克里特的金工和陶器、花瓶等，通过售卖物品来赚取经济收入，这也可以视为现代旅游纪念品的初级形态。

奥林匹亚赛会累计持续5天，加上往返的路程，近距离的旅行者大约也需要半个月左右的时间。尽管在古代奥林匹亚旅行活动发展尚未达到现代的水平，但可以大胆地推断，奥林匹亚赛会的举办时间较长，参赛选手和观赛的观众以及其他旅行者需要在比赛场地或伊利斯逗留多日，将会产生诸如饮食、住宿等大量的旅行需求。这对奥林匹亚和伊利斯城的经济发展具有促进作用。

第五章　中外体育文化的比较

第一节　中法体育文化比较

一、体育文化内涵比较

中国传统文化是中华民族几千年的文明汇聚积累而成的一种反映中华民族特质与风貌的民族文化，它是一个内容相当丰富且庞杂的文化系列，其中对体育文化产生深远影响的是强调"重义轻利""重道轻器"的儒家文化。儒家文化中相当重要的思想之一就是"修身、齐家、治国、平天下"，要求主体是做"仁、智、礼、义、信"皆备的完人、贤人。时时、处处、事事以仁为思想核心，以智为认知的手段，以礼为行为规范，以义为道德准绳，以信为最终目标。这种由内向外修齐治平、内圣外王、成己成物的伦理精神是中国文化的主体精神，也成为中国传统体育文化的理论支柱。其坚决反对非仁非礼的身体运动，主张以"保健""养气"为主的养生健身运动，主张"气聚则生""气散则亡"的气血生命说，"阴阳和万物化"的平衡养生理论，以及"精神居于形体"的形神统一观念，最终形成了一套"内外俱练""神形兼备""动静结合"的养生体育文化。这一始终贯穿"仁、义、礼"的体育文化，强调通过意识活动和肢体动作的演练来"悟道"，逐步达到"澄悟天机"的意境，进而"天乃通、道乃久、段身不殆"，这都突出地反映出中国传统体育文化追求的是一种以实现道德和精神内涵为目标的最高境界。这种独特的"养生文化"，崇尚抽象、注重伦理、看重礼仪教化，少有竞赛意识，重节奏、韵律、神韵，重朦胧、抽象、含蓄美。这样的文化情怀孕育出的体育就是：重自然之道，重身心愉悦，重人际和谐；忽视竞技性，不刻意追求超乎自然常态和令人叹为观止的体格与体能，拒绝以单纯的量化指标衡量优劣，尤其拒绝为了身体某一部分过度发达而损害另一部分的健康。倡导"友谊第一、比赛第二"。

法国体育文化是以西方文艺复兴和工业革命为文化背景，以争夺锦标为目的的竞技运动文化。西方传统价值观中主张竞争为贵，物竞天择，适者生存的信条与德性。其体育文化价值观为"勇敢、竞争、自由、平等"。勇敢是体育运动中最重要的品德，以勇取胜是西方体育运动的精髓。在这种以个体为本位的体育思想下，法国从事体育活动纯粹是个人的爱好，比赛代表个人，提倡个性解放，突出个人自由，尊重个人权利，重视契约关系。法国体育文化所彰显的是自由竞争的参赛原则，主张人与自然相对立，人是自然的主宰、万物的灵长，崇尚个体的智慧和力量，崇尚竞争和自由，追求超越和成功，体现为"更快、更高、更强"的奋斗精神，体现为"公平、公正、公开"的竞技精神。从审美情趣来看，中国人崇尚超人的智慧和完美的贤德，中国人讲的形体美，首先是"生而长大"，即是父母给定的而不是后天练就的；其次是貌美与神韵。而在法国人眼中，理想的人物不是善于思索的头脑或一个感觉敏锐的心灵，而是血统优良，发育健全，肢体匀称，身手矫捷，擅长各种运动的竞技家。古希腊对力的崇拜与对肉体的赞美是构成法国体育文化竞技观的基础。

二、中法体育文化差异形成的原因

文化依地域特征可分为3种类型：大陆文化、海洋文化和介于大陆文化和海洋文化之间的岛国文化。从地理环境上看，中国文化应属于典型的大陆文化。中国一面临海，三面与邻国接壤。因四周的高山、沙漠和无法自由通行的巨大海洋，使其处于一个近似封闭的地理环境。在这大河流域特定的地理环境下，农业文明比较发达，人们要有效组织和管理水利灌溉事业来维持其发展。相应地折射出人们崇拜自然，以求与自然界和谐共处的价值观。从而培养出宽容、谦虚、内向、忍让的民族性格，反映在体育运动上，注重修身养性，自娱自乐，缺乏对抗竞争与冒险精神，这在一定程度上压抑了竞技运动的竞赛性，同场竞技时对抗与搏击能力相对较弱。而法国文化起源于古希腊，其在地理环境上多山地，土地不够肥沃，促使航海业和商业文化不断发展壮大，这种在海上竞争环境中发展起来的充满自由竞争精神文化，也就逐步形成了标准的海洋文化。人们在与大海不断较量、搏斗中，培养了勇于冒险、自强不息的民族性格。人与人之间的关系主要靠各种经济利益来维持，人们的行为不靠伦理道德来规范。在这种倡导竞争的社会中，为维护社会的有序发展，避免利益冲突，必须有一种公正、具有约束力的法律条文和公众契约来保证个人的利益。可以说，强调法制和竞争是西方社会最突出的特征。这样的价值观念，表现在体育竞技中就是重视体育比赛的竞赛规则。

第二节　中美体育文化比较

一、体育文化内涵比较

文化主要指"精神文化""物质文化"和"制度文化"，有时三者相互"交融"。"内核"指代事物最"核心""本质"和"精华"的部分，因此"文化内核"指"物质""精神"和"制度"中最绚丽多彩的"瑰宝"。中国文化博大精深，它是建立在"内陆农耕文化"的基础之上。而美国文化是建立在"海洋竞争文化"的基础之上，涉及美国文化，必然会想到"芭比娃娃""山姆大叔""快餐文化""自由女神"等关键词，涉及中国文化，则会想到"京剧""太极""筷子"
"万里长城""故宫"等关键词。然而正是日常生活中接触到
的事物慢慢描绘了各个民族的文化"脉络"和"骨骼"。中美
文化的融合作品也并不鲜见，例如电影《功夫熊猫》中处处
彰显中美文化的"碰撞火花"；"天人合一"与"物我两分"
"无为而治"与"个性外秀""尊卑有序"与"平等自由"的
两国文化精髓被融入作品，使影片富含创新性和思想性。

    竞技运动文化属于社会文化的组成部分，寓于社会文化之
中。然而，由于竞技运动的独特性，竞技运动文化有其独特的
特征。中美是当今世界的两个超级大国，比较两国竞技运动的
"文化内核"可为我国社会文化建设提供有益的借鉴。要谈竞
技运动文化，先要了解两国的历史文化背景。其差异表现在：
①中国的文化讲究"兼容并蓄""中正内和"，美国文化讲究
"追求自由""张扬外秀"。②许多学者认为中国的"精神文
化"和"价值观"是民族文化的"内核"，而美国的"种族
文化"是国家文化最本质的决定性因素。③中华民族和美利
坚民族在长期的国家发展和融合中逐步形成了各自的"民族
气质"，其中，美国文化以"追求个人幸福感"为文化的核
心，而中国以"集体主义荣誉感"为文化的核心。④美国的
"个人本位思想"根深蒂固，他们认为任何人都没有去阻止或
替代个人追求幸福的权利。这种文化内核渗透在社会的经济、
政治、教育、法制的各个角落和细节之处。如美国人对"私
闯民宅"判以重罪，对高等教育的引导以"追求个人幸福"
为导向（尖端人才靠引进），NBA 文化中的"崇尚个性"等都
体现了美国文化的特点。中国文化讲究"天人合一"，在追求
人和自然和谐相处中达到"平衡"和"有序"。

二、传统体育项目比较

    美国传统体育项目以身体剧烈活动或身体对抗为主，大多

为竞争类的体育项目，由于其自身观赏性高，入门要求低等特点，受到普通民众的喜爱，许多项目如足球、篮球、棒球等的普及率相当高。

以篮球为例，篮球作为在北美诞生的体育项目，美国职业篮球联赛在某种程度上表现出的强大的软实力。世界各国对美国的认识，完全是出于被美国独有的职业篮球赛制文化的魅力所吸引。而美国正是利用赛制促使篮球的职业化发展，扩大其在世界范围内的影响。由其衍生的一系列产业和互动，如体育博彩业、体育表演业等让更多的人所熟知。此外，美国通过在世界范围内的"选秀"、少年篮球训练营、篮球无疆界和嘉年华等活动方式，将世界篮球人才吸引到自己的联赛中来，培养爱好者的好感，世界各国篮球运动员或爱好者都将 NBA 视为篮球的最高殿堂。反过来，篮球明星又充当公共外交大使前往世界各地做交流活动，进一步影响世界各国民众对美国的国家形象。我国著名篮球运动员姚明就是一个显著的例子，他以亲和力和幽默感赢得了美国民众的好感，退役后在上海公共外交协会担任副主席，继续为我国公共外交献计献策。此外，美国权威杂志《外交政策》网站近日发榜——推动中美关系人，其中湖人球员科比·布莱恩特作为文化和娱乐类人物入榜。通过职业化发展确定了自己"民主性、广泛性、大众化、参与性、平民性"的赛制文化，这种文化所隐含的生活方式以及潜在的价值观念是美国软实力的重要组成部分。

我国有着众多的传统体育项目，比如舞龙舞狮，几乎世界各地唐人街在春节等重大传统节日期间，都要进行表演。很多国际友人对于中国的了解，都是从唐人街上的舞龙舞狮开始的。中国武术，这是中国人独创的一项运动，许多外国人对中国武术充满遐想，也有许多人来中国拜师学艺。中国的武馆也早就漂洋过海，遍布世界。中国人一向被称为龙的传人，文化中又充满水的元素。因而毫无疑问，龙舟运动就成为了具有极大象征意义和运动精髓的传统体育竞技项目，而由两岸四地华人一起把中国龙舟推向世界，在世界各地举办龙舟赛事，无疑是对中国文化最好的宣传，这些传统体育项目都是我国进行体育外交的良好途径。我国体育外交虽然有着很长历史，但我国体育外交目前还未形成完整有效的机制，尤其在开发传统体育项目的软实力资源进行体育外交方面远远不够，即便有政府、民间、个人等的推动，但存在的问题还很多，方法过于零散，收效不理想。中国传统体育项目经历了多年的中国传统文化积淀和熏陶，不仅有鲜明的民族个性，同时造就了中国传统体育项目在整个世界体育文化不可替代的重要地位。在体育全球化的今天，面对西方竞技体育文化的咄咄逼人，我们应该努力促进传统体育项目"走出去"，改善我国的体育外交现状，在提升我国软实力的同时改善我国的国家形象。

三、中美体育文化差异形成的原因

研究美国体育文化的维度有很多，通过电影文化折射出的美国体育文化是其中的一个维度。美国关于体育的电影有很多，例如：《轮椅上的竞技》《热血强人》《重振球风》《万夫莫敌》《挑战星期天》《卷土重来》等。其中《轮椅上的竞技》是一部经典之作，它讲述了"Quad Rugby"（肢体缺陷橄榄球队）的美国国家队运动员克服艰难险阻的历程。运动员虽然坐在轮椅上竞赛，但运动员之间的对抗却非常激烈，运动损伤经常会发生。由于对抗的激烈程度，没有更新名字为"Quad Rugby"之前，这项运动具有非常震撼力的名字——"Murder ball"（谋杀球）。剧中马克·祖潘在（Mark Zupan）18 岁时由于意外失去了双腿，余生离不开坐轮椅，然而他从"Quad Rugby"中找到了追求个人幸福的方向，十年以后荣获"最佳橄榄球员"荣誉；2004 年，他和他的团队共同获得残奥会橄榄球赛金牌。中国的传统文化强调将国家、民族、集体的利益放在第一位，集体利益与个人利益相互依存，集体离不开个体，集体利益是集体中每个成员共同努力的结果。另一方面个人同样离不开集体，每个人都有个人利益，但是个人利益不可能离开集体利益。

美国竞技运动良好发展的原因之一是美国财政制度模式下的体育体制有以下特点：行政权和财政权划分明确（联邦政府和州政府各司其职，同时各管各的财政）。与体育相关的行政权下放（联邦政府不管竞技体育，州政府和地方政府按照分工进行管理），体育运转机制由体育俱乐部负责（中国也有数量众多的体育俱乐部存在，譬如足球、篮球，但是没有实际的作用）。美国体育的职业（商业）体育，可以看成是已形成产业的体育，美国四大职业体育联盟 NFL（橄榄球联盟）、MLB（棒球联盟）、NBA（篮球协会）和 NHL（冰球联盟），赛事全年无休。许多赛事都向海外出售转播权，例如，CCTV-5 购买了 NBA 的转播权，CCTV 赛事高清频道购买了 NHL（冰球联盟）的转播权。在高度市场化的情况下，不用国家有任何的投入，联盟尽力策划让比赛更好看，球队尽力吸引好的球员、教练，球员们尽力比赛，赞助商尽力投钱，体育机器高效运转。在名利双收的诱惑下（包括吸引异性的眼球），成为职业球员（Go-Pro）是很多美国青年梦寐以求的愿望。

美国是国际大赛中田径项目的夺金大户，主要是因为，在美国大多数中学都有田径老师，只要稍具规模的高中都有专门的短跑、长跑和跳跃类教练，高水平的学校甚至有单项教练，加上职业运动员优厚待遇的诱惑，自然会产生一大批梦想成为职业运动员的青少年。美国的大学运动也是开展得如火如荼，赞助商大有人在，而且校际间的比赛极其频繁密集。例如，美国大学体育联合会（简称 NCAA）每年举办一次大型的体育赛事，再如大学篮球、大学橄榄球联赛等。美国大学的体育学生，只需每周按时参加训练加上营养的补充，就可能在较高级别的比赛中获得名次，这是拿到奖学金的可行方案。美国的小学篮球、棒球、橄榄球比赛开展频率较高，高中的联赛运动员已经具备较高的竞技实力。

美国没有与中国相同的国家、省、市体育局多级专业运动队，没有多级训练网。由于美国的教育体制中小学、中学、大学体育是一条龙体制，许多高水平的大学校队和我国的专业队竞技能力差不多，有比赛成绩的学生进入高校校队后享受奖学金待遇（每年1.5万美元左右），还有生活津贴，因此体育生可以静下心来钻研于自身的专项技能。NCAA每年组织全国性比赛，如果没有美国大学田径、游泳、排球、女足等大学联赛活动的广泛开展，美国想在奥运会上获得优秀的运动成绩几乎没有可能。可见，无论美国职业体育还是奥林匹克的飞速发展，都有赖于学校体育这一雄厚基础的支持。中国的学校竞技运动开展主要是以高校的高水平运动队的建设为载体、以高校招生为基本手段、以录取优惠为便利条件、以高校资源和设备为依托的管理制度，高校竞技运动与专业队的建设像两座"金字塔"，两座"金字塔"之间虽然有一些互动，但是互动得不够充分，两者之间的联系有待进一步加强。

四、美国体育文化对我国的启示

中美比较的目的是看到差距并迎头赶上。对待外来文化，我们国家的一贯态度是"取其精华，去其糟粕"。每个国家的历史背景、人文环境、民族思维、政治体制等都有较大差异，对于外来文化中的"精华"，我们要在加以"辨别"的基础上加以"消化"，防止"消化不良"，根据对中美体育文化的"内核"进行深入分析，要在借鉴基础上形成对中国体育文化的促进。需要努力的方向包含：首先，相比美国，我国欠缺一贯的全民健身传统，尤其欠缺深入人心的对体育和户外运动发自内心的兴趣；其次，是需要多元文化汇聚于中国的"大熔炉"，以吸引更多的顶尖级竞技人才，通过进一步提升团队项目"足、篮、排"等职业运动员的竞技实力，推出一批"明星球员"形成明星效应，扩大中国团队性职业竞技运动的国际影响力；第三，学校竞技运动有"教学氛围""教学设备"

"管理体系""智力支持""选材广度"等优势、职业竞技运动有"技能储备""系统训练""后勤保障"等优势，中国的职业竞技运动要和学校体育，尤其是中小学体育教育形成良性互动，实现两架马车的"并驾齐驱"。

第三节　中日体育文化比较

一、体育文化内涵比较

中国和日本同属远东文化圈。然而中国文化是一种本体文化，日本文化是一种边缘文化，古代日本文化是受中国、印度、西伯利亚三个亚洲文明圈强大文化势能辐射的结果。

竞技体育的本源是一种游戏文化。古代和近代具有世界文化意义的竞技体育都产生或勃兴于欧洲，绝非偶然，这是因为竞技体育产生需要具备两个意识形态方面的条件，一是标榜宗教崇拜，二是提倡个性解放。古代希腊文明时期和之后的欧洲宗教改革、文艺复兴时期，都具备上述条件。

中国历史上自发产生的竞技体育，除西周时的"礼射"纳入了礼文化，为"礼治教化"服务而具有异常的生命力外，其他朝代的竞技体育只要不与"教化民心"的政治相结合，大多只能停留在亚文化的水平，以至自生自灭。唐朝的击鞠步打如此，宋朝的筑球水嬉如此，明清以后的投壶冰嬉，也是如此。欧洲近代竞技体育进入中国以后，最大限度地融合于政治之中，成为中国内政外交中最有活力、最具象征意义的一部分。中国竞技体育发展的精神动力来自民族的忧患意识，又反作用于民族的自强意识。政治与竞技体育相互支持，政治为竞技体育提出社会需要，竞技体育为政治忠诚服务，即是中国的体育文化。

而孕育了日本文化的竞技体育则走上了另外的轨迹。就日本的文化本身而言，也不可能产生真正意义的竞技体育。日本文化要求"日本人在建构其世界时，无时无刻不顾虑到等级制度。在家庭和人际关系中，年龄、世代、性别、阶级支配着适当的行为"。要求人人"各守本位"，人与人之间遵守一种"义理"规范，即对待他人之"恩"要给与报赏，而对名分上受辱无论如何要复仇雪耻。由于害怕"蒙羞"，日本人具有极度的自我防卫心理。这种心理使日本人难以接受竞争中的失败，在失败后会情绪用事，或哀叹哭泣，或咬淘不止。因此日本人总是把直接竞争降低到最小限度，并且一向巧于设计，避免直接竞争。日本的这一文化特征在当代竞技体育中表现得淋漓尽致。第二次世界大战后，战败国日本那种内省、明耻、雪耻和复仇自强的社会心理，充分凝聚起来，表现在经济上的迅速振兴，竞技体育上的即刻翻身。1964年东京奥运会上，日本所获得的巨大成功，实际上就是一种广义的雪耻行动。而在以后的岁月里，日本人的雪耻心理转向了与民族生存关系更为密切的深层结构：经济的振兴。这时日本耻文化中的另一侧面，逃避竞争的心理在竞技体育领域抬头，出现了七八十年代竞技体育滑坡衰退，而大众体育勃兴的局面。

二、传统体育项目比较——以日本相扑运动与我国武术运动为例

日本相扑被称为"活化石"，是因为日本相扑较为完整地保存了古老的传统文化。在日本人看来，作为国技的相扑所承载的传统文化内涵远远大于其体育竞技的意义。仪式是传统文化活动的载体，是文化传承的重要方式。仪式是社会或者群体保存记忆的一种方式，也是社会中的个体在社会或群体中找寻自我、确认自我的方式，是联系个体和社会、群体的纽带。仪式的"重演特征"使人们在仪式的情境之中回忆过去；仪式所具有的象征性使仪式包含丰富的内涵，激发人们的记忆；共同的经历使人们产生类似的记忆，共同的记忆形成彼此沟通的

基础，所以仪式是集体记忆产生、保持和不断更新的重要机制。日本相扑通过各种仪式过程，建构了人们对于相扑活动的集体记忆，并通过相扑手的"体化实践"和不断重复的"仪式操演"完成了对"技艺"的传承和"记忆"的传递。从相扑的仪式化传承可以看出，相扑仪式建构和强化了相扑的集体记忆，而其集体记忆的保持和延续又维系了相扑的文化传承，仪式是其文化传承和记忆传递的重要机制。

相扑是日本的"国技"，这一称号一直延用至今。中国武术在民国时期也曾被称为"国术"，然而却并没有像相扑一样将这一称号保留至今，而是在随后与西方体育的"较量"中逐渐步入了分化之路，从"国术"成为了"体育"。民国时期，在"强国强种"的语境中，在社会精英的介入下，武术开始逐步从民间走入学校，从"乡野"步入了"庙堂"，从"拳术"成为了"国术"。然而在中西方文化的碰撞下，中国武术的传统并没有被社会精英"坚守"住，而是走向了"西化"之路，最终"武术败下阵来，收起自己的旗帜，站在体育的大旗之下，处于配角地位"。从国术到体育，武术由一种传统的身体技艺成为了一项体育运动项目，并在披上了体育的外衣之后开始了对其现代化生存空间的拓展。作为体育的武术并没有完整地保存过去的传统，而是进行了"体育式"的改造，武术被融入到了体育教学的课程体系中，纳入到体育训练的培养体制中以及体育竞赛的赛事体系中。在国家权力的主导下，现代竞技武术套路、散打等成为武术的主流，以西方体育的"精神"和"程式"而存在于现代体育的阵营之中。而这种在"竞技体育"语境中的"现代武术"，由于缺乏对传统记忆的承接和对传统文化的延续而沦为观看者眼中的"花拳绣腿"和"拳击加腿"，这样的"非武术"与人们心中的武术记忆形成了错位，由此造成了武术传统或武术记忆的断裂。

三、中日体育文化差异形成的原因

中国和日本两个国家在体育文化的联系上是有着悠久的历史的，特别是在中国古代的汉代和唐朝，两个国家由于地缘关系，文化交流十分频繁，相互学习，相得益彰。由于历史因素，中国文化在古代是一种主体文化，而日本由于其特殊的地理环境受到亚洲地区不同文化氛围的影响，逐渐形成的是一种边缘文化。因此，随着时代的发展，特别是随着近代西方体育文化的强势输入，中国和日本两个国家由于"文化基因"的差异，最终在体育文化的形态和特质方面形成了不一样的鲜明特征。

中国体育文化的文化特征主要表现在礼文化、儒家文化和大陆文化。在中国传统伦理道德文化之中，儒家文化是处于主导位置的文化。在整个儒家文化的熏陶影响之下，中国体育文化也呈现出"礼文化"的特征，这也就使得中国体育文化彰显了中华民族的独特思想和民族个性，呈现出来的是一种具有东方文明的厚重历史的鲜明气质。因而，在鲜明的民族个性和悠久历史的文化传承中，中国体育文化逐渐形成的是一种含蓄内敛的文化风格，追求精神境界的不断提升，礼让多于竞争的文化氛围。

此外，在中国传统体育文化中，社会等级制度十分严格和分明。这一特征也体现在中国很多传统的体育活动之中，例如规则和制度的严谨、参与人群的严格限定以及体育活动器械的选择等方面。这也就使得社会中不同阶层的人，无法在参与体育活动时站在同一起跑线上进行公平的比赛和娱乐，从而实现自身所应体现的不同价值。因此，在等级分明的传统体育活动也就无形中淡化了体育自身所应具备的娱乐性，在社会历史的演变中也慢慢变成一种形式，也就缺乏现代体育所倡导的公平和竞争精神。这也从另一个侧面反映了，传统儒学思想中的差等之爱被强制赋予在了中国古代体育中。

在日本的传统文化中，"武士文化"逐渐形成日本民族的一种民族精神，倡导信义、尚武、忠诚、廉耻和俭朴等，从而影响和发展出了诸如刀法、剑法、相扑、空手道、合气道以及柔道等体育运动项目，随之将武士文化逐渐融入到日本整个国家的体育事业之中。这样的一种"武士精神"在日本的体育事业发展中起到了至关重要的抵制作用，使得儒家的"文弱之风"没有占据日本体育文化的主导地位。

这在客观上形成了现代体育精神所倡导的"竞争"精神，从而为日本整个国家的体育事业发展奠定了坚实的思想基础。

最后，由于日本体育还具有一种天然的"海岛文化"，这使得日本这个国家在长时间的安定环境下逐渐形成了强烈的民族本位思想意识，表现出来的是一种团队意识；另一方面，由于日本这个国家没有遭受过外部国家的战争入侵，也就导致整个民族的内心具有一种强大的安全感。主要表现在日本对于外来文化的强烈学习精神、吸收和创造自身民族文化的强大能力，这在世界历史的发展中都是十分典型和极具代表性的。这一点，在现代体育事业的全球化发展中显得尤为重要，这也是中国体育所需要反思和学习的地方之一。

第四节　中西体育文化比较

一、体育文化内涵比较

西班牙体育活动的全民参与度高，所涉及的不仅是年轻人，还包括中老年人和青少年儿童在内的全部年龄段的人，以西班牙人的骄傲斗牛为例，虽然大多数斗牛士都处于青壮年期，但斗牛表演开始之前会为"小斗牛士"们提供专门的上场表演时间，这些"小斗牛士"们模仿斗牛士的穿着，随着音乐做出各种躲避斗牛士和代表胜利的动作，脸上充满的是对斗牛士的崇拜和向往，前来观看斗牛比赛的更是从垂髫稚子到耄耋老翁。总体来看，西班牙人的体育参与在年龄分布上比较均衡。对西班牙 64 岁以上人群体育活动和运动的监测发现，老年人参与体育运动和身体锻炼的比例较高，有 63.8%，女性体育运动参与者比例（81.3%）远多于男性体育运动参与者（37.5%），随着市政府规模的扩大，监测的范围也随之扩大，西班牙老年人活动类型也十分多样化。由此可见，西班牙的体育参与的主体是一个逐渐向全民扩展的演变过程，人们对体育锻炼的接受度和认可度也在逐渐上升。

我国虽然先后提出了"体育强国"和"全民健身"的目标，并自 2009 年起将 8 月 8 日作为"全民健身节"，但我国的大众体育发展水平和民众体育参与度却并未明显提升，对于民众尤其是中小学生而言，未能从主观兴趣出发进行体育运动，并非真正地去感受运动带来的乐趣以及体验健身对身体健康做出的贡献。2008 年北京奥运会的成功举办对我国的体育事业的发展也是一个很大的推动，但近几年民众参与体育锻炼的热情开始下降，虽然无论是此后的伦敦奥运会还是里约奥运会上，我国的运动健儿都有着不俗的表现，多次占据金牌榜和奖牌榜的前列，但即使是在"金牌榜首"的加持下，我国也很难称得上是"体育强国"，大众体育的发展水平与我国民众的健康水平有着很大的关联，因此我国要对大众体育的发展给予足够的重视，目前我国的竞技体育和大众体育的发展很不均衡，无论是在人均可使用运动面积上，还是参与运动的时间上都还有很大的提升空间。

二、传统体育项目比较

西班牙地处欧洲和非洲的交界地，群山将它与欧洲大陆割开，面向非洲大陆张开怀抱，却被阿拉伯人长期占领了八个世纪之久，至今阿拉伯人统治西班牙的痕迹也不曾被磨灭，无论是科尔多瓦的大清真寺还是格拉纳达的阿尔汉布拉宫，无论是五彩的玻璃装饰还是异域风情的瓷盘都凸显了浓郁的阿拉伯风情，在外族入侵留下文化痕迹的同时，西班牙很好地保留了自身的文化特色，大杂烩而不失自己的风格。西班牙作为一个通过海上贸易发展起来的国家，靠近大西洋和地中海这样的地理优势使西班牙成为了传统的海上强国，这样的历史渊源使西班牙人天性开放、热爱冒险、崇尚暴力、不惧挑战，这一点无论是在西班牙的传统项目斗牛，还是在流行项目击剑中都可见端倪。西班牙人喜动，能歌善舞，无畏竞争，崇尚个人主义，因此西班牙民众在休闲时喜欢足球、篮球、网球、斗牛、跳舞等热烈、活泼的项目，而我国人更强调修身养性、中庸之道，因此我国人民更喜欢把时间花在下棋写字、吟诗作画，或者是打麻将、打扑克、下象棋这样的互动性较高的群体性项目上。由此可以看出，西班牙体育的迅速发展与西班牙的历史发展与西班牙人的性格特点有着分不开的关系。

三、中西体育文化差异形成的原因

由于自然地理环境的影响，中西方形成各自独立的文化体系。从中国的地理环境来看，东部是大海，西北是沙漠，西南耸立着青藏高原，内部有大河流淌，土地肥沃，气候温暖。这些自然条件为中国的农业的发展奠定了良好的基础，形成了独立的农业文化，自给自足的环境同时阻碍了对外交流。在这种开阔又相对封闭的大地上生存的人们，经济能自给自足，生活相对安定，心理上要求社会稳定、人际关系和谐。在这种自然发展下，中国人的发展观和思维方式具体封闭的特点。

与此相反，西班牙文化发源于地中海地区，该地区主要由岛屿构成。这些岛屿，夏季少雨，土地贫瘠，农业不像东方大河流域那么发达，经济不能自给自足。因而，古代西班牙通过发展商业、航海与贸易来缓解人口压力和资源枯竭的威胁，进而形成了商品经济之上的西方开放式的文化体系、向外型的民族性格以及崇尚个人主义的社会心理。在这种模式下，古西班牙人富于冒险、外向自信、崇尚独立、锐意进取。西方体育的这些文化特点，强调身体的外部运动，强调突破身体极限，达到最佳运动成绩。追求战胜自然、他人，崇尚竞争、对抗、冒险和刺激。通过与自然与他人较量，去超越对手，超越自然障碍来实现自身价值。所以，体育一直是向当前发展的，更加具有对抗性。体育文化与文化的其他领域一样，也可以反映一个国家、民族的历史发展阶段，并规范人们的行为，也会影响人的价值观念。

自然界是相互联系、不可分割的整体。"阴阳"学说体现在中国传统哲学领域的辩证思想，是对世界普遍存在的矛盾现象的辩证论述，包含阴阳对立、阴阳互根、阴阳互换等几方面。在人与自然关系方面，无论是"五行"还是"阴阳"之说，都强调了天地一体、天人合一的自然价值观。古代中国人认为人与自然是统一的、不可分的，主张的是"道法自然"，强调尊重"天意"。

在体育形式上，东方传统体育多是动作悠缓、精神安逸的形式。这和中国文化背景是相一致的，是宇宙观的自然体现。具有代表性的中国的传统体育如养生术、气功、太极拳等都充满着"天人合一""阴阳之道"的思想，强调人与自然、动作的内部结构和谐统一。

与此相反，西方体育多采用动作剧烈，神经兴奋的运动形式。在健身理念方面，我国古代的哲学家认为人是由"气"组成的，存在着"阴"和"阳"两种状态。要求"气"要充盈，而且阴阳平衡。阴阳和（相对平衡）则寿，阴阳离（相对不平衡）则夭。崔晓宇等认为中西体育文化由冲突、保持、借鉴吸收到共同发展，在这个由低级到高级的发展过程中，中国传统体育能够依然保持着自身的相对独立性，这为世界体育文化的繁荣做出了莫大的贡献。

四、西班牙体育文化对我国的启示

西班牙以竞技体育为代表的西方文化，在经济、军事等方面的携带下席卷全球，充分展示了以自由、平等为内涵的文化魅力。但是西班牙体育文化与我国传统体育文化一样难免会出现各种弊端。其人们在不断利用先进技术提高人类成绩、不断超越的同时，显露出违背人类自身发展的弱点。暴力事件、兴奋剂的使用、赛场作弊等几乎成为现代体育赛场的另一主角。这类事件严重影响了体育的健康发展，如果没有新的文化元素对这些因素进行抵制，任其发展甚至会成为体育自身的毒瘤。另外，奥运会标准或价值的单一化、奢侈化的趋势，使得奥运会外在规模与内在价值上呈现的不平衡的发展态势引起了有识之士的关注。

国际奥委会主席罗格在上任伊始就提出：奥林匹克的格言是更快、更高、更强。当然我们要保留这个格言，但是在新世纪来临的时候，或许对体育来讲需要新的格言，那就是更人性、更干净、更团结。"中西体育在文化特质上有着显著差异，不同的历史发展过程与地域差异造成了不同的文化传统。代表西方文化的竞技体育在异种文化面前表现迥异：同种文化会得到很好的接纳，并使之得到良好发展；当兼容性强的异种文化与竞技体育文化融合时，竞技体育会得到更快的发展；当保守的异种文化与竞技体育发生冲击时，各种文化交融的不适会抑制竞技体育的发展。世界文化发展趋势是多样化的融合，任何文化的发展都遵循发生、发展、繁荣、衰退、消亡的自然规律。只有不断吐故纳新，同异种文化相互交融、补充新鲜血液，才能长青于世界文化之林。

第五节　中英体育文化比较

一、体育文化内涵比较

中英体育文化差异一直是我国学者较为关注的话题。近30年的相关研究主要有三类：一是从地域、生活方式、经济基础、组织制度、功能结构、价值取向等方面对中英体育文化进行对比分析，二是对"体育"与"sport"概念的内涵和外延差异进行研究，三是对英汉体育术语、词汇及新闻报道用语规律和特点进行研究。这些研究无疑有助于我们了解和认识中英体育文化各自的特点，但从语言视角来分析和解读二者之间的差异更为直接，因为语言与文化相互影响、相互制约。语言就像一面镜子，反映着一个民族的文化，透过语言，我们可以了解到该民族的风俗习惯、生活方式、思维特点等文化特征。

游戏（英语是 play）是体育的原始动力，对于游戏的心理诉求直接影响一个民族对体育的集体情感。因此与游戏相关的语言表达是反映一个民族体育文化的一面镜子。

中国文化崇尚文人雅士，所以汉语中就有许多褒扬读书的语言表达。譬如"万般皆下品唯有读书高。""书中自有颜如玉，书中自有黄金屋。"这种崇尚读书的民族心理自然要对与苦读诗书背道而驰的游戏行为加以限制，甚至扼杀，因而"业精于勤荒于嬉，形成于思毁于随"这类的警示语成了家长和老师敦促孩子和学生努力学习的口头禅。这种深入骨髓的崇尚文人的民族情结压抑着人类爱玩的天性，禁锢人们对游戏行为进行深刻的思考和科学的认知。自然地，中国文化排斥游戏行为的集体意识反映在对游戏多为贬义表达的语言现象里。然而在英国，游戏是怡情益智的身体活动。随着人们对其本质和功能认识的加深，游戏活动不断向前发展，逐渐演变为含有竞争和策略等要术的竞戏（game）活动，最后发展为以制度和竞技能力（包括身体和智力两个方面）为特色的竞技（sport）活动。这种对游戏积极的态度和科学理性的认知体现在褒扬游戏的口头禅里。譬如：All work no play makes Jack a dull boy（整日工作不玩耍，杰克变得呆傻）和是用板球比赛来暗指事情重要的 It is as important as a cricket game。此外，社会贤达热衷倡导将"play"作为交际、健体、益智、育人和推进社会进步的重要手段，进而创造出一个又一个运动项目，并且赋予它们极具历史和文化内涵的称谓。这些努力和尝试折射出英国文化对游戏褒扬的态度和崇尚的民族心理。

二、传统体育项目比较

运动是体育的表现形式，落实在具体的运动项目里。运动项目通过对身体动作的规范、场地的要求、比赛的规定和组织的形式等来引领、规约和实现体育的教育、政治和经济等社会功能。因此一个民族对运动项目的群体认知和心理倾向是该民族体育文化特征最好的例证。

在崇尚文人雅士的中国文化中，从游戏活动演变而来的运动行为难以与读书行为相提并论。"万般皆下品，唯有读书高。"的民族心理影响着汉语对从西方舶来的运动项目的命名。以足球、网球、羽毛球、花样游泳、花样滑冰、双人跳水项目为例，我们不难看出对于这些运动项目，汉语命名采取素描式的简单、直观、直白的方式。这种以通俗易懂为宗旨的命名方式有助于运动项目的普及，拉近了它们与普通民众的关系，但同时也消解了英国人以贵族思想为主导的高雅的运动观。

现代运动项目大多由英国贵族和上流社会贤达人士发明和传播。他们崇尚游戏，赋予游戏竞争、谋略和制度等丰富的内涵，将游戏发展到竞技运动，以不同的运动项目形式呈现在人们的社交生活中。为了凸显运动项目的高雅性，他们在赋予运动项目称谓时更加注重项目的历史、文化和科学的内涵。仍以上面几个运动项目为例。

网球。该项目由法国传教士兴起，后经法国宫廷和贵族传入英国，成为达官显贵和王室的钟爱。无论是当时的 real tennis（皇家网球），还是后来的 lawn tennis（草地网球），还是如今的 tennis，英语国人始终沿用 tennis 这个法语称谓，其意为"play（玩）"。在英国历史上，法语曾是宫廷和上流社会的语言，英语对 tennis 称谓的坚守，暗含着赋予该项运动悠久历史感和高贵血统的心理倾向。

足球的英语名称是 soccer。该词源于 1863 年英格兰足球协会（England Football Association）对手脚并用、靠野蛮冲撞取胜的民间足球的改革。协会将其分为可以使用手的 Rugby Football（美国足球或称橄榄球的前身）和不可以用手的 Association Football。出于简约，人们只使用前面的词来称呼它们，即 rugby 和 association。根据史料记载，association 被缩略为"assoc"，soccer 是该缩略滥用而发生音变的结果。由 football 到 soccer，英国的协会文化深深地印在足球项目的称谓上。

三、中英体育文化差异形成的原因

中国传统体育以农业文明为基础，而英国体育以工业文明为依托。中国传统体育是在独特的社会自然环境中萌生和发展的，中国自古以来就是以农业经济为主的国家，商品经济起步晚，发展滞后，人们大都顺应自然，顺应规律，没有形成征服大自然的意识，在这样一个靠天吃饭的农业社会里，形成了中华民族追求真、善、美的和谐文化，不提倡竞争，重益轻利的体育文化从而得以萌发，经济基础决定上层建筑，在农业经济的基础上，中国建立了世界上最强大的封建极权国家，专制主义中央集权的政治体制使得整个社会的经济、科技、文化等方面的发展受到抑制，统治阶级对容忍、安分、知足理念的普遍提倡从而压抑了个性的发挥，在封建宗法帝国的基础上，以儒家思想为核心的传统文化呼之欲出，以伦常和宗法为核心，文化服务于政治，以丧失个体利益达到社会的和谐统一，从而求得社会的平衡与发展，基于中国社会文化背景，传统文化影响着人们对体育内容的选择，文化广泛的渗透性和强大的内在制约作用也在深刻地影响着人们的选择和行为准则，从而全方位地制约着中国传统体育的目的、地位、内容、作用以及方式方法，因此，中国传统体育带有明显的农业社会烙印，中国人不热衷冒险性强、对抗性质的体育活动，传统体育中竞技运动并不居于主要地位，而是以个人的修身养性为主，保健术在整个体育中占很大比重，武术、太极、气功等项目在优化与强化人体的生命功能方面具有独特的价值，这和中国农业社会相对稳定的生活方式和思维方式相适应。

英国体育文化与中国传统体育文化形成的背景不同，英国的文明发展史并不像中国那样悠久，这样使得英国人心里没有浓厚的文化沉淀和积压，英国的政治统治没有中国那么成熟，这样的文化氛围刺激了自由、民主、平等、竞争观念的产生和发展，中世纪的文化复兴运动为资本主义文化的形成奠定了雄厚的理论基础，也为近代体育的形成扫清了思想障碍。

四、英国体育文化对我国的启示

中国传统体育文化重视身心的和谐发展，重义轻利，而英国体育强调竞技性，鼓励人们不断超越，中国传统体育文化以自然为中心，倡导"天人合一"，遵循大自然的规律，从而达到人与自然的和谐相处，英国体育则强调以人为中心、突出人的个体价值与能力，鼓励人发挥主观能动性去征服自然。中国体育文化提倡身心共育和自强不息，英国体育则强调"更高、更快、更强"的奥运理念，中国体育文化深受中国传统文化的影响，传统而保守，而英国体育文化在奥林匹克运动的推动下有强的开放性和世界性，中英体育文化各有长短之处，中国体育文化应该吸取英国体育文化中不断拼搏进取的竞争意识，英国体育文化也在逐步吸取中国体育文化中的重义轻利、把集体利益放在首位的精神。中英所表现出来多种差异，也有相似之处，中英体育文化都是关注"以人为本"，只是在强调事物的基本点上有显著差异。中英体育都是为了强健人的体格、提升人的精神状态，促进人的全面发展。中英体育文化各有优劣，双方只有取长补短，互通有无，才能丰富体育文化，促进体育文化朝多元化发展。

第六节　中德体育文化比较

一、体育文化内涵比较

德国具有独特的民族特质和政治发展背景，并具有深重的军国主义思想以及渴望自由和民主的内在特征。由于德国近现代的复杂性，社会、政治、文化领域的状况都会以不同的方式影响到体育运动的发展。从整体和长久来看，德国体育在百年发展中始终保持强盛实力的根本原因是体育已经成为社会文化的一部分，德国体育的持续成就来自团队的整体性。长期以来德国的体育理念深受德国体操影响，其最初的目的是激发德意志的民族意识。经过杨和其他人的不懈努力和积极推广，德国体操的目标定位已经集中于保家卫国上，具体作用就是训练身体强健、意志坚定的国民，这一理念对德国体育的发展产生了深远的影响。

在中国传统文化中，受儒家文化的影响，形成了追求"中庸""和谐"的理念，在修身方面呈现出内向、封闭的体育文化特色。中国传统体育文化是一种融合的文化形态，它是在经历了不同历史时期、不同民族文化的熏陶而逐步发展而成的。中国传统文化的特质决定了中国传统体育文化的方向，儒家、道教的文化背景使中国传统体育呈现出内在性的特征，使其形成了融养生健体、道德教育、娱乐竞技于一身的别样风格。这种根植于中华民族的文化样式，具有稳定的结构形态和顽强的生命力，在历经沧桑之余，最终积淀于中华民族的文化结构之中，形成自身独有的体育文化模式。

二、中德体育文化差异形成的原因

在中国古代，农耕自然经济是经济的主体，以农业立国的经济体系形成了独有的农业文化。人们安于现状，往往习惯于相对稳定的生活环境，因此中国古人对个人的修身非常重视，从"修身、齐家、治国、平天下"中不难看出，修身是人们立足社会的基础。一方面，农业生产中"日出而作，日落而归"的周而复始，形成了相对稳定的社会秩序，使得人们更热衷于自给自足的小农经济。另一方面，中国古人热衷与"整、圆、静、和"的四大特征的意识形态，对人的生命潜力和身心潜能的内在开发尤为关注，使得中国传统文化体现出内敛性的特征。这种内敛性特征对中国传统体育文化的影响同样一致，中国的诸多传统体育项目大多不以对抗为目的，而是以追求自身身心体验为目标，使身心达到与自然的和谐，如传统的导引术、健身气功等。这种内敛同时体现在政治上，中国一直强调"和平崛起、和平外交"的发展策略，"以和为贵"体现出中国文化的内敛诉求，也是中国体育文化精神的真实写照。

德国体育文化是一个不断超越的文化形态，在其发展的过程中更多地体现为浪漫、自由、进取的精神。这种精神以人的不断超越、自我肯定为主要外在形式而存在。它的形成源自古希腊、罗马的西欧文化，伴随着工业革命和市场经济的开放条件，逐步形成了以城市为中心的经济体制，以竞技体育为主要特征的体育文化。它以崇尚力量和完美身体为表征，以竞争为核心，力求超越自我，征服自然，体现为"更高、更快、更强"的奋斗精神，在强调以人为本思想的同时，追求个体的力量与智慧。公平、公正是德国人的竞技精神，汲取、拓展、求变是德国体育的体育文化精神。这种文化精神也由此形成了德国体育突出竞争、对抗、超越的价值取向。

中国传统文化包含三个文化类别，即大陆民族文化、宗教制度文化和农业社会文化，在三种文化的背景下，体育文化呈现出自身的局限性。其一，古人讲"三从四德"，形成了"礼仪为主，道德先行"的道德规范，这些规范体现在社会交往的方方面面，所谓"礼之用，和为贵"就反映出古人为人处事的方式，以"和"为处理问题的最佳途径。其二，儒家的"中庸之道"也深刻地影响着中国人的思维方式，塑造了中国人和平文弱的文化性格，使得人们安于现状，与世无争。正是传统文化的熏陶，使得中国传统体育文化也呈现出"和谐、包容"的一面，人们追求人与自然、人与人的和谐稳定，如在武术中的"点到为止"就是中国传统体育"和谐"文化的有力诠释，对抗不是目的，以和为贵才是最终的追求。

以个体商业活动为经济基础建立起来的西方文化，则更加注重"利"与"力"的体现，它鼓励人们不断进取，在公平的基础上相互竞争，追求个人利益的最大化。而在竞争的过程中就必然有失败的一方，除了自身的实力外，勇于拼搏也成为了西方文化的一大特色，由此形成了西方争强好胜的民族性格和文化精神，这种性格也使得西方对功利主义、强权意识以及力量的崇拜，这与中国传统文化中"以德服人、以礼治国"的王权模式相异。西方在个人竞争或民族战事中都以力服人，实力成为了西方人在战争中获取胜利的保障，久而久之，便形成了西方文化中对力量的崇拜。这种文化引申至体育中，使得西方体育文化具有"竞争"的特性，讲求个体为本，优胜劣汰的体育背景，强调对人潜力的挖掘，注重对人身体的研究。如源自西方的奥林匹克运动会的口号"更高、更快、更强"就是一种竞争，不断向自然界和人体极限进行突破，从而彰显自身价值。

中国文化认为天地万物都是为了人的存在而存在，古语有"天生之，地养之，人成之"的说法，认为人的发展应该顺应自然，人与人间的交往应建立在人与自然相互协调的基础之上，即人体、意识与宇宙万物之间真正地融为一体。这种追求"阴阳对立统一"与"天人合一"的东方哲学价值观对中国传统体育文化的影响是巨大的，表现在运动形式上，使其注重对身体运动的上下、内外、动静、分合间的相互协调。在兼顾身心发展的前提下，与外界达到和谐共处。这也是中国传统体育文化的产生源泉，中国众多体育项目中，无不呈现出"天人合一"的文化理念，这也是中国传统体育文化的标志之一。

三、德国体育文化对我国的启示

德国是典型的社会主导型体制以"俱乐部体制"为基础，体育管理的任务主要由各类社会体育组织如体育类协会和俱乐部来承担。在这种体制下德国体育事业的各个方面如竞技体育、群众体育和学校体育等得到了均衡发展，是名副其实的"体育强国"。德国体育体制的成功经验包括四个方面：①各级政府（体育）主管部门的职能分工明确，国家层面、联邦州层面和地区层面的（体育）主管部门分别关注（负责）竞技体育、学校体育和场馆建设方面的工作，这使得体育事业的各个方面得到平衡发展。②大力发展体育俱乐部，以体育俱乐部为基础全面促进竞技体育、群众体育和学校体育的开展。③联赛体系高度完善，通过职业联赛提高竞技运动水平和体育产业发展，通过业余联赛促进群众体育的开展。④政府投入修建体育场馆设施，作为公共福利事业交给俱乐部或学校使用，同时向大众体育俱乐部开放学校场馆合理利用体育资源。我国的国情与德国不同因此德国的成功经验不一定适用于我国，但这些成功经验有一些还是值得我们学习和借鉴。

通过分析结合我国的具体国情提出以下两个方面的建议：在竞技体育方面要继续完善"举国体制"同时优化发展模式。继续坚持"举国体制"可以提高夏季奥运会基础项目和冬季奥运会项目的水平，完善职业联赛可以提高球类集体项目的水平，并完善体育市场推动体育产业的发展。在群众体育方面，要推进制度改革发展公益事业。改革的思路包括：①调整政府职能，区县一级的体育主管部门脱离竞技体育工作，把工作重心转移到体育场馆建设和群体活动组织；②政府部门要提供政策和资金支持修建体育场馆设施，支持"社区体育俱乐部"的发展，为群众体育开展提供"硬件"和"软件"基础；③向社会开放学校体育场馆资源，缓解体育场地紧张矛盾，促进"学区体育"发展；④大力推广业余体育赛事，提高体育爱好者锻炼的积极性，促进各类体育俱乐部的发展。从"体育大国"向"体育强国"迈进是我国体育工作的发展方向和奋斗目标，是落实科学发展观和建设和谐社会的体现，因此具有重要的历史意义。在这样一个重要的历史时期，分析借鉴世界体育强国的成功经验，并将这些经验与我国的实际国情相结合，提出有针对性的改革思路和建议，必将促进我国体育事业协调、可持续发展，使我国在迈向"体育强国"的道路上迈出坚实的一步。

第七节　中俄体育文化比较

一、体育文化内涵比较

（一）俄罗斯体育发展的特点

1. 游牧民族的血液

俄罗斯是一个年轻的民族，形成于 14 至 15 世纪，祖先是东斯拉夫人。斯拉夫人是欧洲一个古老的部落，5 至 6 世纪斯拉夫人向东西南三个方向迁徙，沿途与当地的土著部落融合，逐渐形成三支：西斯拉夫人（波兰，捷克，斯洛伐克人的祖先）、南斯拉夫人（保加利亚，塞尔维亚，克罗地亚等巴尔干民族的祖先）和东斯拉夫人（俄罗斯、乌克兰和白俄罗斯人的祖先），是生活在顿河沿岸的东斯拉夫人的一支。

2. 宗教文化的洗礼

弗拉基米尔大公认为"喝酒是俄罗斯人的乐趣。没有这种乐趣，我们就无法生存"，即便推行了，也不会受到民众的欢迎。所以东正教的富丽堂皇与教规等礼仪更适用于他的统治理念，于是就选定了东正教。东正教传入俄罗斯还是要回溯到公元 9 世纪的基辅罗斯时期。

二、俄罗斯体育文化对我国的启示

俄罗斯具有优秀的体育文化传统，国家领导极其重视并身体力行。第一任总统叶利钦当过州一级专业排球运动员，是一个体育运动爱好者，继任总统普京更是体育运动多面手，从小就把练习柔道、战胜对手作为目标，创造过不少值得骄傲的成绩。

（一）体育是一种哲学

普京说："柔道是一种哲学思想。在柔道里，最宝贵的不是体力，而是人的品质。"

普京对柔道有着自己独特的见解。他认为，柔道不仅仅是一项体育运动，而是一门哲学。这是对长者、对敌手的尊敬，在柔道里没有弱者。在柔道里，从仪式到一些细节都具有教育的因素。与那些一起学过柔道的同伴，普京到现在都保持着友好关系，如阿列克谢·涅莫夫，俄罗斯著名体操运动员，共夺得12块奥运会奖牌，4块为金牌。

2004雅典奥运，面对裁判不公正的打分（他本可获得金牌），在场观众全部发出嘘声，比赛被迫中断，涅莫夫起身面对现场观众，挥手示谢，并示意观众噤声。10分钟后，裁判迫于压力，将涅莫夫的比分更改为9.762分。更改得分结果是史无前例的。但最终涅莫夫还是仅得第五名，没有获得奖牌但是他从来没有评批过裁判和抱怨当时的情形。

从俄罗斯弥赛亚意识、别尔嘉耶夫自由精神哲学，以及自古以来就有的'胜利者'文化、爱国主义文化，为俄罗斯体育取得巨大成就，奠定了坚实的基础。

（二）明确的国家发展战略目标

苏联体育遗产——辉煌与遗憾。苏联是世界公认的体育强国，在1949—1958年的十年间，苏联运动员共计创造了666项世界纪录。

苏联第一次参加奥运会是1952年7月，派出了343名运动员参加了在赫尔辛基举行的第 15 届夏季奥运会，应邀参加本届奥运会的有 69 个国家和地区的 4 955 名运动员，其中女子 519 人。苏联队首次参加，并且一举在当年的奥运会上夺得 22 金，30 银，19 铜。这也是新中国历史上第一次参加奥运会。从那一年开始，苏联参加了除 1984 年以外的 12 届奥运会，9 次获得金牌第一，2 次获得金牌总数第 2 的成绩。从 1956 年开始参加冬季奥运会，到 1996 年共参加过 11 届，其中 8 次获得金牌总数第一，3 次获得金牌总数第二的骄人成绩。不仅如此，在各类运动会上，如世锦赛、欧锦赛，前苏联也都取得令人瞩目的好成绩，创造了"世界体育奇迹"，在冰球、滑冰、体操、国际象棋、田径等诸多项目上都代表着世界顶级水平，是一个名副其实的体育强国。

解体时继承下来的遗产相当丰富：6 000 多个体育康复中心、2 200 个拥有 1 500 座位以上的体育运动场、2 200 个室内游泳池、5 万多个体育馆、4 000 多个滑雪场、8 万多个运动操场、1 100 多个室内靶场，群众性运动项目有 200 多个，在 70 多个联邦主体中每年定期举办运动会，奥运会前举办全国性的运动会传统，也早已停止，直到 2015 年才开始恢复。

（三）对体育工作者的高度尊重

图 4-5　托球沉思状墓碑

这座墓的主人是一个著名的足球守门员，但墓碑上并不是其扑救的动作，而是托球沉思状。

在莫斯科一家类似于我国八宝山的公墓里，走进大门，首先映入眼帘的就是运动员的墓碑，排列在主干道两旁，不是功勋教练员，就是著名运动员，把为国家做过贡献的运动员都集中在了那里，使墓地成为了国家历史博物馆。漫步其中，你仿佛能够听到他们在讲述国家的体育运动史，感受到体育文化的传承。

由此可知强大国家是体育文化事业的保障今年是俄罗斯以及其他前社会主义共和国联盟国家独立 30 周年的重要日子。然而，稍稍回顾总结一下历史，几乎大多数国家的体育发展都乏善可陈。其次，不可盲目的市场化。以足球为例，苏联解体后，从体制足球立刻转变为市场化足球，然而根本不可能一蹴而就，假球、黑哨、赌球等负面因子随着市场大门的开放涌了进来。

首先是体育管理部门的贪污腐败，几乎成了无法彻底根治的全国性问题。其次，也是最主要的问题是没有钱。在经历了与美国的军备竞赛后，元气大伤的俄罗斯在经济上丧失了活力，导致国内足球市场颇为冷淡，失去了吸引力的俄超无法纳入世界级球星，关注度下滑严重。

第八节　中希体育文化比较

一、轴心时代的中国与希腊世界

（一）轴心时代的古代中国

按照雅斯贝尔斯的理论进行历史时空比照，在中国，"轴心时代"正是春秋战国时代的"百家争鸣"时期。诸子百家的学说，是轴心时代的文化结晶。如果诸子百家学说成为了中国轴心文化的横坐标，那么孔子、孟子以及儒家学说则成为其纵坐标。

从公元前 770 年,从周平王由关中盆地丰镐东迁到伊洛盆地的洛邑(今河南省洛阳市),揭开了春秋战国的帷幕,至公元前 221 年,秦始皇结束春秋战国以来诸侯割据混战的局面。其间,诸侯混战无休无止,整个社会处于战乱动荡之中。然而社会转型和百家争鸣以及后世的各种思想,均在这一时期奠定基础。西周灭亡后,公元前 770 年周平王迁都洛邑,史称东周,而东周又分为春秋和战国两个时期。公元前 770 年至公元前 476 年为春秋时期,公元前 475 年到公元前 221 年秦统一中国为战国时期,整个春秋战国历时 549 年。春秋战国是一个诸侯称霸、列国混战的时代,是我国奴隶社会向封建社会转变的时期。

而"百家争鸣"就是"士"阶层之间的争鸣。这一阶层中,学士这一群体也就构成了"百家"的主体,如儒、墨、道、法等学家,著述立说,反映当时社会各阶级的思想,提出各种政治主张,在文化上贡献巨大,所谓"争鸣",主要是他们之间宣扬自己学派的学说,对其他学派的学说进行批判和争论。在轴心期里,中国伟大的精神导师如孔子、老子等诸子都活跃在各个诸侯国,纵横裨阖,说明了"士"阶层的兴盛,引发了百家争鸣。

综上所述,中国文化轴心期崛起的"士"阶层,特别是"诸子百家",是从事精神性创造的专业文化阶层。正是经由各具特色的诸子百家的追索和创造,中国文化精神的各个侧面得到充分的展开和升华,中华民族的文化走向大致确定。自此以后中国文化发展的内容和方式,大多没有超出诸子百家的视野。确立了源远流长的中华传统文化"仁义礼智信"的核心价值观。

这些轴心时代所产生的文化一直延续到今天。每当人类社会面临危机的时候,人们总要回顾"轴心时代",从"轴心时代"开创的"元典"中寻找智慧,"并被它重新燃烧起火焰"。

"元典"是一个民族最重要的文化著作，它是一个民族最杰出的思想家思考和总结的产物，是一种文明的结晶和升华。创造"中华元典"的中国思想家们铸造了东方人的思想核心，他们的世界观、价值理念、思维方式等为后来的思想发展提供了一张张"线路图"。"元典"是人类文明史上划时代的丰碑，是人类先进文化的优秀遗产，是经过历史考验的不朽之作。对人类文化而言，它们具有永恒的意义和价值。

（二）轴心时代的古希腊世界

在世界文明史上，古希腊文明以其特异的风采与卓越的成就享誉后世，以至于有"言必称古希腊"之说。古希腊是欧洲文明的发源地和摇篮，今日西方世界无处不遗存着古希腊文明的传统。古希腊位于地中海东北部。除了现在的古希腊半岛外，还包括爱琴海、马其顿、色雷斯、意大利半岛和小亚细亚等地。璀璨的古希腊文明的起源大概可追溯到公元前 3000 年左右，从那时候开始，古希腊文明就逐渐进步，但在 800 年后却又突然改变为以青铜器为主体的金属时代。但是这些文明在公元前 1200 年左右，又如谜一般地消失了。而后多年，多利亚人的入侵毁灭了麦锡尼文明，希腊历史进入所谓"黑暗时代"。因为对这一时期的了解主要来自《荷马史诗》，所以又称"荷马时代"。在荷马时代末期，铁器得到推广，取代了青铜器海上贸易也重新发达，新的城邦国家纷纷建立。希腊人使用胖尼基字母创造了自己的文字，并于公元前 776 年召开了第一次奥林匹克运动会。奥林匹克运动会的召开也标志着古希腊文明进入了兴盛时期。

古希腊人的自由、平等、民主、法治、政教分离的思想是现代政治思想的核心，希腊人创造的民主共和制是近代世界普遍认同的政治体制的原型。希腊人的文学艺术作品至今仍是现代西方文艺界学习的范本和创作的源泉之一。西方的哲学、历史学、经济学、修辞学、文献学、伦理学、政治学、法学、数学、物理学、医学、地理学、生物学等知识学科，无一不是希腊人奠定的基础。他们确立的一些原则，如史学摈弃情感、求真求实的原则，希波克拉底的医德誓言等，仍然是当代从业者遵守的学科纪律。希腊人可以说是古代世界最大的玩家。他们设计、发明了许多游戏和娱乐项目，舞台悲喜剧以及上演戏剧的剧场也为希腊人所独创，举世闻名的古代奥林匹克竞技会，有摔跤、拳击、赛马、赛车、火炬接力、田径、健美，还有"五项全能"等比赛，堪称创举。然而，由于人类历史的极端复杂性，各个地区的历史条件千差万别，三大古典文明中心的文化价值观念又有很大的不同。在西方，是神的人化；在东方，则是人的神化。中西方文化都在经历"轴心时代"后有了一个大的转型。西方由此导致了文化的更进一步神学化，进入了中世纪的基督教神学时代；而中国则由此导致了文化的世俗姿态，"独尊儒学"的传统基本上是世俗化的。

二、轴心时代的中国与古希腊体育文化概念

（一）以"天人合一"的思想为哲学基础的中国体育文化

中国传统哲学是传统文化思想的源泉，而"天人合一"思想又是传统哲学中一个极为重要的观点。著名学者张岱年先生说中国哲学有一个根本观念，即"天人合一"。台湾学者钱穆也指出"中国文化的特征可以用'一天人，合内外'六字尽之"。中国传统体育是一种在农耕文化状态下所孕育出来的体育活动形式。在其形成过程中受到儒、释、道、墨等多种文化的影响。古代哲学的重要思想也深深地渗透、脱胎于传统文化的传统体育之中，并成为其思想基础。

在中国的哲学史上，"天人合一"思想认识的形成、完善与发展，与中国古代先哲整体化认识模式有关。《易传》云"乾，天道也，父道也，君道也。"由天道引出人道，把天道、地道、人道统而为一，构成了一个天人合一的世界图式。《孟

子·尽心上》说"尽其心者，知其性也。知其性，则知天矣。存其心，养其性，所以事天也。""天人合一"作为哲学层面的思想，也出现在阴阳五行、道家、儒家等诸子百家的学说中，《老子》云"人法地，地法天，天法道，道法自然。"庄子提出"不以心捐道，不以人助天"。"天人合一"这一运动思维模式的深刻含义是，天与人是具有统一法则和变化规律的有机整体，人与天地万物不是敌对关系，而是共生同处的关系，应该和谐相处。《黄帝内经》曰"春夏养阳，秋冬养阴"，要根据不同季节的自然变化，调节机体适应环境，自我锻炼的能力。古代的导引术多为模拟自然界中动物的形态动作，创造出把呼吸运动与身体运动合为一体且具有保健性质的多种体育运动项目。

"天人合一"作为一种哲学思想对中国传统体育也具有深远的指导意义。传统体育强调人与自然的和谐统一，倡导在发挥人的主观能动性进行强身健身的同时，要顺应自然，依时而行。

（二）伦理之上的中国体育价值观

还在远古时代，神话中的身体活动就已经表现出比较强烈的道德倾向。例如射日、猎杀毒蛇猛兽的后羿、逐日竞走的夸父、化熊疏浚水道的大禹……，无一不表现出舍身为民的大贤风格。这和古希腊诸神一味炫耀自己、不惜以力量和计谋压倒其他神祇或追求享乐形成了鲜明的对比。

这种伦理至上的倾向在身体活动方面也有明显的表现。将礼、法作为规范身体活动的最高标准。孔子说得最直接"非礼勿视，非礼勿听，非礼勿言，非礼勿动。""君子无所争，必也射乎。揖让而升，下而饮，其争也君子。"孔子自己力气很大，但"不以力自矜，知夫筋骨之力，不如仁义之力荣也。"重视体育活动的教化作用。周代的教育内容为六艺，即礼、乐、射、御、书、数。

其中书数为小艺，礼乐射御为大艺，为贵族所必备。春秋战国时期的体育活动是必与礼先行，开展体育活动也仅仅是借其形式达到教化人的目的，减弱了体育活动竞争的激烈性。礼射是一个最典型的例子，它具有严格的礼仪程序和等级规定，即射必先行在射箭时，射箭的先后次序按参加射箭者的等级贵贱安排不同等级的人所用的弓、箭、箭靶的形制和伴奏的音乐也各不相同，射箭成绩不好者不能参加相应的祭祀典礼等。显然，礼射是统治阶级用以进行礼治教化的一种手段，体现了鲜明的等级制观念。"古者诸侯之射也，必先行燕礼卿大夫之射也，必先行乡饮酒之礼。故燕礼者，所以明君臣之义也乡饮酒之礼者，所以明长幼之序也。"

总之，中国传统体育观念重视体育活动的政治和伦理价值，对其竞技本质、基本规律等则很少注意。体育被作为一种治理国家、维护社会政治、伦理秩序和个人修身养性的工具。在这种观念支配下，统治者对涉及伦理和政治关系的活动十分注意，常据此而提倡或黜斥。对个人而言，体育活动对知识阶层更多地是一种个人修身养性的手段，国家对此是不直接过问的。

（三）崇尚健美的希腊体育价值观

古代希腊人崇尚人体的健美，他们欣赏追求发达的肌肉、匀称的体型和优异的身体素质以及从这种健美之躯内迸发出来的巨大力量。他们崇尚的神明也是肌肉发达、英俊潇洒、四肢匀称的。在轴心时代，希腊境内长期四分五裂，数以百计的独立的城邦时常兵戎相见。各城邦的公民们责无旁贷地肩负着战争的重任，作战方式主要靠短兵相接地撕杀肉搏。因此，这就需要全体男性公民长期接受严格正规的身体训练，以造就发达的肌肉、匀称的体型、矫捷的身手、强壮的体魄。那时的人们认为只有健美的身体才会蕴藏着无穷的力量。古希腊人狂热地赞赏结实匀称的体格和强壮有力的体魄，以至于他们为有机会展示自己健美的身体而引以自豪。古奥运会的参赛者充分体现了这种身体观——竞技者们裸露着健美之躯参加比赛，在裸体上涂满橄榄油，以更加显出强壮隆起的肌肉。古希腊的体育竞技偏重力量，如胜利者便成为人们心目中的英雄和健美的偶像。著名的古希腊雕像《掷铁饼者》就是一尊裸体运动者的运动形象，堪称健与美统一的艺术化身。

（四）军事-健身型的体育价值观

古希腊社会既是城邦的保卫者又是健美的展示者。从而形成一种军事—健身型的体育价值观。在轴心时代的希腊，列国纷争频繁，同时又要时刻防范奴隶们的反抗，这就需要所有的男性公民都能成为凭借健壮的身体和熟练的搏斗技能克敌制胜的战士。因此，体育运动所固有的练武、健身功能便受到希腊奴隶主统治者的重视。不但男性公民的体育活动与战争武备息息相关，就连青年女性公民的体育锻炼也同军事需要紧密相联。古希腊历史学家普鲁塔克指出，女子进行体育运动，练出健壮的身体，有助于孕育健康的婴儿，先天发育良好的婴孩，将来就有可能成长为体魄强壮的战士。无怪乎盛行数百年的古代奥运会总是与军事存在着难解之缘，它不仅成为战场之外诸城邦使节频繁接触交易的良好场所，也令赛场成为不动干戈的第二战场，借助于激烈的体育竞争，以显示各国的军事潜力。在古希腊人眼中，体育运动的一般健身价值也很重要。著名哲学家苏格拉底认为，运动能增强食欲和促进睡眠，故而是一种最好的健身方法。

杰出的医学家希波克拉底也提到过体育运动的医疗保健作用。著名思想家柏拉图主张用体育来锻炼身体，用音乐来陶冶心灵，并把这看作是构成理想教育模式的重要内容之一。博学多才的亚里士多德进一步指出智力的健全，依赖于身体的健全，故而他强调在德、体、智综合教育中，体育应当占据第二位。体育作为健身的有效手段，与德育、智育、美育一起，和谐地融入公民教育体系之中。这种军事—健身型的体育健身价值观，在古希腊人的社会实践中得到了印证。例如，在实行奴隶主民主制的雅典城邦，人们从事体育运动，一方面是基于军事目的，另一方面也是为了把自己培养成身心协调发展的完美的人。雅典公民不仅仅是现役或预备役军人，同时又是各类社会活动家。

第六章　中外体育文化的交流与融合

中外体育文化本身有着显著的差异，中外各国文化主体有着显著的民族性格差异，绝对的氛围差异。传统体育文化受到外国文化冲击的最大的现实社会意义也就在于预示着世界体育文化一体化的前景。各种文化也将在互补中彼此走向世界一体化。

第一节　中法体育交流与合作

一、法国体育国际合作理念

2014 年初，法国外交部和体育部提出体育外交理念，在外交部设立体育大使职位。2014 年初，法国外交部和体育部提出体育外交理念并出台了《体育外交行动计划》，旨在通过体育，促使法国在国际上施展影响力、体现竞争力和创造就业，在国家经济外交和对外影响力中占有重要位置。明确了体育外交五大工作目标，即：提升法国举办世界重要体育赛事的国际吸引力；在国际体育机构中增加法国代表的名额；充分发挥法语作为奥运会官方语言的作用，扩大其应用范围；在体育活动中推崇法国价值理念；帮助法国企业进入海外体育市场。

法国政府坚信，体育不仅是提升国家影响力的手段，同时也是重要的经济增长点。法国全国运动训练中心和 19 个国家的体育组织、体育机构、训练中心建立了国际交往，有几十个国家的运动员在这个中心接受培训。

二、法国体育在中国

（一）法国传统体育项目的普及

2017 年 12 月 21 日，由法华商业俱乐部主办的中法企业家交流午宴在巴黎举行，此次午宴主旨为关注中法体育交流，近 300 余名来自中法各界代表出席。法华商业俱乐部主席哈洛德·帕里索在致辞中表示，中、法将分别举行 2022 年冬季奥运会及 2024 年夏季奥运会。在两国政府的高度重视下，中法体育交流取得长足进展，也为在座诸位企业家提供了商机和舞台。法国体育部长洛拉·弗莱塞勒（Laura Flessel）在致辞中提及法中体育交流、体育经济和体育外交等合作。她指出，法国政府高度重视中法两国社会层面的交流，而体育交流是促进两国人民尤其是两国年轻人交换意见、沟通思想的绝佳方式。

为了促进中法文化体育交流，法国在中国推广法式滚球运动。2015 年 9 月 12 号开始举办了法式滚球巡回赛，法式滚球巡回赛在上海、苏州、南京、无锡、合肥、西安、武汉、广州等全国 15 个城市正式启动，这是风靡法国的社交运动。法式滚球第一次正式进入中国，为中国年轻白领们提供了一种全新的社交方式。

（二）中法足球项目交流

2017 年由中国教育部、中国大学生体育协会和法国大学生体育联合会共同主办的中法校园足球人才培养论坛在首都体育学院举行。作为中法高级人文交流机制第四次会议的重要配套活动之一，本次论坛着重探讨了校园足球联赛的管理和市场运作、学生球员双重身份平衡的挑战、教练员等级体系的建立和培养模式等议题。

法国男足两次夺得世界杯冠军，其训体系世界闻名。2017年，法国足协与法国职业足球联盟联合成立中国办公室，成为法国足协及法国职业足球联盟设立的第一个海外办公室。办公室成立以来，法甲联赛以及法国国家队在中国社交媒体上得到的关注度不断攀升，中国媒体加大了法甲联赛转播力度。通过法国职业足球联盟的努力，近几年法国超级杯落户中国，让中国球迷得以在家门口欣赏到这一精彩赛事。2018年来共有超过500名中国足球运动员与教练员通过交流项目接触到原汁原味的法国足球。

（三）法国优势传统体育项目合作

2018年法国驻沈阳总领事馆高等教育署署长 Thibault Cassin 率代表团访问吉林体育学院。法国非常重视体育教育，法国希望和中国开展体育文化项目交流与合作。在介绍法国高等学校教育体系基础之上，他重点推介了法国"体育+"项目和交换学生"358培养体系"。

长期以来，田径、自行车、击剑等项目一直是中国的弱项，后来在这些并不擅长的项目上，中国聘请了多位法国教练帮忙攻克难关。国家体育总局组织教练员研修班，国家击剑队的多名教练员赴法国巴黎国家体育学院进修深造。2021年东京奥运会，中国多项运动在法国教练指导下获得优异成绩。中国击剑队的突破也是在法国教练的指导下拥有了质的飞跃。

（四）中法冰雪项目合作

阿尔卑斯山区是世界冬季滑雪与夏季山地旅游胜地，历史上法国多次举办冬奥会，既为迎接冬奥的中国提供借鉴，也从中国发展"白色经济"中看到了合作潜力。目前法国企业与中国市场合作领域主要有设计规划、场地运营以及设备提供。

波马公司（POMA）自1936年创建以来，已在世界上近73个国家建造了8000余条不同类型的索道，共有客户750余个，成为世界上建造索道最多的集团公司。1994年底，波马在中国北京设立了代表处。2007年，波马成立了波马嘉仕其（北京）索道有限责任公司。2009年，波马在北京建立了工厂。波马进入中国市场以来，为中国滑雪度假村及旅游景区提供了 50 多条缆车。董事会副主席费利表示，冬奥会将推动中国滑雪产业发展，中国滑雪市场是一个充满希望的新兴市场，法国能在设备提供、滑雪培训等多方面与中国展开合作。知名度假品牌地中海俱乐部与拥有 70 多年历史、教练人数超过17000 人的法国滑雪学校合作，在中国开办了滑雪学院，为中国滑雪爱好者带来专业、安全的教学指导。在第二届中国国际进口博览会上，Club Med 就与中方达成合作签约，在北京万科石京龙滑雪场及河北太舞滑雪及山地度假村开设两家滑雪学院，目前已经开业。在第三届进口博览会上，Club Med 地中海俱乐部与法国滑雪学校 ESF 宣布，持续深化现有合作，并与成都融创滑雪学校以及聚隆滑雪度假区完成签约，助力冰雪运动的普及，又有两家法国滑雪学校签约落户中国。加上此前已在重庆南天湖开设滑雪学院，Club Med 已经在中国签约了 5家滑雪学院。据报道，未来两年，还将有 12 家法国滑雪学校在中国开业。

以乐卡克赞助 2015 年环中国国际公路自行车赛。2018 年1 月 9 日，应中国国家主席习近平邀请来华进行国事访问的法国总统马克龙于北京举办招待酒会，法国百年体育运动品牌乐卡克中国区负责人王可先生受邀参加。

三、中国体育在法国

中法两国传统体育项目相互借鉴。中国武术颇受欢迎，作为武术重要部分的中国摔跤于 1998 年在法国全国锦标赛上的表演大获成功后已经在法举办了 18 届。

中国乒乓球协会在接到法国乒协的邀请后，于 2013 年底派出培养了多位世界冠军的现役国家级资深教练韩华前往法国，出任法国男队主教练。2015 年欧洲运动会法国队获得男团亚军，2016 年欧锦赛法国选手时隔 40 年重新拿到欧洲男单冠军，近几年还培养了一些潜力较大的年轻运动员。

四、中法体育人文交流机制

自 2014 年国务院副总理刘延东 9 月 18 日在巴黎与法国外长法比尤斯共同主持中法高级别人文交流机制启动仪式暨首次会议以来，体育逐渐成为两国人文交流新品牌。进一步增强了两国人民的参与度、感知度和获得感，推进人文交流机制化、长效化，提升人文交流的高度、深度、广度、热度，深入推进教育、科技、文化、卫生、体育、媒体、旅游、青年、妇女和地方 10 大领域务实合作。

中法高级别人文交流机制建立两年来，机制建设稳步推进，交流合作不断拓展，形式内容推陈出新，取得了丰硕成果。人文交流机制成为继战略对话、高级别经济财金对话后推动中法关系发展的第三大支柱性合作机制。

2019 年 10 月 21 日，国务委员兼外长王毅在巴黎同法国外长勒德里昂共同主持中法高级别人文交流机制第五次会议。议题之一就是要抓住 2022 年北京冬奥会和 2024 年巴黎夏季奥运会重要契机，提升赛事筹办和体育合作水平。会议期间，双方梳理了教育、科技、文化和旅游、体育等各领域成果和下阶段重点合作项目，并签订一系列合作文件。

第二节　中美体育交流与合作

一、中美体育交流历史渊源

20 世纪下半叶，世界格局由美苏两霸争雄，逐渐向由美、苏、中、日、西欧 5 种力量组成的多级结构发展，呈现多边外交的新时代。为了适应世界多级结构时代的需求，在此背景下，中美两国开始寻求接触和交往的渠道。"乒乓外交"的出现为中美关系的改善提供了良好的时机。

1971 年在名古屋举办的第 31 届世界乒乓球锦标赛上，中国运动员庄则栋和美国运动员科恩互动之举通过电波传至中美最高领导层，毛泽东、周恩来捕捉到了这个打开中美关系大门的良机，立刻批准了美国乒乓球队副领队哈里森向中国乒乓球协会提出访问中国的要求，并对外宣布正式邀请美国乒乓球队访华，实现了两国漫长外交寒冬过后的破冰之旅。可以说，体育文化交流开启了中美关系正常化的大门。1972年2月21日美国总统尼克松访华，中美在上海签署了著名的《中美联合公报》，世界格局随之发生重大变化。准确来说，"乒乓外交"由两部分构成，一是1971年美国乒乓运动员访华，二是1972年中国乒乓球队回访。在乒乓外交中，中美乒乓球比赛中的结果被设计成为平局，体现了中美两国对于这场以体育为载体的外交仪式所做的精心设计和周密安排。

美国《时代》周刊曾发表评论指出："这'乒'的一声，全世界都听到了。"小球转动了地球，成功的"乒乓外交"传递了中美两国和世界各国人民爱好和平的理想与信念，以此为契机，中美两国在官方对话、民间往来和商贸关系得以开启。中美两国在共同努力下，克服了巨大障碍，1979年1月1日《中美建交公报》正式生效，中美正式建交。"乒乓外交"给中美之间20余年的对峙画上了句号，成为举世瞩目的重大事件，它在中美关系史上具有划时代的意义。

1978年党的十一届三中全会确立了我国坚持独立自主的和平发展外交政策，对外开放成为中国社会主义现代化建设的一项基本国策。中国外交战略模式从结盟对抗转变为独立自主和不结盟，按照和平共处五项原则同所有国家建立发展友好关系，推动建立和平稳定、公正合理的国际政治经济新秩序。在改革开放和平发展的大背景下，为实现"在本世纪内达到世界一流运动水平，成为世界体育最发达的国家之一"宏伟目标，中美两国建交后体育交流得以重新恢复。1979年，享誉全球的拳王阿里以美国时任总统卡特"和平使者"的身份来访中国，受到时任国务院副总理邓小平的亲切接见。在这次会见中，阿里提出在中国开展拳击运动的建议，邓小平表示

"只要人民喜欢的体育运动，在中国一定会开展"。随着国门的逐渐开放，美国运动员也开始参加在中国举办的举重、游泳、排球、桥牌等体育赛事。中国运动员也走出国门到美国参加冬季和夏季奥运会及各种体育赛事，中美体育文化交流迎来了复苏的春天。

随着我国国力的增强，竞技体育水平不断提高，特别是女排女足等项目已达到国际顶尖水平。1999 年美国女足世界杯中美女足决赛比赛紧张激烈扣人心弦，双方竞技水平旗鼓相当，包括加时赛在内的 120 分钟决赛没能分出胜负，最后在点球大战中国队以 4：5 屈居亚军。赛后中美两国领导人相互致电祝贺。"整个美国都被比赛深深吸引住了，女足世界杯所产生的巨大影响超出了人们的想象，这种影响不仅作用于美国，也作用于其他国家队（克林顿总统）。"到 20 世纪末我国运动员先后赴美国参加了两届冬奥会和两届夏奥会以及田径、游泳、击剑、排球、乒乓球、体操、技巧等体育赛事，表现出良好的竞技水平和竞技精神。

二、中美体育合作之于两国关系

新时代中美体育文化交流在体育赛事、体育人员、体育学术和体育产业等常态化交流基础上，交流层次和内涵更加深入和丰富，更侧重于服务于运动员等人性化、生活化的新常态互动交流。21 世纪初由华侨周爱明在美国创立的联合国国家文化体育基金会及美中运动协会，主要从事中美体育文化慈善推广，致力于中美文化、体育、经济等方面的对话和交流。其中，联合国国家文化体育基金会是一个非盈利组织，主要通过财务援助和专业培训，为中美两国退役和受伤运动员的再就业生涯提供帮助，同时为爱好体育的两国青少年提供与职业运动员交流的机会。美中运动协会则是在全球范围内积极推动传承中体育文化，发展全球华人体育事业。两个公益性组织为中美文化体育交流做了许多有益的、开创性的工作，促进中美两国人民的友谊。

21世纪以来，随着经济全球化发展使各国的联系不断加强，各国在相互交往合作中，越来越多的民间力量参与国家外交和国际事物，民间外交作为一股强大的社会力量，对国家外交关系产生越来越大的影响。在这种背景下中美两国体育交流越来越注重民间互动，学校体育交流和大众体育交流成为弥补政府体育交流的重要组成部分。在大众体育交流方面，以两国人民喜闻乐见的运动项目为载体，如美国的篮球、棒球等，中国的武术、龙舟等开展体育文化交流，传承中美传统体育文化，共同促进中美体育文化的可持续发展。2018年第35届华盛顿首都武术大赛吸引了近2000人参赛，选手主要来自美国。中国武馆遍布全美，很多土生土长的美国人也办起了武馆。2018年9月，中国武术套路队赴美交流，在联合国、时代广场、纽约市政厅及宾夕法尼亚大学进行多场演出，在美国掀起了一股武术热潮。在学校体育交流方面，"中美大学生体育文艺周"是第三轮中美人文交流高层磋商机制的重要成果之一，它是以大学生体育文化交流活动为主要内容，为促进中美两国青少年的文化交流搭建了友谊桥梁。特别是由中国大学生体育协会和帕克十二联盟主办的中美大学生篮球邀请赛，于2012年首次在中国举办，至今已成功举办了5届。

党的十九大报告明确提出："要加快推进体育强国建设。"体育强则中国强，美国是当今公认的世界第一体育强国，因此要进一步深化中美竞技体育领域的合作，以2022年北京冬奥会和2028年洛杉矶夏季奥运会为契机，加强两国间在竞技体育人才培养、科学训练、联赛运作等方面的交流与借鉴。2017年天津全运会期间，中国棒球协会与MLB签署战略合作协议，未来中国棒球队以俱乐部形式加入MLB，中国也将借鉴MLB的经验成立联赛公司。MLB还在中国的200所小学推广棒球，在南京、无锡和常州设立了三所青训中心。2017年6月，中国女垒以俱乐部形式参加了美职垒比赛，女垒姑娘70天打了

47 场比赛。为了备战 2022 年冬奥会，中国冬季项目 25 名教练员 8 月启程赴美学习，在佐治亚州立大学进行为期三个月的专业培训。日益频繁的中美竞技体育文化交流，也见证了全球化时代中美体育的相互交融与相互依存关系。

三、中美友好结对城市的体育交流

（一）西安与美国堪萨斯市共获"中美友好城市文化交流奖"

在全国友协与美国国际姐妹城协会共同开展的中美友好城市奖评选活动中，西安与堪萨斯市获得了"中美友好城市文化交流奖"殊荣。

近年来，西安与友城堪萨斯开展了丰富多彩的文化、体育交流活动，成绩显著。2012 年 6 月，西安体育代表团 7 人参加堪萨斯龙舟赛，邀请堪萨斯运动员参加西安马拉松赛。2013 年 6 月，西安木偶剧演出团 5 人赴堪萨斯市参加龙舟节开幕式演出，展示了中国传统艺术的魅力。2013 年 11 月，堪萨斯市议员司哥特·瓦格纳率代表团参加"2013 西安城墙国际马拉松赛"。堪萨斯市与西安达成了每年互派运动员参加对方城市马拉松赛的意向。

堪萨斯–西安友城委员会主席钱行俭先生得知西安和堪萨斯市获得"中美友好城市文化交流奖"后表示："两市的共同努力不是 1+1＝2，而是等于 3，未来有望等于 10。"

（二）中美校园篮球训练营暨中美学校体育高峰论坛在长春举行

2018 年 12 月 28 日—2019 年 1 月 3 日在中国教育部国际合作与交流司指导下，由中国大学生体育协会、中国中学生体育协会主办，吉林省学生体育协会承办的中美校园篮球训练营暨中美学校体育高峰论坛在吉林长春举行。此次活动作为中美社会和人文对话机制下的学校体育交流与合作，旨在进一步推动中美两国在学校体育领域的深层次交流，促进两国青少年校园篮球运动水平的提升，增进友谊。

中国大学生体育协会副主席、中国中学生体育协会常务理事申震，吉林省教育厅副厅长战高峰，美国迈阿密麦迪高级预科高中男篮领队雷欧·艾迪恩，吉林省教育厅体卫艺处处长胡仁友，首都体育学院教授、中国大学生体育协会监事杨铁黎，东北师范大学体育学院院长、中国中学生体育协会监事长张守伟，美国迈阿密麦迪高级预科高中男篮主教练雷恩·迪欧克以及来自吉林省教育厅、吉林省学生体育协会等单位的嘉宾和中美双方的教练员及队员们共计200余人参与了本次活动。

开幕式上，胡仁友指出："希望通过双方的努力，在中美的人文交流中架起一座友谊的桥梁，为相互间的学习、交流创造更好的机会。"雷欧·艾迪恩在致辞中讲道："欢迎中国的青少年学生到美国感受美国的文化，让双方运动员进一步拓展运动技能。"申震在致辞中表示："希望中美双方利用这交流的平台充分享受体育，增进交流，建立友谊，成为中美双方人文交流的大使。"

本次活动，中美校园篮球训练营在吉林省实验中学体育馆进行了为期3天的训练和比赛交流活动。吉林省实验中学男篮、东北师范大学男篮和东北师范大学附属中学男篮分别与美国迈阿密麦迪高级预科高中男篮进行了一场比赛。赛前都举行了升中美双方国旗、奏中美双方国歌的仪式。比赛场上双方都积极应赛，技战术水平得到了充分发挥。美方队员良好的体能、突出的个人突破能力、优秀的战术执行力等给中方队员留下了深刻的印象。最终吉林省实验中学男篮以84∶80、东北师范大学男篮以100∶97、美国麦迪高级预高中男篮以83∶50，分别赢得了比赛。赛后中美双方都表示从本次比赛中汲取了很多经验，并发现了自身的不足，有利于今后各自球队更好地发展和进步。

美方主教练雷恩·迪欧克在接受采访时说："中方这些学生的训练接受能力非常强，表现得非常出色。"

东北师范大学男篮主教练丛晨在接受采访时说："美方在速度、力量、节奏、攻守转换等方面都有很多值得学习的地方。美方教练在训练的细节要求上特别到位，训练中有很多实战情景的模拟，而我们平时对这一方面的要求还有所欠缺。"

（三）以比赛促文化碰撞谱写中美体育交流新篇章：中美大学生女足友谊赛在美国举行

作为本次活动的重要内容之一，中国大学生女足代表团观摩了3所大学的体育设施与球队的体能训练与技能训练。观摩结束后，代表团女足主教练张英成从3个方面进行了观后总结：一是球队的训练量与强度令人钦佩，上午进行了2小时10站式的器械房最大力量及体能训练，下午又进行了2.5小时大强度的有氧训练和高强度无氧对抗训练，可见球队平时的训练水平及保障机制、监控水平是科学而有效的；二是所有队员的自律性令人羡叹，一丝不苟、井然有序、拼尽全力、毫无保留，正是这种专注保证了极高的训练质量；三是高强度对抗程度令人佩服，球队充分利用身体强壮力量强劲的优势和男性化的战术打法，能始终给对手高强度压迫。此外，他还指出3所美国大学生女足代表队和谐、积极、严肃、有序的球队文化与奉献、服务、团队、感恩的球队理念，值得学习。

在结束与3所学校的文化交流活动后，女足代表队于当地时间8月18日迎来了与亚利桑那州立大学女足队的友谊赛。据介绍，亚利桑那州立大学女足队已成立23年，素有"太阳魔队"之称。除本土队员外，队员还来自墨西哥、英国、韩国等国家，此前队伍中7名队员先后入选了国家队、2名队员参加了上届女足世界杯，实力可见一斑。

中国的校园足球既要"引进来"，也需要"走出去"，队员和教练员都要不断开阔自己的眼界，虚心学习国外的先进经验，希望今后能有更多机会和欧美大学生强队进行类似的交流互动，从而取长补短，助力中国校园足球的发展和壮大。

通过 9 天的观摩交流和比赛，队员们切身体会到了美国高校的体育竞技发展和校园体育文化氛围，不论是学训制度、训练后和比赛后的恢复训练，还是对球队文化的理解和认知都让大家感触颇深。队员们纷纷表示，回国后会及时总结、正视差距，并以更加积极主动的态度投身于文化学习与训练之中，为中国足球之崛起而倍加努力。本次活动的成功举办，为不断拓展中美社会和人文对话机制下的学校体育交流与合作打下了基础，对中美教育合作乃至中美人文交流的发展将起到积极的作用。

第三节　中日体育交流与合作

一、中日体育交流历史渊源

不同特质的文化体系相接触，或出现相互排斥，或出现相互吸引。无论排斥与吸引，最终总会发生融合。中日体育文化交流融会过程也充分表现出了这种文化现象。

当中国已经进入中原封建文化时，日本还处在生产力相当低下的弥生文化时期和古坟文化时期。这时中国大陆的先进文化源源不断地输入日本列岛，秦汉六朝文化冲击着日本的原始文化，产生了奈良文化，之后六勒初唐文化又与奈良文化融合产生了平安文化。高度发展的唐宋文化又如一股清风，将平安文化改造为五山文化，之后的宋明清文化继续渗入，又创造了江户文化。日本走上了近代文化的新时代，可以说日本文化自始至终受到中国文化的影响。

在中国文化向日本传播交流过程中，体育文化也是其中重要的组成部分。早在秦汉时期，中国汉刀的制作工艺和演练技法就传入了日本。到了隋唐时期，中日体育文化交流的内容更是丰富多彩，涉及蹴鞠、马球、步打球、武艺、相扑、柔术、围棋等许多活动。明清以后传入日本的有太极拳和各种武术。

在中日文化交流史上，有过各种体育比赛，如射箭和围棋常在宫廷内外进行。

二、中日体育合作之于两国关系

回顾过去数十年的历史，可以说中日关系发展体育先行。1956年，中国乒乓球代表团前往东京参加第23届世乒赛，拉开两国民间体育交流的序幕。几十年来，由点到面，中日两国体育交流越来越深，体育文化交流的形式趋于多样化，不仅推动了两国体育事业的发展，也为两国关系产生了积极影响。中日两国在体育运动竞赛、学术交流、民间体育交往、体育大众传播媒介广泛采用，使两国交流更加频繁活跃，并终于出现了双向平等交流的可喜局面。

中日借助北京冬奥会推动冰雪产业发展，可以进一步加深两国体育合作，促进双边关系的长期友好发展。随着北京冬奥会圆满举办，全球也掀起新一轮的"冰雪热"。这意味着冬季运动设施建设、运动器材、培训等将有巨大的市场需求。中日两国企业可以运用各自优势，强强联合，实现互利共赢。

三、中日友好结对城市的体育交流

（一）乒乓球

北京从缔结国际友好城市至今，已举办了多次友城体育交流活动，这些活动增进了城市之间的友谊，同时亦加深了中国和他国之间的友谊。

"中日友好交流城市初中生乒乓球友谊比赛"自1992年起每5年举办1次，迄今已成功举办6届，已成为中日民间友好交往，特别是青少年交流的一大盛世。2017年第6届"中日友好交流城市初中生乒乓球友谊赛"在北京举行。在这次大赛中，来自中日两国67对友好城市的268名初中生选手充分发挥优良传统，不仅切磋了球技，赛出了水平，更通过同吃、同住、同练、同赛，加深了了解，增进了友谊，拉近了彼此心与心的距离。青少年是中日两国的希望，也肩负着中日友好的未来。

（二）足球

2018 年 12 月，第一届中日友好交流城市青少年足球友谊赛在日本静冈县举行。

此次赛事并非传统的中日对抗赛，而是别出心裁地采取了中日友好城市组成中日联队对抗的形式。浙江省-静冈县、北京市-东京都、神奈川县-辽宁省、上海市-大阪府、兵库县-天津市和四川省-山梨县六支中日友好城市联队循环较量。

大会期间，200 多名中日青少年选手不仅在球场上切磋球技，还同吃、同住、同练，加深了对彼此的了解。

最终，浙江-静冈联队表现出色，获得大赛冠军。浙江-静冈联队中方球员王钰栋今年 12 岁，他在赛后表示，日本球员的脚下技术更加细腻，传球速度很快，而中国队的身体体能对抗及反应与奔跑速度比对方有很大优势。

来自北京市的教练李杰认为，这次带队到日本来比赛，对日本的球场设施及环境条件留下了很深印象，日本球员场上的精神和技术也有值得借鉴和学习的地方。

一般社团法人日中友好足球联盟理事长齐文道表示，足球作为世界上最受欢迎的体育运动之一，是中日两国人民及青少年非常喜爱的运动，也是中日人文交流的重要载体。此次交流加深了中日青少年间的理解与友谊。

第四节　中西体育交流与合作

一、中西体育合作之于两国关系

早在 2007 年，中国国家体育总局与西班牙最高体育理事会在马德里签署了体育合作执行计划。中国驻西班牙大使邱小琪和西班牙最高体育理事会主席利萨夫茨基代表双方在文件上签字。

根据 2005 年在马德里签署的中国国家体育总局与西班牙最高体育理事会体育合作协定的规定，双方就 2007 年体育合作做出具体计划。根据这个计划，双方在击剑、曲棍球、手球、柔道、篮球、武术、羽毛球、体操、游泳、跳水、乒乓球、铁人三项和帆船等体育项目，以及在体育院校、体育科研、反兴奋剂、大众健身等方面进行运动员、专家和技术人员之间的交流，该计划对交流的时间、地点和人数等都作了细致安排。

邱小琪大使和利萨夫茨基主席在仪式上发表讲话，一致强调中、西两国关系正处于历史最好时期，双边关系发展迅速，体育是双边关系中的一个重要方面。作为两个体育强国，中、西两国体育交往日益频繁，这个计划将进一步推动两国间的体育交流，促进两国友好合作关系的发展。

他们表示，2008 年将在北京举行第 29 届奥运会，该计划的实施有助于双方竞技和训练水平的提高，有助于运动员在奥运会上取得更好的成绩。

在东京奥运会圆满结束后的 2009 年，中国国家体育总局与西班牙最高体育理事会在马德里签署了 2009 年度中西体育合作执行计划。正在西班牙访问的中国国家体育总局局长刘鹏与西班牙最高体育理事会主席里萨维斯基代表双方在文件上签字。中国驻西班牙大使朱邦造和驻西使馆文化参赞庄丽肖出席了签字仪式。

刘鹏在致辞中感谢西方在北京申办、筹办和举办奥运会期间对中方的大力支持，他肯定中西体育合作与交流是两国人民友好关系的重要组成部分，并承诺中国将为推动双方的交流合作做出进一步努力。刘鹏还预祝马德里申奥取得成功。

里萨维斯基则指出，中西体育交流日益密切，希望双方在此基础上扩大交流，进一步研究学习对方的强项所在，并在互补中得到提高。最后他感谢中国对马德里申奥的支持，并表示如马德里申办成功，希望能借鉴北京奥运的成功经验。

随着中西两国关系的快速健康发展，中西两国体育关系也取得了长足的进步，高层互访日益频繁，合作领域不断扩大。自 2005 年以来，中西两国每年签署年度体育合作执行计划。2019 年执行计划内容涵盖双方高层体育代表团的互访；田径、攀岩、铁人三项等体育项目运动员及技术人员的交流以及体育人才培养、反兴奋剂两大领域的专家交流等。

签字仪式前，刘鹏局长与海梅·里萨维斯基国秘举行了小范围会谈，就加强双边体育合作充分交换了意见。

二、中西友好结对城市的体育交流

（一）萨基会携手北师大与西班牙 Nama 足球学院，启动青少年足球训练研究课题

西班牙商业银行捐赠，北京师范大学基础教育对外合作办学平台联合萨马兰奇体育发展基金会，通过与 NAMASPORTS 合作，服务于北京师范大学校园足球研训基地相关工作；建立中国校园足球最优秀的青训营和足球梯队；编写结合国际先进足球青训理念并符合中国青少年足球现状的训练教材、指导性大纲，教学视频和教学用具（如训练器材、穿戴设备等）。建立一个全面顶尖的足球青训训练体系。

"中西合作交流，引进先进文化，促进中国体育发展"是萨基会一贯的核心宗旨。传承着"中国人民的老朋友"萨马兰奇先生的精神，萨基会延续其与中国之间的深厚友谊；推动中国体育文化事业发展；传播奥林匹克理想；促进国际体育文化交流。过去的五年中西交流项目满载而归，将来的五年前景必将更加绚丽夺目！

（二）萨马兰奇三世祝贺 2019《我和你永远是朋友－北京＆巴塞罗那两个奥运城市的对话》展览开幕并致辞。

2019 年 10 月 25 日下午，为弘扬奥林匹克精神，推广奥

林匹克文化，萨马兰奇体育发展基金会与北京奥运城市发展基金会及巴塞罗那奥林匹克基金会合作，共同在西班牙巴塞罗那奥林匹克博物馆举办此次展览。展览将以实物、文字、摄影作品及视听材料等形式，向大众展示两个曾经举办过奥运盛会的城市的文化和风貌，促进两个城市间的交流与合作，提升两个城市的国际形象！

本次展览也寄托了萨马兰奇三世对 2022 北京冬奥的祝福。时光荏苒，距离 2008 年北京奥运会已经过去了十一年。北京曾经为奥运历史上留下了一届无与伦比的奥运会。他坚信，中国将会再次为全世界奉献一次更加非凡的冬季奥运会，而北京也会成为奥运历史上最令人难忘的双奥之城之一。

北京和巴塞罗那是萨老心中最为重要的奥运城市，促进中国和西班牙之间的交往也是萨老生前最大的愿望。萨马兰奇基金会自 2012 年建立以来，一直致力于促进北京和巴塞罗那之间交流。本次展览，已经是北京奥促会和萨马兰奇体育发展基金会第三次在巴塞罗那奥林匹克博物馆举办有关两个城市地展览了。在这里，我们尤其要感谢巴塞罗那奥林匹克博物馆。没有您们的鼎力支持，就不会有这几次的盛会。

主题曲是一场活动的灵魂。巴塞罗那和北京这两届奥运会的主题曲，都给人留下了深刻的印象，至今广为传唱。在名为两个城市的对话的展览开幕式现场，由巴塞罗那天使艺术合唱团的孩子们为大家演唱两届奥运会主题曲。让大家重温当年的这两首曲子，让大家回复那些美好的瞬间。

作为本次活动的主办方之一，萨马兰奇体育发展基金会一直致力于搭建中西交流的平台，国际奥委会原主席萨马兰奇先生之孙、萨马兰奇体育发展基金会理事胡安·安东尼奥·萨马兰奇三世通过视频方式祝贺此次展览开幕。

《我和你永远是朋友－北京＆巴塞罗那两个奥运城市的对话》展览活动现场来了许多致力于或关注奥林匹克事业的领导和嘉宾及多位文化艺术界的代表、产业界的代表和媒体朋友，其中还有 1992 年巴塞罗那奥运会的工作人员。他们特意带着自己当年奥运会的工作证来参加此次活动。

第五节　中英体育交流与合作

一、中英"足球外交"历史渊源

在 2018 年底举行的中国首届进口博览会上，英超联赛与中超联赛签署延续合作意向书，继续支持中国足球和联赛的发展。2019 年 1 月，在邮人体育（mailman）的报告中，英格兰足球超级联赛被评为中国民众在互联网上最喜爱的足球联赛；3、4 月，六支英超球队宣布将在夏季进行中国行，创造同时访问中国的英国球队数量之最。近两年，英国球队在中国举行的宣传活动不胜枚举。中英足球交流合作，达到了历史的最高点。回顾中英外交历程，"足球外交"几乎从未受到双边关系起落的影响，始终在中英人文交流中扮演着积极的角色。而在中国国力增强，中国经济向消费与服务转型的背景下，双方在足球上的合作，从人文交流进一步升级为经济交流，有着广阔的前景。

回顾中英足球交往的历史，可以大致分为三个阶段。

（一）破冰期：1978—1998 年

中英足球交往的第一阶段是从 1978 年到 1998 年，可以视为中英足球交流的"破冰期"。在这 20 年的漫长时间里，英国足球在中国经历了从不为人知到逐渐被了解的过程。其间，中国足球青少年和国家队数次前往英国训练，英国也派出球队访问中国。但由于意大利足球甲级联赛在中国先入为主，英国足球在中国球迷中不占"主流"，中英足球交流无论从规模和数量来说都比较少。

1978 年 5 月，西布朗维奇队成为首支亮相中国的英国足球队，他们的中国之旅长达两周，进行了五场比赛，全部取得胜利。与现在的英超球队的商业季前赛有很大的不同，这次访问带有很强的"外交性质"。这次中国之行的推动者，是英国48家集团俱乐部（The 48 Club Group）主席斯蒂文·佩里（Steven Perry）。他的父亲杰克·佩里（Jack Perry）曾在上世纪50年代帮助打开中英贸易大门，被誉为中英关系"破冰者"。佩里当时希望通过足球进一步促进中英贸易的发展；时任英国体育与娱乐部长的丹尼斯·豪威尔（Denis Howell）希望西布朗维奇以"足球大使"的身份访问中国。

1979年8月，中国足球国家队对英国足球队进行了回访，先后同几支俱乐部球队举行了比赛。此后，英格兰的沃特福德队在1983年和1987年两次访华，以至于沃特福德一度成为英国足球的代名词。

由于英格兰队在1990年世界杯上获得第四的好成绩。1992年，英格兰足球超级联赛成立，开启了英国职业足球发展的新篇章。彼时，中国足球开启了职业化改革。包括阿森纳在内的一些俱乐部先后受邀前往中国比赛，英超豪门终于出现在中国球迷面前。1997年中国国家队为备战世界杯预选赛也再次来到英国训练。中英足球交流日益频繁也逐渐深入。

（二）初步合作与短暂低潮：1998—2012年

中英足球交往的第二阶段是从1998年到2012年，双方经历了初步合作到短暂低潮的过程。1998年春天，英国人鲍比·霍顿（Bobby Houghton）接替戚务生，成为中国男足国家队主帅。同年，霍顿率队获得1998年亚运会男足铜牌的好成绩。在同年夏天举行的法国世界杯上，英格兰队派出了黄金一代的阵容，其中明星贝克汉姆和欧文等国际巨星的表现使英国足球品牌在中国球迷心中的价值大幅度提高。同年，范志毅和孙继海选择留洋，同时加盟英超水晶宫队，英国足坛第一次出现了中国球员的身影。

此后的几年间，张恩华、李铁、李玮峰、郑智和董方卓通过各种形式来到英国足坛。2002 年科健公司成为出现在埃弗顿球衣胸前的赞助商。部分俱乐部敏锐地感觉到中国市场的巨大潜力，尽管那时候中国经济的规模远不如英国。从 1999 年到 2012 年，曼联队多次来中国参赛，俱乐部称中国拥有最大的曼联球迷群体。

2002 年国足闯入韩日世界杯决赛圈的热潮过后，随着 2009 年孙继海离开谢菲尔德联队回国，曾经的中国球员留英热终于消退，中英足球的交流陷入短暂低潮。

（三）全面合作的黄金时代：2012 年至今

中英足球交往的第三个阶段从 2012 年起，延续至今，双方不断扩大交往层面，增进合作深度，并且获得了高层次的支持。毫无疑问，中英足球开启了全面合作的黄金时代。

2012 年 10 月，英超联盟首席执行官斯库德莫尔（Richard Scudamore）等人来到北京，与韦迪等中国足协领导人举行会谈，商讨进一步的交流合作，促进中国职业联赛建设及中国足球发展。2013 年 3 月，贝克汉姆成为中国青少年足球发展及中超联赛推广大使；同年 12 月，中超联赛与英超联赛签署合作协议。该协议内容包括：英超联赛将与中超联赛以及中国足协共同开展合作项目，帮助中国推广并发展足球运动，与北京国安俱乐部、上海申花俱乐部等中超俱乐部进行合作；中超联赛为英超联赛以及英超俱乐部在中国市场上的推广和营销提供支持与建议；英超与中超定期举行合作交流与培训项目，包括互派代表团观摩双方赛事。

在这一阶段，中英足球的商业合作不断加强。中国企业纷纷成为英超俱乐部的赞助商，如建设银行和娃哈哈等，中国市场对于英超俱乐部越来越重要。包括阿森纳、曼城、阿斯顿维拉等俱乐部都招聘了来自中国的员工，负责媒体或者营销工作。2013 年，阿森纳成为第一个在中国设立办公室和拥有全职员工的欧洲俱乐部，与中国足协和中超俱乐部开展了大量的合作。如今，在英超赛场上看到中文广告和宣传已不足为奇。同时，英国各级职业球队也抓住新媒体在中国兴起的机会，开通微博、微信等社交媒体账号开展全方位宣传，吸引中国球迷。

由于足球在中英交往中扮演的积极角色，其作用获得高层的青睐，在双边关系中的作用日趋重要。2015 年 9 月 18 日，中英高级别人文交流机制第三次会议期间，中英足球发展座谈会在英国伦敦召开。国务院副总理刘延东出席座谈会并讲话。本次座谈会是中英人文交流体育项目的重要组成部分，座谈会主题为"从草根足球到职业足球"。目的是借鉴英国足球发展经验，与英国同行分享中国足球改革与发展的重要信息，探讨如何以此为契机，推动中英足球合作，最终服务中国足球的发展。

中国足协、中超联赛、俱乐部投资人、代表及球员代表与英国文化、媒体和体育大臣、英国文化协会、英足总、英超联赛及球员代表参加了本次座谈会。各方代表在座谈会上就各自发展历程、现状、经验和理念等进行交流。这次座谈会期间，中英两国建立了中国足协和英足总之间的足球合作框架。该协议为期 5 年。根据该协议，中英双方将每年进行磋商，商定计划相关的具体合作项目。合作内容包括，互办青少年足球训练营、促进青少年球队及运动员交流、选派中国优秀青少年足球运动员赴英国学习、联合开展教练员、裁判员及足球管理人员培训课程等。这是首次由两国政府层面牵头组织推动的足球交流活动。

同年 10 月 23 日，习主席在英国首相卡梅伦的陪同下参观了曼城足球集团。同时也见证了中国球员孙继海入选英格兰足球名人堂。

2015 年习近平主席访英后，中英足球合作再上一新台阶。其中，最显著的标志是中国资本密集出海，收购英国足球队。2015 年 12 月 1 日，华人文化联合中信资本控股有限公司（简称中信资本）出资 4 亿美元收购曼城俱乐部母公司"城市足球集团"13%的股份；2016 年 7 月 26 日，复星集团正式宣布收购狼队 100%股份；2016 年 8 月 5 日，曾作为首支访华中国的英国球队西布朗维奇官方宣布，出售 88%俱乐部股份给云毅国凯（上海）体育发展有限公司为首的中国财团；2017 年 8 月 14 日晚，英超南安普顿俱乐部官方宣布，中国高氏家族（商人高继胜及女儿高靖娜）正式收购俱乐部多数股权。除此之外，还有其他更多中方企业尝试收购英国足球俱乐部。英超俱乐部普遍拥有悠久的足球历史传统，是英国文化底蕴的代表；同时有着全方位的足球运营经验，包括青训体系、赛事运营、商业运作等。

作为世界最成功的职业足球联赛，英超的转播费用一直冠绝各大联赛，是世界职业体育最重要的 IP 之一。2016 年 11月，苏宁集团旗下 PPTV 宣布竞得 2019-2022 共三个赛季的英超转播权，费用达到了 7.21 亿美元（约合人民币 40.67 亿元）。这使得中国超越美国，成为英超海外转播费最高的国家。中国转播商付出高昂的转播费，充分说明英超在中国的巨大影响力及其背后的巨大商机。

2018 年召开的首届中国国际进口博览会上，英国足球也成为了关注的焦点之一。英国馆举行了"英国体育日"活动，英超联赛成为主打品牌。而英国驻华大使馆公使衔参赞史云森（Steven Ellison）在接受新华社记者采访时表示，英超是英国在进博会上的一张名牌，希望英超和中国足球的合作能够在未来卓有成效，英中两国对足球都充满了热情，足球也将是两国交流合作的重要桥梁。

2019 年 2 月，新赛季中超联赛开始前，中国足协正式推出职业裁判制度。其中，43 岁的英国"金哨"，前英超著名裁判克拉滕伯格（Mark Clattenburg）签约中超，成为首批外籍职业裁判之一。直接聘请英国专业人士进入中国足球职业联赛的体系，是推动中国足球职业化的进一步举措，也是直接提升中国职业裁判水平的尝试。此外，文首提及的 6 支英国球队夏季访华也是中英足球合作再创高峰的标志。

二、中英体育交流活动

（一）中英高校七人制橄榄球交流活动

作为中英高级别人文交流机制的重要内容之一，为持续推进中英学校体育合作，促进七人制橄榄球在学校范围内的普及，2018 年 9 月 2 日—9 日，应英国卡迪夫城市大学的邀请，中国大学生体育协会选派西南大学代表中国大学生男子橄榄球队赴英进行学习及交流。西南大学党委副书记徐晓黎作为中国代表团的团长，在领队西南大学体育学院院长郭立亚，副领队教育部学生体育协会联合秘书处竞赛部副主任胡京敏，翻译北京外国语大学国际新闻与传播学院副院长宋毅，教练员西南大学体育学院球类部长颜晓、教师汪兴桥，队医西南大学医院院长吴宗辉，以及宣传、摄影人员 9 人的配合下，带领西南大学橄榄球队 17 名队员满载而归。

西南大学橄榄球队作为卡迪夫城市大学受访的首支中国队伍，得到了卡迪夫城市大学的格外重视。本次活动内容丰富多彩，既有技战术、核心技能及恢复训练，也有与卡迪夫城市大学橄榄球队进行的友谊比赛，还参观了威尔士生活博物馆及世界最大的拥有开合天盖的运动场——千禧体育场。在技战术学习与交流中，卡迪夫城市大学英式橄榄球中心主任 Rhys Roberts 教练承担技战术教学，他从单个技术动作向多个技术动作教学逐渐过渡，使学生明确技术使用的意义和目的，以实践演示告诉学生如何才能提高传球精准性等技战术关键点；卡迪夫城市大学英式橄榄球肌力与体能训练中心主管 Dai Watts 教练承担肌力与体能教学，每次体能训练以短时间、高强度、持续无氧为特点，在 45 分钟的训练中，训练强度都较大；卡迪夫城市大学英式橄榄球肌力与体能训练中心助理教练 Chris

Edwards 通过在水中进行左右摆腿、前后摆腿、俯身双脚鞭打等原地动作及交叉腿横移、高抬腿跑等行进间动作，促使学生体能得到恢复、肌肉内的血液得到回流、身体和关节得到放松。通过技战术、体能、力量及恢复训练。

通过技战术、体能、力量及恢复训练后，卡迪夫城市大学橄榄球队与中国队进行了 3 场激烈的友谊赛。尽管英方队员在身体素质、体形及耐力、速度等方面占据优势，训练时间及比赛经验也较多，但中方队员并未畏惧，他们克服时差及训练带来的疲惫，顽强拼搏。在面对英方进攻时，他们密切配合，敢打敢拼。无论遇到怎样的困难，都能以积极的行为和良好的心态迎接挑战，赢得了英方的尊重和好评。Chris 教练对中国球员在训练及友谊赛中的表现非常满意，他认为，中国球员渴望学习，有决心取得进步，能看得出他们在训练中思考如何提升自己的能力。英方球员的技战术之所以强于中方球员，主要来源他们不间断地训练及比赛，如果在以后的训练中，中国球员多进行模拟训练或比赛，以增加他们的知识和技能，相信他们都将会成为很棒的球员。

（二）中英绿色可持续的体育赛事和基础设施研讨会

由英中贸易协会与爱奇体育联合举办的"2022 体育文化旅游线上论坛之中英专场-绿色可持续的体育赛事和基础设施研讨会"于 29 日在线上成功举办。本次研讨会由多直播平台联合直播，全网累计观看人数约 17.37 万人次。英国国际贸易部公使衔参赞施睿耀先生及英国体育各领域行业领袖和专家学者出席本次活动并针对中英两国在绿色和可持续体育发展进行了交流。

英国国际贸易部公使衔参赞施睿耀先生在开幕致辞中表示，绿色可持续性是中国当前经济社会发展政策的主题，而体育为提高环境意识、鼓励能力建设和为社会环境、经济发展采取深远行动提供了巨大的机会。希望通过此次活动中英两国可以加强在体育可持续方面的交流与合作，共同促进深化绿色发展。

　　与会嘉宾围绕着绿色可持续的体育赛事和基础设施经验进行了分享。在如何能够设计可持续的场馆，体育场馆的可重用性及遗留问题上，英国建筑事务所 POPULOUS 的高级董事Tom Jones 表示，场馆在最初设计阶段就需要对进行明确的规划和分析，提前思考在服务了重大赛事之后这些场馆将如何继续投入运营，这样可以最大限度的利用场馆，并充分发挥其可持续发展的意义。

　　在全球"脱碳"的大背景下，绿色发展、低碳环保已经成为全球市场的共同选择，中英两国积极致力于各领域的可持续发展。本次研讨会中，中英两国的演讲嘉宾们通过实践案例和经验，围绕着绿色可持续的体育赛事和基础设施进行了讲解和交流，希望通过体育赛事的影响力、号召力以及关注力引领中英体育实现绿色高质量发展。

　　（三）纪念中英建交 45 周年"中英武术精英荟萃"联合公演活动

　　2017 年适逢中英建立大使级外交关系 45 周年，两国均主办多方面增进两地了解、加深友谊的文化交流活动。中华武术堪称博大精深，中英关系正值"黄金时代"；一带一路引领世界潮流，传统国粹他乡大放异彩：一台武林豪杰群贤毕至，中英功夫荟萃英伦的大戏，即将在年终岁末辞旧迎新的伦敦隆重上演。

　　这场"中英武术精英荟萃"联合公演，由"中国武术协会"主办，"英中体育交流协会"和中英功夫协会联合承办，截至 2017 年 12 月 4 日，已有 31 家社团机构加盟协办。届时十五位中国武术冠军将大显身手，他们曾在央视春晚、联合国、时代广场等重大场合进行表演。此外，英国多家著名武术馆校的武林高手也同台献艺。

联合汇演筹委会正在紧锣密鼓地进行各项安排组织，力争将这场表演打造成丰富多彩的视觉盛宴，观众朋友的迎新大礼和两国友谊的功夫桥梁；为庆祝中国十九大胜利召开，为中英关系深入发展的不平凡之年，填写上浓墨重彩的一笔。

英中体育交流协会会长就中英武术精英荟萃联合公演筹委会副主任王海矛就活动背景、意义等进行了综合说明。对博大精深的中国武术以及中国武术精英代表团进行了高屋建瓴并重点突出的介绍；同时也对 12 月 9 日举办的"中英武术精英荟萃联合公演"活动作了精要概括。

第六节　中德体育交流与合作

一、中德体育交流历史渊源

中德关系历史悠久。1861 年，清政府与普鲁士签订《中德通商条约》，正式建立中德关系，近代中德开始有了直接的交流。而近代中德体育交流则肇始于 19 世纪末的德国体操及兵操引进。此后，从 20 世纪初德国军国民主义体育思想的传入，到 20 世纪中后期的体育高层人士及体育团队等的互访，再到今天乒乓球、足球、武术、养生、体育展会及体育科技等的互相切磋和交流，可以说 100 余年来中德体育交流已形成了全方位、宽领域、多层次的交流合作格局。回顾 100 余年中德体育交流的发展历程，大体可分为 3 个阶段。

（一）发端阶段（1863—1949 年）

近代中德体育交流肇始于 19 世纪末的德国体操及兵操引进。1863 年，德国人伽班在香港成立了体操协会。同年，德国人饶尔曼在上海对中国青年进行了单杠、双杠和吊环等的体操训练。1876 年，李鸿章曾选派军官赴德国学习，3 年学成回国后均在军队中以德国兵操训练军队。1894 年甲午战争后，清政府采纳康有为和德国军官汉纳根等的建议，大量聘请德国军官，以德国兵操训练李鸿章的淮军及张之洞的自强军等新军。另外，在江南陆军学堂等一些新式军事学校，也首先聘请德国教官教习德国兵操。这些德国教官除了把本国的军事理论和技能介绍到中国外，也把兵操及德国体操的许多内容较系统地直接传播到中国，开启了近代史上的中德体育交流，对中国近代体育的形成与初期传播产生了较大影响。

20世纪初，尚武强国的教育思想为不少人接受，德国兵操也成为普通学校的体育课程之一。此期，除上述的德国体操、德国兵操及德国军国民主义体育传入和盛行于我国外，在体育其他领域也有不少交流与合作。例如，在体育项目西传方面，德国人科歇尔特把围棋正式引进德国，传入欧洲。1936年8月，第11届奥运会在德国柏林举行。中国代表团在各项目纷纷失利之时，中国武术表演队在柏林、汉堡等城市的表演却大获成功。另外，本次去德国学习体育的留学生回国后，大部分留在高校体育系、科任教，有些充任国民党统治时期体育界的要职，他们在传播、介绍德国体育和体育学术方面起了一定作用，同时也为中德体育交流做出了一定贡献。

这一阶段主要在体育手段上引进了兵操和德国体操等，输出了围棋和武术等；在体育思想上引进了军国民主义体育，输出了中华武术精神，以上交往活动标志着中德体育交流进入开创阶段。这一阶段的特点概括为五点：一是交流人员庞杂，既有德国的军人、商人等，也有中国的洋务派、维新派、留学生和武林高手等；二是交流内容稀少，仅有兵操、德国体操、军国民主义体育、足球、田径、象棋、武术和围棋等几项；三是交流方式单一，时常表现为被动的接受，而非真正意义上的交流；四是交流规模不大，如最先传入的兵操仅限于在一些军队和军事学校开展，因而在社会上影响很小，其意义、价值与功能尚未为社会所认识；五是交流层次低，大部分是自觉或不自觉的民间交往。

（二）拓展阶段（1949—1990 年）

第二次世界大战后，中德关系步入了一个新的发展时期。1949 年，中国与民主德国建交。进入 20 世纪 50 年代，新中国运动员多次参加了在东柏林、华沙、莫斯科等地举行的世界青年联欢节。1954 年 12 月，中国与民主德国签订了《中华人民共和国和德意志民主共和国友好合作条约》，这是两国友好合作关系进一步发展和巩固的标志，体育交往也越来越频繁，且成果显著。1956 年，中国男、女排球队访问了民主德国。同年，民主德国女排回访我国。1958 年，中国人民解放军体育代表团参加了社会主义国家第 1 届友军夏季运动会，与民主德国、苏联等 9 个社会主义国家在足球、田径等 8 个大项上进行了同场较量。1972 年，中国同联邦德国建交，为双边体育交流与合作奠定了良好的基础。1973 年 3 月 30 日，联邦德国奥委会主席维利·道默访华。11 月 19 日，联邦德国内政部长根舍访华，与周恩来总理商谈了体育交流、环境保护和贸易问题。1982 就为新中国培养出了第一位德国体育学博士——田麦久。1985 年，联邦德国著名体育史专家曼弗瑞德·来默尔教授应邀到北京讲学，使得中国体育史学者第一次了解到世界体育史学界的最新研究动态，为此后我国的外国体育史研究打下了一定的基础。1986 年 5 月，中国与民主德国两国政府签署了文化与科学合作协定及各阶段执行计划。根据该计划，两国都致力于扩大文化艺术、体育等部门之间的直接交流。1986 年，民主德国游泳教练克劳斯来我国执教。1987 年 3 月 11 日，中华人民共和国和德意志联邦共和国签订了 1986—1987 年文化交流计划。其中，在校际合作范围内规定北京体育学院和科隆体育学院要加强合作，在体育领域继续促进体育交流。1987 年，施拉普纳将古广明带到了德国，使其有幸成为走出国门的第一位足球运动员。1989 年，中华人民共和国国家教育委员会教育考察团访问民主德国，两国共同签署了今后学校体育合作的《会谈纪要》。

这个阶段，中国与两个德国邦交正常化的先后实现和《中德文化合作协定》及《中德文化交流计划》等的签订，从客观上为中德体育交流改善了外部环境，创造了有利条件，使中德体育交流队伍迅速扩大，渠道不断展宽，机构逐渐增多，形式日益多样，内容更加丰富，作用愈加明显。这个阶段的特征是从民间、半官方的体育交往上升为官方、高层次的体育交往，双方体育的交流与合作逐渐走向深层次、全方位和平等。

（三）发展阶段（1990年至今）

1990年10月，两德统一。中德两国高层互访频繁，中德关系进一步协调，这也为体育交流创造了良好的条件。1993年，天津体育学院袁晞副教授接受德国武术协会邀请，执教德国武术队5年之久。从1995年开始，中央电视台与德国足协合作，转播德甲联赛。1997年，两国签署了《中德1997—1999年文化交流计划》。中德双方更加重视发展体育友好交流与合作关系。

进入21世纪，中德两国增进理解、加深友谊的交流俯拾皆是，中德体育交流也进入了一个新时期。2001年"德国少林寺"在柏林建立，开设了气功、太极和武术班。2003年12月1日，中国奥委会和德国奥委会在北京签署了《中德奥委会体育合作协议》。2004年，中国体育科学学会赴德国进行了学校体育的学习和考察。2005年1月24日，北京奥组委正式宣布阿迪达斯–所罗门集团成为北京2008年奥运会合作伙伴。4月26日至28日，中德竞技体育科学研讨会在北京举行，会后，中国体育科学学会与德国体育科学学会签订了合作协议，定期交换体育科研信息。2006年5月22日，德国总理默克尔在菖蒲河公园与温家宝总理切磋柔力球，中德总理与市民一起晨练。同日，中国残奥会与德国残奥会在北京签署了《中国残奥会/中国残疾人联合会和德国残疾人体育协会/德国残疾人奥委会合作协议》。10月，鉴于田麦久教授长期以来积极推动两国体育科学、体育教育的交流，德国体育学会决定授予田麦久教授"金别针荣誉奖"，这是此项德国体育科学最高奖第一次授予外国学者。

2007年5月24日，胡锦涛主席与德国总统克勒举行会谈，双方表示要扩大文化、教育、旅游、体育等领域的交流。2008年3月15日，德国奥林匹克体育联合会主席托马斯·巴赫在接受德国《法兰克福汇报》及《星期日图片报》专访时明确表示，反对抵制北京奥运会。3月25日至4月1日，德国百名青年代表团访华。由于第29届奥运会将于8月在北京举行，因此，这次访华的主题被定为"青年和体育"。4月29日，中国奥委会主席刘鹏和德国联邦内政部长朔伊布勒在北京签署了《中德体育合作意向书》，这是中德体育交流史上一个重要的里程碑，是两国进一步加强体育交流与合作的新起点。5月26日，柏林中国文化中心举行正式启用仪式。在启用仪式后，来宾们参观了"北京欢迎你"奥运图片展。7月，德国阿迪达斯公司与中国驻慕尼黑总领馆、德国纽伦堡市政府、德国中法兰肯地区奥林匹克协会，共同在纽伦堡举办了"奥运论坛"及"奥林匹克早场"等活动，为即将开幕的北京奥运会造势。8月8日，德国前总理施罗德来华出席北京奥运会开幕式，德国国防部长容、柏林市长沃沃莱特及内政部长朔伊布勒分别来华观摩北京奥运会。9月6日至8日，德国总统克勒、德国联邦议会体育委员会主席彼得·但克特等高官来华出席北京残奥会开幕式，并参观了残奥村、观摩了部分比赛。10月13日至20日，中国青年代表团（包含体育人和北京奥运优秀志愿者代表等）对德国进行了友好访问。2009年11月16日至18日，由国家体育总局、德意志共和国联邦内政部主办的第1届中德体育研讨会"体育——连接中德两国的纽带"在北京体育大学召开。来自中德的专家学者们就体育科研和体育法律这两个话题进行了深入地探讨。此次研讨会受到了中德两国政府和专家的高度评价，并约定 2010 年将以体育法为议题在德国举办第 2 届中德体育研讨会。

2013 年 9 月 18 日至 22 日，第七届中德体育研讨会在上海体育学院举行。本次会议由中国国家体育总局和德国内政部共同主办，上海体育学院承办。中国国家体育总局政法司副司长陈岩、德国联邦内政部体育司国际处处长、德国残奥委会副主席-卡尔·奎德出席会议并致辞。

2021 年 12 月 21 日，第六届中德体育发展国际学术会议通过线上与线下相结合的方式举行。此次会议由北京体育大学和德国科隆体育大学联合主办，北京体育大学管理学院承办。本次会议分六场专家讲座和一场小组讨论，集中探讨超大型体育赛事可持续发展的相关议题。

北京体育大学党委副书记、常务副校长高峰表示，北京冬奥会开幕在即，此时召开的第六届中德体育发展国际学术论坛，回应"可持续·向未来"的冬奥愿景，以"大型体育赛事与可持续发展"为主题，共同探讨如何将 2022 年北京冬奥会打造成全球可持续发展的实践典范。他希望论坛可以促进两校在人才培养、科学研究、社会服务等方面的合作，助力两国在体育科技、体育人文交流方面迈上新台阶。

科隆体育大学教授于尔根·米塔格（Jürgen Mittag）说，2022 年，北京与张家口将共同举办冬奥会和冬残奥会。两座城市已经将可持续发展理念融入到此次体育赛事的筹办中，对未来探寻大型体育赛事如何实现可持续发展十分重要。在新冠肺炎疫情蔓延全球的背景下，北京与张家口的各方面筹备工作十分完美。他期待北京冬奥会取得成功。

国际奥委会奥林匹克教育委员会委员、科隆体育大学体育历史学院院长施特凡·瓦松（Stephan Wassong）说，在筹办冬奥会和冬残奥会的过程中，北京与张家口两座城市充分体现可持续发展理念。在北京冬奥会即将开幕之际，举办此次会议对探索大型体育赛事中的可持续发展路径意义重大。他希望专家学者能够在自己的研究领域中进行知识转换，将可持续发展理念运用到体育赛事筹办的实践中。

此次论坛共分三个主题，分别是"可持续发展""残奥会和文化价值"以及"媒体视角"。专家学者从跨学科、跨领域和跨专业视角探讨了北京冬奥会如何实现可持续发展，以及中德两国如何通过举办体育赛事来实现可持续发展。专家学者一致认为，当今世界，可持续发展已经融入到各个领域中。未来两校应继续关注可持续发展议题，通过学术研讨来探寻体育赛事与可持续发展的关系。

总结起来，这一阶段的中德体育交流的特征是：经历了由点到面，由浅入深，由单向交往到双向互访，由纯民间到带官方色彩并逐步同官方挂钩的发展过程，其中双向体育交流更加有组织、有计划、多元化、多方位。

二、中德体育合作之于两国关系

中德体育交流起着积极的作用，体育已经成为社会发展和人类文明进步的重要标志，在国际社会扮演着越来越重要的角色，发挥着越来越重要的作用。同时体育交流也是当代国际关系和文化中极具活力和魅力的重要内容，是传播和平与友谊的使者，是化解矛盾与争端的良方。100余年来中德体育的交流与合作对于推动中德关系的改善和发展；对于增进中德两国人民的友谊与了解；对于促进中德体育事业的共同发展一直发挥着重要的催化作用。

（一）推动了中德关系的改善和发展

在中德关系走出僵局的关键时刻，充分发挥体育的作用，对促进中德顺利进行政治谈判，终止敌对状态，最终实现邦交正常化，有着重要的意义。尤其是在体育面向世界的今天，这种作用尤为明显。如20世纪50年代及60年代与民主德国和20世纪70年代及80年代与联邦德国的频繁体育交往，对中德建立友好关系起到了桥梁和纽带作用。此后，中德体育交流不断扩大，中德运动员一起参加比赛，互相交流，共同提高，对于打破中德关系的僵局，实现中德邦交正常化起到了先行作用。目前，中德关系正处于历史最好时期，两国体育互补性很强，双方发展体育合作有巨大的优势和潜力。两国均主张在对话交流中取长补短，相互借鉴，在求同存异中共同发展、共同繁荣。中德体育交流与合作必将推动中德关系进一步持续、良性发展。

（二）增进了中德两国人民的友谊与了解

1936年，中国代表团参加德国柏林第11届奥运会，德国人甚至都还以为当时的中国妇女是裹着脚、男子是留着辫子的。但是，在开幕式上，中国运动员上装均系藏青法绒西装，男运动员白衬衫黑领带，下穿白裤黑皮鞋；女运动员员内衬白色旗袍，棕色平跟皮鞋。它向全世界人民显示了中国人民不再是留辫子缠小脚的"东亚病夫"，而是以新的精神面貌跨进国际体坛。2008年8月13日，德国选手布丽塔·海德曼在北京奥运会上获得女子重剑个人冠军。这个由其中国"养父"取中文名"小月"的德国姑娘，在1995年迷上击剑时就来到了中国进行训练。从那时起，她认识了中国女剑客李娜，并成为知心朋友。中德之间体育交往始终没有间断，成为沟通彼此心灵、联结彼此人民友谊的坚实纽带。目前，中德体育交流活动已形成了规模，对增进两国人民的友谊，促进中德之间的友好交流，实现共同发展起到了积极的作用。

（三）促进了中德体育事业的共同发展

1953年8月，中国女排参加了在罗马尼亚举行的第1届国际青年友谊运动会排球比赛，通过向民主德国及苏联等世界女排强国学习，基本掌握了6人排球的技术和战术，提高和发展了我国的排球运动水平。1978年对外开放、国门敞开，我国相继聘请了一些德籍教练来华讲学、执教，与此同时，我国的一些优秀运动员、教练员也被派出援外。这种中德间的体育交流与合作，无疑促进了中德体育的发展。以我国的"国球"——乒乓球为例，先后去德国担任各级教练的就有郭跃华、梁戈亮、施之浩、曹燕华、谢赛克、许增才、陈志斌、李先觉、李乒和杨莹等20多人。李先觉和李乒父子俩还共同培养了德国最优秀的乒乓球选手——波尔。事实上，目前不光有不少优秀的中国教练员在执教德国运动队，中国运动队在很多项目上也请来了德籍教练，而这些德籍教练更是为中国体育在不少项目上的突破立了大功。如足球的施拉普纳、冬季两项的里尼、皮划艇的卡波泽克、摔跤的尼迟克和马术的贝尔鲍姆及斯提芬妮等。奥运会上两国运动员也有不俗的表现。此外，名目繁多的中德群众体育交流大大促进了中德体育事业的发展。

历史证明，中德体育交流在100余年两国关系发展史上占有十分重要的地位。中德体育交流已经成为我国对外体育交流的重要组成部分，中德体育交流在我国体育史上写下了浓墨重彩的一笔。回顾过去的岁月，为打开中德交往的大门，推动两国关系正常化的实现，促进中德关系全面、健康、顺利的发展，体育始终扮演着无法替代的角色，发挥了特殊而又巨大的作用。可以说，良好的中德关系来之不易，而中德体育交流功不可没。在今天我们由体育大国向体育强国迈进的征途中，还应继续重视其功效。正如刘延东所指出的："深化体育国际交流，发挥加深理解、增进友谊的重要作用。体育不仅仅是竞技和比赛，也是传递热忱、播种友谊的重要载体，是促进人与人、国与国之间沟通交流的桥梁纽带。要拓展体育对外交流的广度和深度，创新交流方式和内容，积极履行国际义务，承办和参与重大体育赛事，向全世界展示当代中国的世界眼光和包容胸怀，展示中国人民崇尚和平、建设和谐世界的真诚愿望，为提升国家软实力做出积极努力。"①

第七节　中俄体育交流与合作

中国和俄罗斯都是传统体育大国，体育外交在两国外交关系中扮演着重要角色。在中国提出构建人类命运共同体的国际大背景下，以体育外交为切入点，梳理了中俄两国 70 余年来的体育交流史，认为中俄体育外交经历了嬗变期（1949—1991年）、成熟期（1992—2013 年）和繁荣期（2014 年至今）。通过分析中俄体育外交的历史流变，提出了新时代中俄体育外交的发展路径：将官方层面的体育外交落实到地方，扶持地方组织的体育文化交流活动；以冰雪运动为契机，增强与俄罗斯合作的广度和深度；加大中俄青少年交流力度，为两国青少年互鉴共进提供平台；以"一带一路"重要倡议为契机，带动两国经济发展，树立互利共赢的典范。

一、中俄体育交流历史渊源

体育是跨越国界的全球通用语，能被各个国家、各类民族、各种宗教所接受。外交是以和平方式解决国际争端的主要手段，当体育与外交相结合时就成为限制霸权蔓延、推动国家发展、维护世界和平的重要途径。纵观历史长河，体育一直以其独特的魅力活跃于中国外交舞台，在国际交流中展示着国家形象，为推动世界经济、传播和平与发展理念、促进世界文明交流互鉴、实现各国民心相通发挥了重要作用。由此可见，体育外交是构建人类命运共同体的重要实践路径。

中俄 70 余年的外交历程中，有对抗也有合作，有冲突也有和睦，在求同存异的发展中，体育的推促作用功不可没。众

---

① 刘延东. 推动全民健身 建设体育强国［EB/OL］. 中华人民共和国中央人民政府网站.（2009-10-27）. http：//www. gov. cn/ldhd/2009-10/27/content_ 1449477. htm

所周知，体育是推动两国经贸、人文交流的动力之一，纵观中俄体育外交 70 余年的历史，能清晰地看到，在中国提出构建人类命运共同体的国际背景下，体育外交是促进中俄全方位合作的良好切入点，是"一带一路"倡议中建立"中俄经济带"的重要联结点。

（一）体育外交——国际外交行为的重要载体

新中国成立以来，体育外交在我国对外交流工作中始终扮演着重要的角色，国家通过体育可以实现外交上的突破：1952年 7 月，五星红旗第一次在奥林匹克会场升起，标志着新中国政治和体育地位得到国际社会的承认；1971 年 4 月，"乒乓外交"结束了中美两国二十多年来相互隔绝的局面，打开了中国对外友好往来的大门；2008 年 8 月，北京奥运会的成功举办让中国在国际上的声望和地位得以提升，让全世界看到了一个立体的中国，让北京成为"世界外交的中心"。"作为中国特色大国外交的重要组成部分，我国体育外交无论之于中华体育文化影响力的提升、中国政治理想的表达与传播，还是之于新型国际关系、人类命运共同体的构建，均具有极其重要的价值。"

进入新时期，我国更加重视体育外交在国际事务中的重要作用，并将体育外交作为一种独特的文化符号用于外交实践之中。习近平主席在对他国进行国事访问时，常常提及体育在两国外交活动中的价值。如 2014 年访问荷兰时与荷兰前国门范德萨进行了深入交流，认同对方"足球应当从娃娃抓起"的看法，表现出谦逊和善的风格，彰显了大国应有的风范。纵观国际外交舞台，我国体育外交独具中国特色，呈现出体育精英外交与民间体育外交并行的模式。例如，姚明、李娜、邓亚萍等代表着国家形象的体育精英都活跃在国际体坛上，其"外交效应"不可低估；而民间体育外交在北方经济带中更为突出，中俄两国之间的体育交往便是最为鲜明的例证。

（二）中俄体育外交的历史梳理

中国和俄罗斯是新时代全面战略协作伙伴，同时也都是传统体育强国，体育外交在两国相互交流中发挥着重要作用。自新中国成立以来，中俄（中苏）关系历经坎坷，两国体育外交走过了嬗变期和成熟期，如今在"一带一路"重大倡议的框架下逐渐走向稳定和繁荣。进入新时期，中俄体育外交是两国外交的重要组成部分，承载着发展共赢的重要使命。梳理70余年来中俄体育外交的历史流变，探究曾经的成功与失败，总结经验吸取教训，可以为中俄两国的战略合作、两国人民之间的友谊培养提供借鉴。

（三）嬗变期（1949—1991 年）

新中国成立初期，以美国为首的西方国家对中国实行孤立、封锁，中国的国际形势十分利。为了维护自身处境，国家领导人确立了"一边倒"的外交战略；毛泽东主席两次访问苏联，与苏联签订《中苏友好同盟互助条约》，向全世界明确中苏同盟关系。当时的苏联是一个世界大国，而刚刚成立的新中国只是一个地区大国、经济弱国，那时的中国更需要的是苏联全方位的支持和帮助。因此，两国关系从一开始就具有很大的不平衡性，苏联在许多方面都对新中国具有主导地位。新中国的体育外交正是在这个时候率先同苏联展开，呈现出以苏联对我国的全面支援为主的特征，全国体育运动发展道路以效仿苏联为主。1950 年 8 月，我国应邀向苏联派出了一支体育代表团，进行了为期两个多月的考察，全面了解了苏联体育运动的组织机构、管理体制和学校体育等方面。这是新中国出访的第一支代表团。同年 12 月，苏联体育代表队访华，先后在我国多个城市进行了几十场友谊赛，并举办报告会十余场，详细介绍了苏联体育工作方面的经验。这是新中国接待的第一个大型外国代表团。

除了体育代表团以外，中苏在专家援助、运动员培训方面的交流也很频繁。1952年，受苏联体育体制与思想的影响，我国决定在全国开设体育院校，先后在上海、北京、武汉、成都、西安、沈阳建立了六所体育学院。1954年，苏联先后派出十余名专家来华对学校各方面工作进行指导，推动了我国体育教育事业的发展，促进了师资水平的提高。1954—1958年，为了提高竞技体育水平，我国选派了部分年轻运动员前往苏联学习深造，并获得显著的成果。可以说，正是在与苏联的体育外交中，新中国的体育事业逐渐形成了最初的基本思路和框架，并得到了飞速发展，有一大批在其中做出重大贡献的老一辈专家和学者都曾受到苏联体育的教育和影响。这一时期的体育外交作为友谊的桥梁，大大增进了中苏交往与团结，为我国维护国家利益、稳定国际地位发挥了重要的作用。然而，中苏结盟不到十年就开始出现裂痕并最终走向破裂。从20世纪50年代中期起，中苏双方在斯大林评价、社会主义阵营发展道路等问题上产生分歧，两国关系降温。后又由于双方在意识形态、国家主权以及某些国际问题上出现分歧，两国关系迅速恶化，并展开一场论战，最终导致双边关系破裂，苏联撤走驻华专家并停止一切援助。1969年两国发生边境冲突，中苏全面交恶，并呈现对抗和冲突的状态。我国的外交战略也由新中国成立初期的"一边倒"转向"反帝反修"。

两国关系的恶化也反映在体育交流上。从20世纪60年代起，中苏体育交流逐渐减少。1960年，除了参加社会主义国家举行的多国比赛外，中苏之间的重要体育交往仍有二十多次；1961—1965年，两国体育交往次数减少；1965—1969年没有重要交往。而在中苏关系彻底破裂后的1969年至1980年，两国则中断了体育交往活动。1980年7月，第22届奥运会在莫斯科举办。然而在奥运会开幕前夕，苏联悍然入侵阿富汗，引起了国际社会的愤怒。中国奥委会指出苏联的入侵行为严重违背奥林匹克运动宗旨，并表示只要苏联不从阿富汗撤出其全部武装部队，中国将不派运动员参加此届奥运会。最终，中国同 64 个国家一起抵制了莫斯科奥运会，表明了中国坚决恪守奥林匹克运动和平友谊崇高宗旨的决心。中苏关系的恶化给双方造成了严重的政治和经济损失，要修复双边关系两国都要付出巨大的努力。20 世纪 80 年代初期，正值中国开启改革开放新征程，中国提出了和平与发展是当代世界两大主要问题的著名论断，并坚持奉行和平的外交政策，着力改善与周边的关系，为改革开放打造良好的基础。与此同时，被冷战搞得筋疲力尽的苏联重新评估国际局势后，改善中苏两国双边关系的意愿逐步增强，自此两国关系开始复苏，两国间的体育交流也从 1982 年起有了一定的恢复。1989 年，戈尔巴乔夫应邀访华，邓小平在北京与其会晤，中苏关系从此实现正常化。新中国成立后的 40 年，中苏有过紧密结盟，也经历了兵戎相见，从和平到战争，大起大落、大合大分。两国体育外交始终服务于国家利益，体现出了两国关系的起伏。直至 1991 年底，体育外交与两国间的关系随着苏联解体而结束。

（四）成熟期（1992—2013 年）

苏联解体后，俄罗斯联邦成为苏联的继承者。相比解体前的中苏关系，中俄关系的发展顺畅得多。两国汲取了中苏关系的经验和教训，将中俄关系建立在"伙伴"的基础上，为双边关系的发展腾挪出良好的战略空间。从 20 世纪 90 年代初至今，中俄两国完成了由"互视友好国家"到"建设性伙伴"，从"战略协作伙伴"到"全面战略协作伙伴"再到"新时代全面战略协作伙伴"的多级跳跃，两国的伙伴关系保持平稳的发展趋势，并呈递进态势逐步提升至历史最高水平，前景一片光明。为两国关系发展打下坚实基础的是 2001 年签署的《中俄睦邻友好合作条约》，该条约至今仍在执行之中，并一直发挥着重要作用。从 20 世纪 50 年代的"同盟互助"到 2000 年以后的"友好合作"，这一切都体现了中国外交政策和国际地位的变化，在国际格局多极化的背景下，中国已挺立起了大国脊梁。在这一时期的中俄体育外交事业发展中，中国已不再是单纯接受援助的对象，平等友好的交流走向成熟，显示出高层体育交往引导民间体育交流的特征。1992 年中俄双方发表联合声明，表示将促进并扩大两国在文化、艺术、教育和体育等领域的相互联系及交流。在此背景下，两国元首重视体育领域的交流，双方体育官员频繁互访，民间体育赛事开展如火如荼，已经逐渐形成全方位、宽领域、多层次的交流合作模式。

中俄确定继承中苏关系以来，两国体育领导人经常互访、交流经验、共叙友谊。1993 年 9 月，俄罗斯奥委会副主席率团访华，出席了我国第 7 届全运会并与我国奥委会签署体育合作协议。1994 年 7 月，我国体委主任伍绍祖率团赴圣彼得堡出席了第 3 届世界友好运动会。1995 年 3 月，俄罗斯体育运动与旅游委员会主席率团访华，商讨有关中俄体育合作协议签署的事宜。1996 年 4 月，叶利钦总统访华，并在人民大会堂同中方签署体育合作协议。之后，我国历届体委负责人、总局领导、奥委会领导均与俄罗斯体育高层有过访问和交流，并多次签署体育合作方面的协议。2003 年 7 月，国家体育总局局长、中国奥委会主席袁伟民和俄罗斯国家体育运动委员会主任费季索夫在莫斯科签署《中俄 2003 年体育交流计划》。次年 9 月，国务委员陈至立率团赴俄罗斯出席中俄政府教科文卫体委员会会议，国家体育总局副局长于再清一同前往。2005 年 6 月，国家体育总局局长刘鹏与到访的俄罗斯奥委会主席加加乔夫签署了《中俄两国奥委会合作协议》。2005 年 10 月，国家体育总局副局长冯建中和俄罗斯联邦体育署副署长在北京共同主持召开中俄教文卫体合作委员会体育合作分委会第五次会议，并签署会议纪要。同年 12 月，国家体育总局局长刘鹏会见俄罗斯新任驻华大使谢尔盖拉佐夫一行，双方就中俄体育交流与合作及"中俄国家年"中的体育活动交换意见。2006 年 7 月，国家体育总局副局长冯建中与俄罗斯联邦体育署副署长谢尔盖·科洛尔在天津召开了两国教育文化卫生、体育合作委员会体育合作分委会第六次会议，并签署会议纪要。同年8月，刘鹏局长会见俄罗斯卡尔梅克共和国总统、国际象棋世界联合会主席伊柳姆日诺夫。2007年6月15日，中俄体育合作分委会第七次会议在莫斯科举行。

这一时期在两国高层的直接推动下，中俄民间体育友好交往和合作逐渐稳定并不断深化。在这一时期举办了多种形式的体育交流赛、友谊赛、对抗赛，覆盖面积较广、涉及项目较多，推动了中俄民间的相互了解、增进了两国人民间的友谊。

除了举办各类体育比赛之外，体育元素还在各类中俄人文交流中得以体现。2007年中俄人文合作委员会成立，至2013年底其体育合作分委会共举行13次会议，围绕体育领域推动了务实合作，深化了两国之间的体育人文交流。例如，2011年4月在满洲里举行了中俄地区体育旅游合作交流会，就消除旅游限制障碍、旅游合作路线、推荐双方体育旅游项目等问题进行讨论，扩大了双边合作的范围；2012年10月在北京体育大学举办了中俄体育科学研讨会，中俄两国体育学科专家就竞技体育中的运动训练、运动损伤与康复等问题展开研讨，有效促进了两国体育学科的交流与合作。

（五）繁荣期（2014年至今）

2013年底，习近平主席提出了"一带一路"的合作倡议，积极发展与沿线国家的合作伙伴关系，共同打造政治互信、经济融合、文化包容的命运共同体。俄罗斯作为"一带一路"建设最关键、最重要的国家之一，对习近平主席的倡议一直都抱有积极态度并开展了高程度的合作。中俄两国充分发挥体育优势与特色，把体育与健康、教育、文化、旅游等多个行业深度融合，就多样化的体育项目进行广泛交流，并就建立双方常态化合作机制进行沟通。在"一带一路"建设框架下，我国与俄罗斯各领域的交流与互动不断深入，体育外交的必要性愈发凸显。

2017 年，中俄界江黑龙江国际冰球友谊赛正式开赛，黑龙江省儿童和青少年冰球队与俄罗斯阿穆尔州儿童和青少年冰球队在一片"刀光棒影"中展开激烈的冰球争夺战。

从 2017 年开始，黑龙江国际冰球友谊赛已经连续举办 4 年，2020 年在以往儿童组、青少年组比赛的基础上，增加了成年组比赛，实现了中俄冰球项目交流在年龄上的全覆盖。

黑龙江省绥芬河市是百年口岸，更是当地最大的对俄口岸城市。双方经贸、人文交流丰富。2014 年，当地举办了首届中俄民间体育交流大会，中俄双方的民间体育高手前往百年口岸绥芬河进行垂钓、舞蹈、气排球、国际射箭等赛事。2019 年，中俄民间体育交流大会升级为中俄体育大会，成为了当年中俄博览会的重要活动之一，也让民间体育活动提档升级，成为了政府间重要的体育交流活动。

2019 年 12 月，由中国黑河学院和俄罗斯阿穆尔国立大学共建的"中俄高校冰雪运动训练研究基地"正式落户我国黑河市；位于绥芬河市的中俄青少年篮球训练营也在不断招收中国青少年赶赴俄罗斯进行篮球训练；去年中国冰球队远赴俄罗斯进行了 5 个月的封闭训练等。近年来，两国正不断加强体育人才交流。

俄罗斯和中国都是世界体育大国，根据国家体育总局数据，我国仅仅参与冰雪运动的人数就达到了 3.46 亿人。2030 年，俄罗斯计划推动 7 成人口经常参加体育锻炼，体育运动在两国都有广泛的群众基础。目前，双方以体育为媒介，增进中俄传统友谊，夯实交流合作的民意基础，体育运动正日渐成为两国人文交流的亮丽品牌。

二、新时代中俄体育外交的发展策略

近年，在中俄两国首脑的推动下，中俄全面战略协作伙伴关系始终保持高水平运行，双方利益契合点逐步涵盖各领域，交流合作日趋密切，充分证明了中俄关系的稳定性、成熟性、拓展性和提升性。在这种高规格的对俄开放中，体育已经成为双方合作的重要载体。新时代中俄体育外交需要拓展交流的维度和广度，我们应该着眼于未来，继续共建共享、互利共赢的发展诉求。以此为目的，现提出以下几条中俄体育外交的发展路径。

（一）官方交流促地方合作

体育外交是纵横并行的外交方式。尽管有体育的"低政治因素"一说，但是，我国的体育外交仍受到来自国家层面的高度重视。纵观国家、省、市、县政府主责机构，无一不对体育运动的发展起到了良好的保驾护航作用，许多大型体育赛事和体育交活动都是在官方的直接主导下得以顺利进行；横向的教育科技、商务经济、文化旅游、体育产业等部门也在政府对各机构的完善对接中高效运行。中俄体育外交进入成熟发展常态后，两国高层领导会晤频繁，签署了一系列以体育为媒介，发展双边合作的协议，两国在各领域的交流得到进一步深化。其中，中俄两国"点对点"地方合作已经取得了一定的成果，如黑龙江沿岸7个市和10余个县与俄罗斯州、区城市每年开展的武术、冬泳、滑雪、篮球、射箭、自行车、跆拳道、拳击、体育舞蹈等活动高达几十次，黑河与俄罗斯阿穆尔州首府布拉格维申斯克隔江相望，两座城市于1957年开始体育交流，横渡中俄界江的活动开展了15届，被列为两国外交部机制化项目和国家体育总局重要赛事。中俄两国应继续夯实官方层面的体育交流合作，加强两国政府层面的互访与双方体育职能部门的经验交流，同时利用中国东北地区与俄罗斯远东、东西伯利亚地区比邻的地理位置，中国长江中下游地区与俄罗斯伏尔加河沿岸联盟区的合作关系，以及北京—莫斯科、上海—圣彼得堡、威海—索契等姐妹城市的长期友好交流，将官方层面的体育外交落实到地方，扶持地方组织的体育文化交流活动，为中俄民间体育交流、两国人民相互了解奠定基础。

这些由政府牵头、地方对接的体育交流活动积极传递出中俄高层领导高度重视两国体育文化传播的信号，为双边关系的发展注入了新鲜元素。不论是体育运动本身，还是体育运动所带来的效果，如人文交流、科研互访、经济效益等都彰显出我国正逐步扩大自身在国际体坛上的话语权和影响力，并致力于通过双边体育交流合作来构建两国在各种国际事端上平等互信、互利互惠的新格局。

(二) 东奥助推冰雪运动发展

2014 年习近平主席的索契之旅充分发挥了体育外交的作用，中国将与俄罗斯以冰雪运动为契机，展开体育、经济、文化各方面的交流。随后的 2016 年中俄两国签署了冰球运动的合作协议，冰球联赛正式落户中国。冰球是俄罗斯最受欢迎的冰雪项目，是一项充满速度、激情、智慧与魅力的运动，被誉为俄罗斯国球，堪称俄罗斯体育运动一张闪亮的名片。

近年来，中俄双方开展了"中俄城际冰球联赛""丝路杯超级冰球联赛"等合作比赛项目。作为冰球运动的魁首，俄罗斯为我国提供了大批优秀的冰球教练，为我国的冰球运动后备人才培养和青少年冰球运动员训练做出了显著贡献。因此，在两国接下来的体育交流中，我国应利用好此前打下的坚实基础，继续在冰雪运动方面与俄罗斯取得紧密联系，增加合作的广度和深度，积极开展冰球、冰壶、花样滑冰、雪车、雪橇等项目的交流，互访、互训、互派教练员，为我国冰雪运动的发展夯实基础。同时，专业化训练也会带动群众冰雪运动和体育产业、体育医疗、体育教育等方面的发展，将有效弥补我国在冰雪运动方面的不足。

(三) 借"一带一路"实现互利共赢

习近平主席倡议的"一带一路"旨在推动全球范围内更

宽泛、更深层的合作与交流，让中国在实现人类命运共同体中发挥最大的作用。中俄理应是"一带一路"上的大国、强国，在这个伟大倡议的实践中，两国各行各业身体力行，体育则是展示国家经济实力、文化实力、科技实力的重要风向标。近三年来，"一带一路"沿线国家成功举办过9次各大类型的赛事，中国出席9次，俄罗斯出席5次。这些赛事着实打造了中俄两国体育交流的大平台，促进了两国体育交流机制的完善、健全。国家信息中心编订的《"一带一路"大数据报告（2018）》显示，在所有沿线国家中，俄罗斯对于"一带一路"倡议的响应最为积极和强烈，参与"一带一路"的合作水平连续三年蝉联榜首，其中体育领域的交流合作占有很大的份额，成为两国外交活动的重要内核。在中俄体育交流过程中，体育基础设施、体育科研交流、体育教育交流、体育赛事活动、体育智库合作等具体项目的落实都需要大量的人力、物力和财力，推进中俄两国在"一带一路"框架内进行体育产业合作，可充分发挥体育产业在两国改善民生、释放消费能力、经济发展转型中的引领功能。俄罗斯积极响应"一带一路"倡议以来，中俄双方体育交流持续升温，合力打造众多优势项目，有效调动了双方民众的积极性和参与性，体育外交在助力两国经济发展中起到了不可替代的作用，并已取得积极成效。

综上所述，随着中俄双方政治上互信程度的加深，体育外交已成为双方外交关系的重要组成部分。两国领导人频繁出席高端体育赛事，中俄民间交往并进，体育交流成果显著，在建立国家经济带中起着不可小觑的作用。新时代的中俄关系将以夯实两国战略协作基础为出发点，秉承多年合作的成功经验，摒弃不和谐因素，汲取教训，实现中俄关系的真正平等，只有这样才能保障两国利益的最大化。实践证明，体育外交能够繁荣国家经济、树立国家形象，让本国文化和价值观更多地为国际社会所接受、提升国家威望。因此，要全方位加大对俄体育外交的力度，践行将官方层面体育赛事下沉的举措，学习对方的体育优势，挖掘自身的潜能，着眼于未来，培养体育后备人才，为两国世代友谊铺垫长远之路。

第八节　中阿体育交流与合作

一、中阿文化交流中的体育文化

中阿文化交流活动中的体育文化主要包括中国武术、中国民俗体育以及其他体育文化三个方面。

（一）中国武术展演与交流

中国武术文化展演与交流是中阿文化交流活动的重要内容，囊括太极拳、少林武术、武当武术、崆峒武术、散打等多项内容，在引起了阿拉伯人民对中国武术文化的浓厚兴趣与强烈好奇心的同时，也增进了阿拉伯人民对中国体育文化的了解，强化中阿友好关系，进一步推动了中国与阿拉伯国家的"民心相通"。中国民间体育团体在各种中阿文化交流活动中为阿拉伯人民带来了精彩的武术表演，并就武术文化进行讲解与交流。河南少林寺武术团是中阿体育文化交流重要力量，曾在巴勒斯坦"欢乐春节"活动中为观众奉上了一场精彩纷呈的视觉盛宴，展示了少林拳法、气功、十八般兵器等"绝活"；此后，又分别在巴总统卫队训练基地、军事培训中心及武术协会进行了交流；随后，又赴埃及参加阿斯旺艺术节并在开罗中国文化中心举办讲座，获得埃及人民的一片好评；河南武术团还出访苏丹，为苏丹人民献上了由武术、格斗、器械操练等节目组成的视听盛宴，其中的少林功夫表演，如少林八段锦、二指禅、飞针穿玻璃、五行拳和少林童子功等享誉世界的绝活让观看者连连赞叹，超高难度的软硬气功特技表演赢得苏丹人民雷鸣般的掌声，现场武术互动教学与交流更是将演出氛围推向了高潮。

中国武当功夫团与北京体育大学艺术团也为中华武术文化的对阿交流贡献了一份力量。中国武当功夫团在约旦演绎了《武当太乙拳》《武当神韵》《太乙逍遥掌》《八卦阵》《风声太极》等经典武术剧目，集中展示了太极拳、太乙拳、武当拳，以及醉扇、八卦刀、九节鞭、太极剑、拂尘等武术套路和兵器，向约旦人民展示了武当功夫玄妙飘灵、动静结合、刚柔相济的特点。北京体育大学艺术团也为迪拜人民带来了融合中华武术阴柔与阳刚和谐之美的《集体刀》与《太极扇》，以及北京体育大学四代武术人潜心挖掘并整理恢复而成的《弹弓舞》，使阿拉伯人民深切感受到了中国武术文化的博大精深。此外，中国还与埃及联合举办了三届"荷鲁斯杯"中埃武术散打对抗赛，摩洛哥武术协会的演员们也奉上了精彩的"中国功夫秀"，太极拳、崆峒武术和柔术等内容也登上了中阿文化交流活动的舞台，强烈的引起了阿拉伯人民对中国武术文化的热情与向往。

（二）中国民俗体育文化展演与交流

中国民俗体育文化也是中阿文化交流活动中的重要内容，主要包括舞龙、舞狮、划龙舟、风筝、空竹等民俗体育活动。舞龙舞狮是我国民俗体育文化的重要代表，在中阿文化交流活动中，舞龙舞狮出现的频率极高，且总是作为开场节目进行表演，其中也不乏一些特色表演。例如，在 2014 年的埃及"欢乐春节"活动中，埃及国家艺术团献上了中埃合璧式的舞龙表演；2020 年，北京体育大学艺术团在迪拜"欢乐春节"活动中的"舞龙表演"也成为迪拜街头巡游的夺目风景，强烈吸引了阿拉伯人民的目光与好奇心。"龙舟竞赛"也是我国民俗体育文化重要角色，虽然由于地理原因的限制，未能在阿拉伯国家进行广泛地交流与传播，但是在埃及人民心中却留下了深刻的印象。2018 年至 2020 年，埃及对外友好交流协会和开罗中国文化中心在埃及首都开罗连续举办了三届"新春杯"

尼罗河国际龙舟赛，开赛前的龙首"点睛"仪式吸引了不少埃及人民的眼球。此外，风筝和和空竹等民俗体育文化也在中阿文化交流活动中崭露头角。空竹项目在阿联酋、黎巴嫩、埃及、苏丹和突尼斯等国皆有亮相，引起了各国人民的关注与好奇，为中阿友好关系的进步推波助澜。

（三）其他体育文化交流

除了中国武术文化与中国民俗体育文化之外，2022 北京冬奥会吉祥物——"冰墩墩"和"雪容融"也不远万里，给今年的"迪拜欢春"带来了一份惊喜，凭借其可爱的造型捕获了大批迪拜粉丝。中国与阿拉伯国家的青年群体还举办了"中阿电竞友谊赛"，通过"云"方式交流了电竞文化。这些活动的开展对于丰富中阿体育文化交流内容具有一定的积极意义。

二、中阿体育交流历史渊源——"一带一路"背景下

由于高层交流与政策文件对双边文化交流的影响较为深远，因此，"一带一路"倡议提出前的中阿体育高层交流与合作对此后的中阿体育文化交流产生了不可忽视的影响，这也使得回顾"一带一路"倡议提出前的中阿体育高层交流变得十分必要。在"一带一路"倡议提出前，中阿体育高层之间就保持着较为密切的交流与沟通，并就双方体育领域的合作达成一定共识，签署了一系列双边合作文件。据统计，2010 年至2013 年，我国体育高层分别出访科威特、摩洛哥和阿曼等国家，就双方体育事业发展与合作的问题展开深入交流，并对中国武术文化进行展示与交流。如 2010 年 11 月 29 日，刘鹏局长应邀率团对摩洛哥和阿曼进行友好访问，就进一步加强双边体育交流与合作及其他共同关心的问题进行讨论。2013 年 6月 11 日至 19 日，肖天局长率中国武术代表团出访摩洛哥，向摩洛哥人民展示了博大精深的中华武术。同时，阿拉伯国家也

频繁来访我国，主要包括科威特、阿曼、埃及、沙特阿拉伯、摩洛哥、也门和阿尔及利亚等国家，交流内容主要围绕体育外事观摩、国家间体育交流与合作、国际体育事务合作、体育援助等内容展开，并签署了《中沙政府间体育合作协议》《中科政府间体育合作协议》等双边合作文件，这为此后的中阿体育文化交流奠定了良好的合作基础。

"一带一路"倡议提出后，中方在保持以往与阿拉伯国家交流的基础上，继续对阿拉伯国家进行友好访问、交流与合作。时任国家体育总局副局长的冯建中应摩洛哥青年与体育部的邀请，率团访问摩洛哥。期间，冯建中会见摩洛哥体育高层官员，就进一步推动中摩双边体育交流与合作及共同关心的问题进行商榷，并签署了《体育合作谅解备忘录》。在此期间，阿拉伯国家体育高层也多次访华，不断与我国寻求进一步的体育交流与合作。自"一带一路"倡议提出以来，我国体育高层先后接待了来自沙特阿拉伯、苏丹、卡塔尔、摩洛哥、巴勒斯坦、阿联酋和阿曼等阿拉伯国家的体育官员及代表团，就中阿双方体育交流与合作交换意见，希望不断加深中阿友谊，加强双方体育届的交流与合作，并签署了包括《中苏体育合作谅解备忘录》在内的多个双边合作文件。值得注意的是，国家主席习近平也见证了中国与阿拉伯国家进行体育交流与合作的友好时刻。

2014 年 11 月 3 日，国家主席习近平与卡塔尔埃米尔塔米姆共同见证签署了《中华人民共和国国家体育总局与卡塔尔国青年与体育部体育合作谅解备忘录》，国家体育总局局长刘鹏与卡塔尔外长阿提亚分别代表双方签字。2019 年 1 月 31 日，国家主席习近平再次会见卡塔尔埃米尔塔米姆，卡方表示："希望两国共建'一带一路'，深化扩大在体育等领域的合作"，并见证签署了双边合作文件。中阿两国领导人以及体育高层之间的交流与访问反映了双方对中阿体育文化交流的密切关怀与高度期待，表现出了愿推动中阿各国体育文化进一步交流的积极态度，从而为中阿体育文化交流活动的实施与开展奠定了积极的政治环境，中阿《体育合作谅解备忘录》与其他"双边合作文件"的签署也为推动中阿体育文化交流与合作，增进中阿友好关系奠定了良好的政治基础。

中国与阿拉伯国家之间的体育贸易往来是中阿体育产业文化交流与合作的重要方式，而体育用品又是体育文化的物质载体，承载着体育制造技艺、制造理念、制造科技等多方面体育文化内容，因此，中阿双方在体育用品的贸易往来中也隐含着体育文化的交流与传播。中阿双方在体育贸易方面一直保持着密切合作，势头只增不减。根据中国海关总署的统计，2017年至2020年中国与阿拉伯国家之间的进出口贸易总值整体呈现上升趋势，且2020年的贸易总值相比2019年增加了87.89%，达到了4亿人民币，上升幅度较大，说明中阿双方的体育贸易合作不仅克服了新冠疫情的爆发与蔓延所带来的负面影响，而且增势迅猛，这也体现中阿双方体育贸易合作的密切程度。沙特阿拉伯和阿联酋在中阿体育贸易合作中扮演着重要角色。在2020年各国贸易总值占比中，沙特阿拉伯和阿联酋占据了中阿贸易的半壁江山，这是因为中国与沙特阿拉伯和阿联酋的经贸合作领域广泛，渠道多样，平台众多，且经贸合作历史在阿拉伯国家中较为悠久。事实上，沙特阿拉伯和阿联酋一直以来都是中国体育贸易往来最紧密的阿拉伯国家，是中国体育贸易最大的出口市场，而中国也是两国的第一大贸易伙伴。

中国与阿联酋的体育贸易合作也为中国体育产业文化在中东地区的交流与体育贸易的开展提供了极大便利。此外，中国对阿拉伯国家之间的体育出口贸易占据了中阿体育贸易往来的绝对优势。根据中国海关总署的统计数据，2017年至2020年中国对阿拉伯国家之间的体育出口贸易均占据了贸易总值的99%以上，涉及阿拉伯国家的所有成员国。而体育进口贸易仅涉及巴林、约旦、阿联酋、摩洛哥和突尼斯等阿拉伯国家，且贸易金额极小。可见，随着我国体育产业的不断完善与发展，尤其是体育用品制造业创新能力与制造工艺的显著进步，以及中阿体育产业文化不断交流与传播，"中国制造"已经赢得了阿拉伯国家的一致认同。

中阿体育交流博览会是为了集中展示特定产品、技术和文化，拓展渠道、促进销售、传播品牌文化而进行的一种宣传活动。博览会本身不仅能够创造巨大的经济效益，带动相关产业的发展，同时还是进行文化交流与合作的重要平台。在国内最具代表性的体育博览会当属中国国际体育用品博览会，简称体博会。在体博会中汇聚了体育资源、体育用品、体育科技与体育文化等内容，是我国向世界展示中国体育产业文化与价值理念的重要窗口。体博会以中国体育企业与观众为主，同时又吸引了来自世界各地的企业与观众积极参与，其中就包括沙特阿拉伯和阿联酋等国家的企业与观众参展。因此，体博会就成为中阿体育贸易合作的重要平台，同时，也为中阿体育产业文化交流与传播提供了重要窗口。在阿拉伯国家举办的大型国际化体育博览会也是展示中国体育产业文化，强化中阿体育贸易往来的重要平台。迪拜是中东北非地区的"贸易之都"，其影响范围基本覆盖绝大多数阿拉伯国家，因此，阿拉伯国家的大型体育博览会主要集中在迪拜定期举行。

"一带一路"倡议提出以来，在迪拜定期举行的大型体育博览会主要包括以下4项：一是致力于中东地区的马匹养殖和马术运动，辐射整个马术马具行业的中东（迪拜）国际马术马具展；二是2013年首次举办的以休闲体育、户外体育和极限运动为主题的中东迪拜休闲娱乐展览会；三是2017年首次举办的以体育运动、健身及康复为主题的阿联酋迪拜体育用品展览会（ISF Middle East）；四是2018年开始举办的中东地区规模最大、内容最为新颖的中东迪拜体育与健康展览会（ISWS）。上述体育博览会在阿拉伯国家有着较为广泛的影响力，自举办以来吸引了包括我国在内的多个国家的企业及观众踊跃参与，是我国在中东及北非地区推广体育产业文化，进行体育贸易合作的重要平台，同时，也为中阿各国展商与观众提供了相互交流的机会。此外，2013 年 12 月，由我国上海市、宁波市和青岛市主办的"第 4 届中东（迪拜）中国体育健身用品品牌博览会"在迪拜世界贸易中心举办，这也是在阿拉伯国家举行的、唯一由我国主导的体育博览会，对于我国体育产业文化在阿拉伯国家的传播与交流具有重要作用，但较为遗憾的是，该博览会此后不再举办，未能对中阿体育产业文化交流做出进一步的贡献。

体育赛事文化是体育文化的重要构成和集中表现，主要包括体育赛事物质资源与产品背后所承载的赛事制度文化（赛事的法律、规章、制度等）与赛事精神文化（赛事理念、价值观念等）。在体育活动中，体育赛事具有促进体育信息沟通以及体育文化交流与传播的共同效用，是国际交往与体育文化交流不可或缺的重要载体。"在国家间关系中，体育赛事成为增进国家间交流与沟通的重要手段之一，体育代表团互访也是促进沟通、发展友好关系的常用方式。"体育赛事在举办期间会举办各种各样的媒介活动与文化交流活动，对该赛事文化进行集中解读和宣传，从而推动赛事文化在社会层面的广泛传播、交流与互动。体育赛事交流是中阿体育文化交流的重要路径之一，已经初步形成了以大型体育赛事、"一带一路"系列体育赛事和中阿友谊赛为主要内容的交流体系。大型体育赛事是指一切影响较为深远、规模比较宏大的，以提供体育竞赛产品及相关服务为中心的一种体育活动，主要包括综合性运动会和重要的单项体育赛事两大类。大型体育赛事的举办承载着举办地，甚至是整个举办国家的体育综合实力，一定程度上能够反映赛事举办地或国家的体育科技实力、体育文化影响力与赛事组织能力。中国与阿拉伯国家举办大型体育赛事，并互相参与，不仅能够对本国的体育文化进行有效地展示与传播，促进中阿体育文化的交流与互动，还能够增进中国与阿拉伯国家之间的友好关系。自"一带一路"倡议提出以来，中国与阿拉伯国家举办过诸多大型国际体育赛事，内容丰富、形式多样且开展广泛，在国际体育赛事中具有一定地位。仅以 2018 年为例，我国举办了 9 项大型的国际体育赛事，包括埃及、黎巴嫩、突尼斯、阿尔及利亚等国家在内的阿拉伯国家参与了这些体育赛事，内容涵盖了跆拳道、拔河、竞走、跳水、击剑、游泳、羽毛球、武术等体育项目。而阿拉伯国家举办的大型国际体育赛事中，中国参加了 20 项，内容涵盖体操、现代五项、乒乓球、柔道、跆拳道、橄榄球、空手道、气枪、飞碟、足球、手球、篮球、排球和跳伞等 14 个体育项目，赛事类型主要为国际单项体育运动会，有世界杯赛、联赛、锦标赛以及各种分站赛等多种形式，举办国包括卡塔尔、阿联酋、突尼斯、科威特、约旦、黎巴嫩、巴林、阿曼和摩洛哥等 9 个阿拉伯国家。

　　中国与阿拉伯国家互相派遣运动队参加大型体育赛事。一方面，能够促进中国与阿拉伯国家对彼此的体育竞技实力、办赛水平及其体育文化的互相了解，感受中阿各国的办赛理念及其体育价值观；另一方面，中国与阿拉伯国家运动队中的体育官员、领队、教练员与运动员，都是中阿各国体育文化的承载者，是中阿体育赛事文化交流的重要使者，能够通过参与中阿各国举办的大型体育赛事，向中国或阿拉伯国家的运动员及观众展示自身的竞技体育发展水平，以及顽强拼搏的体育精神。除了国际单项体育运动会之外，我国还申办过大型的综合性运动会，并举办了多样化的文化体验、宣传和交流活动，是中国向世界展示中国体育文化的重要窗口，同时也是推动阿拉伯国家体育官员及运动员了解中国体育文化的重要途径。以 2014年的南京青奥会为例，除约旦以外的所有阿拉伯国家均参与了该项奥林匹克赛事。在南京青奥会之前，南京奥组委举办了第二届青奥会青年大使大会和青奥代表团团长大会，包括 21 个阿拉伯国家奥委会的青年大使参与了本次大会，并参加了一系列的文化教育活动，提前了解南京青奥会的价值理念。在南京青奥会期间，举办了20项文化活动，其中包括举办南京青奥会武术比赛，组织"体育实验室"的武术表演，还举行了国际奥委会青年大会，每个国家的运动员与青年大使都聚在一起进行分享和交流。这为阿拉伯国家的运动员了解中国武术文化，加强与中国青年运动员的交流与沟通提供了良好的平台。

"一带一路"系列体育赛事是为了贯彻落实国家"一带一路"重大倡议，推进中国与沿线国家的体育合作，搭建中国与"一带一路"沿线国家体育文化交流的桥梁和纽带而举办的体育赛事。在"一带一路"背景下，我国相继举办了"一带一路"鞍山国际乒乓球邀请赛、首届丝路全球华人马拉松赛、"一带一路杯"国际沙滩足球邀请赛，以及"航宇杯"一带一路中非羽毛球国际友谊赛等体育赛事等多项"一带一路"主题体育赛事，吸引了各沿线国家的参与，促进了国家间体育文化的交流和往来，扩大了中国体育赛事的国际影响力，为"一带一路"倡议的实施起到了"铺路搭桥"的功效，也为推动中国与阿拉伯国家在政治、竞技、文化和体育等多领域的交流与发展提供了重要机遇。如2016年11月27日在阿联酋阿布扎比举办的"首届丝路华人马拉松赛事"，一方面是为了积极响应国家"一带一路"倡议，另一方面是为了推动两国体育文化的交流与合作。赛事负责人刘毅表示："希望通过此次马拉松系列活动推动中阿两国体育文化、经济、旅游、双边发展。"

三、中阿体育合作之于两国关系

在"一带一路"背景下，我国与阿拉伯国家颁布并发表了一系列关于双方文化交流的政策文件、发展规划及宣言，为中阿体育文化交流提供了一个良好的政策环境，也为中阿体育文化交流提供了政策指导与支持。我国相关部门陆续发布了《愿景与行动》《中国对阿拉伯国家政策文件》《文化部"一带一路"文化发展行动计划（2016—2020 年）》《体育强国建设纲要》等政策文件，支持和鼓励加强中国与"一带一路"沿线国家以及阿拉伯国家之间的文化交流与文明互鉴，强化我国与亚洲、非洲国家体育交流。不仅如此，中国与阿拉伯国家在历届"中国–阿拉伯国家合作论坛"中通过并共同签署了2012 年至 2022 年的《行动执行计划》，发布了《中国–阿拉伯国家合作论坛 2014 年至 2024 年发展规划》，并发表了《共建"一带一路"行动宣言》《北京宣言》等多项宣言，强调要"加强中阿文明对话"以及青年体育领域的合作。这也体现了阿拉伯政府对"一带一路"背景下中阿文化交流以及体育交流的肯定与支持。

四、中阿体育文化交流路径的优化

虽然中国与阿拉伯国家之间的体育文化交流已经取得显著成果，但不难发现，中阿双方在体育文化交流的对象、内容及互动关系上存在明显的不均衡问题。首先，中阿体育文化交流的对象不均衡。由于中国与阿拉伯国家在外交关系、交流历史方面的影响，我国与某些阿体育文化交流方面更为密切和频繁，如埃及、卡塔尔、阿联酋、科威特、摩洛哥、黎巴嫩、沙特阿拉伯等国家，其中以埃及和阿联酋两国交流最为频繁，而也有一部分国家与我国在体育文化方面的交流较少，如叙利亚、利比亚、伊拉克、索马里、吉布提、毛里塔尼亚、科摩罗、也门等国家，其中叙利亚、利比亚、伊拉克等国家由于中东地区的各种不稳定因素，几乎与我国没有什么体育文化方面的交流。其次，中阿体育文化交流内容不均衡。我国与阿拉伯国家在体育赛事中的交流内容主要为现代体育运动项目，尤其是以足球项目交流最为频繁，非奥运项目交流以及传统体育赛事交流则相对较少。不仅如此，在中阿文化交流活动中，交流内容主要为中国传统体育文化，且中国武术与舞龙舞狮等项目的交流占据了绝大部分，而其他的民族传统体育文化却鲜有耳闻。

当前，中阿民间体育文化交流存在明显不足的问题。我国对外文化交流的主体大致可分为官方和民间两类，二者相互补充。从体育文化交流活动的数量和涉及的领域来看，中阿体育文化交流的主体主要集中在国家和一些官方机构层面，绝大多数体育文化交流活动的牵头对象是中阿各国的文化部、国家体育总局、驻阿拉伯国家大使馆以及我国外设的文化机构，而像阿拉伯国家武术协会、中阿友好协会等社会组织与团体在中阿体育文化交流中多局限于参与或协办，真正由民间力量主办或发起的交流活动数量非常少。从中阿体育文化交流的路径来看，中阿双方体育高层对话交流、大型国际体育赛事、国际体育博览会、中阿之间直接的体育友谊赛以及海外文化机构等路径都是由国家直接管控的，民间基本没有发起和主办的能力与机会，而小型的体育博览会和体育赛事影响力不高，知名度较低，难以上升至国际层面，不易吸引阿拉伯国家的参与，因此，中阿文化交流活动则成为当下民间力量发挥的主要路径。但由于中阿文化交流的"外交"属性，导致中国与阿拉伯国家之间举办的大规模文化交流活动，如"欢乐春节""中国文化年"等文化交流活动，也是由驻阿拉伯国家大使馆、海外中国文化中心等政府外设机构组织开展。此外，从中阿文化交流活动开展的内容来看，主要为两国体育文化团体的访问与交流，其中相当一部分也是国内政府邀请或派遣特定的体育文化团体外出交流访问。因此，在中阿体育文化交流中，留给民间力量发挥的空间与余地并不大，相比官方交流存在明显的不足；但可喜的是，随着中阿体育文化交流的不断深入，民间体育文化交流有日益增多的趋势。

在"一带一路"背景下，我国对外进行文化交流与合作，不仅是对外传递真实的中国文化，更重要的是通过文化交流来提高中国文化的国际影响力，增强我国的文化软实力，并塑造一个和谐、友好的国家形象。回顾中阿体育文化交流各条路径，可以发现，我国在中阿体育文化交流中，占据明显的优势地位，属于"强势文化"。如我国与阿拉伯国家之间的经贸往来主要以出口为主，常年占据贸易总值的99%以上，中阿博览会交流也主要是我国体育相关企业和厂商参加阿拉伯国家的体育博览会，这也与阿拉伯国家能源和金融产业较为发达，但制造业却较为落后的现状有关。在中阿文化交流活动中，如"欢乐春节""中国文化年"和"中国文化周"等文化交流活动，主要是以展示包括体育文化在内的中国传统文化为主，使阿拉伯人民去更好地了解中华传统文化。虽然阿拉伯国家也有在中国举办"文化年"或其他文化交流活动，但其开展的规模与频率远不如我国。此外，我国在阿拉伯国家设立的"中国文化中心"和"孔子学院"等文化机构，也正是为了在阿拉伯国家传播中国文化而建设的。由此可见，我国在中阿体育文化交流中明显占据优势地位，这也有助于提高我国体育文化影响力和竞争力，增强阿拉伯人民对中国文化的认同感，从而为我国"一带一路"建设提供一个良好的文化环境。

健全体育高层交流机制两国领导人或高层官员之间稳定地交流与协商，能够稳步地推动两国友好关系，以及两国在各领域的交流与合作。因此，在中阿各国体育高层之间建立长期、稳固的交流机制，从而为中阿体育文化交流奠定更为稳定的政治基础，推动中阿体育文化交流的进一步发展。中阿双方可以在"一带一路"建设与"中阿合作论坛"的框架下不断健全中阿体育高层交流机制：首先，贯彻落实中国与阿拉伯国家之间签署的体育合作协议、体育合作谅解备忘录等政府间双边合作文件，同时积极推进与尚未达成体育合作协议的阿拉伯国家的体育协商工作，为中阿体育文化交流提供有效的政策保障。其次，周期性的举办中阿体育高层交流会晤、会议与论坛等高级别的文化磋商，参与对象为中国与各个阿拉伯国家的体育高层官员，就中阿各国的体育文化交流与合作事务进行周期性的集中交流与合作，建立稳定、高效又便捷的交流合作机制；最后，我国体育高层官员可以定期出访阿拉伯国家，视察近期的中阿体育文化交流工作，或邀请阿拉伯国家体育高层官员来访我国，并就未来的体育文化交流事务作进一步的探讨，出访与邀请来访的周期要根据中阿体育文化交流事务的多少与频率等相关因素而定，保证中阿体育文化交流的稳步前进；最后，要建立我国地方体育高层与阿拉伯国家体育高层的交流与合作机制，根据我国区域性的发展需要与阿拉伯国家有进行有针对性的体育文化交流与合作。

完善体育赛事交流体系。体育赛事是体育文化交流中不可或缺的重要载体，是文化交流的重要路径之一。"一带一路"倡议提出以来，中国与阿拉伯国家之间举办和参与了各种各样的体育赛事交流活动，推动了中阿体育文化交流的进步。但中阿双方的体育赛事交流是碎片化的。因此，需要完善中阿体育赛事交流体系，以推动中阿体育文化交流的继续发展。中阿体育赛事交流需要扎根于中阿体育赛事交流的现实基础与"一带一路"倡议的大背景，完善以大型体育赛事、"一带一路"系列体育赛事和中阿友谊赛、阿拉伯体育项目的交流与学习，如马术、汽车拉力赛等项目都是阿拉伯国家发展较好的体育项目，亦是我国的弱项，借此可以取长补短，推动我国体育弱项的快速进步。

扶持民间体育力量，强化民间体育文化交流。在中阿体育文化交流中，民间体育文化交流与官方体育文化交流互为补充，二者并重才能取得良好的整体效果。而在"一带一路"背景下的中阿民间体育文化交流相较于官方交流而言，存在明显的不足，是中阿体育文化交流的短板，因此，补短板，加强民间体育文化交流是提高整体交流效益的必然选择。若要加强中阿民间体育文化交流，首当其冲是要扶持民间体育力量。民间体育力量是中阿民间体育文化交流的主体，是中阿体育文化交流活动的组织者与参与者，只有民间体育力量强大并充分调动起来，才能促进中阿民间体育文化交流的蓬勃发展。这就要求我国政府要大力扶持"中阿友好协会""中阿武术协会"等民间体育力量，培育新的民间体育团体，并提供政策指导与资金支持，下放权力，充分调动民间体育力量独立组织与开展中阿体育文化交流活动的能力与积极性。其次，民间体育力量要主动履行自身的文化交流职能，充分发挥自身在中阿体育文化交流中的便利性与优越性，中阿民间体育团体要积极组织中阿体育文化交流活动，加强中国体育文化在阿拉伯国家的交流与传播，孔子学院要广泛开展以中国武术为主要内容的体育课程，不断丰富课程内容，组织开展各种文化展演与交流活动。最后，中阿民间体育团体与协会之间要保持有机互动，加强彼此之间的交流与协作，共同发力，以保证民间体育文化交流的规模与质量。

继续拓宽交流路径，充分发挥各路径的交流功能。中阿体育文化交流路径的多少及利用度对交流活动的开展具有重要影响，更为宽阔的交流路径能够为中阿体育文化交流带来更好的交流效果。当前，中阿体育文化交流虽然已经有了一些可选择的路径，但仍然有一些途径未被发掘，现有的路径也未得到充分的利用。因此，需要继续拓宽中阿体育文化交流路径，更为充分地发挥各个路径应有的功能。体育明星交流与学术交流是中阿体育文化交流可以继续拓展的两条路径。首先，我国应积极申办大型体育赛事，支持阿拉伯国家申办大型体育赛事，积极参与，并以此为平台，组织开展以中阿体育高层与体育运动队为主体的体育交流活动，举办形式多样的文化交流活动，形成在国际大赛中互相交流与分享的比赛传统。其次，完善"一带一路"系列体育赛事的组织与举办，扩大办赛规模，丰富赛事交流项目，融入多样化的体育文化交流活动，重点加强"一带一路"体育赛事品牌建设，提高体育赛事影响力，吸引或邀请更多阿拉伯国家的体育运动队或体育爱好者积极参与"一带一路"体育赛事。最后，加强中国与阿拉伯各国友谊赛的组织与举办，扩大中阿友谊赛的交流对象，同时，以中阿优势体育项目和传统体育文化为核心，不断拓展交流项目，丰富文化交流活动，将"中埃散打友谊赛""中巴足球友谊赛""国际乒乓友谊赛"等已有的中阿友谊赛延续下去，实现中阿友谊赛的常态化。

在交流对象上，我国应继续保持并深化与埃及、卡塔尔、阿联酋、科威特、摩洛哥、黎巴嫩、沙特阿拉伯等阿拉伯国家的体育文化交流，并在此基础上，总结经验，因地制宜地发展与也门、科摩罗、毛里塔尼亚等阿拉伯国家的体育文化交流，而对于叙利亚、利比亚、伊拉克等政治局面较为不稳定的阿拉伯国家，则要依据国际政治形势，具体问题具体分析，有选择性地进行交流。在交流内容上，我国应在现有交流内容的基础上，以中国武术、舞龙舞狮等传统体育文化与乒乓球、体操等优势竞技体育项目为突破口，在提高中国体育文化影响力的同时，以点带面，带动其他中国传统体育文化在阿拉伯国家的交流与传播，拓展中阿竞技体育交流项目，从而不断扩大中阿体育文化交流的内容，使阿拉伯国家深切地感受到中华体育文化的博大精深。此外，还要发展更多高趣味性和休闲化的非奥运会体育项目，以进一步增进中阿友谊。

在互动关系上，虽然我国体育文化占据绝对的文化优势，但也要放低姿态，保持谦卑的交流态度，在保证对我国优秀体育文化稳定交流的同时，增加中阿体育文化学术交流活动。体育学术交流是通过学术组织、学术会议和讲座等方式就体育科技文化进行交流的重要渠道，中阿体育学术交流的拓展，有利于中阿体育科技文化的交流与创新，能够弥补中国与阿拉伯国家在体育科技文化交流中的空缺，推动中阿体育文化的全面交流。因此，可以从以上两条路径入手开辟新的交流路径。此外，中阿体育文化在体育高层、相关经贸活动、体育赛事、文化交流活动和海外文化机构等路径的交流，都处于不成熟、不完善的阶段，还有比较大的发挥空间，需要再进一步进行开发与利用。

第九节　中希体育交流与合作

中国与希腊的体育文化交流源远流长。2008 年 10 月 21 日至 23 日，广东省省长黄华华率代表团访问希腊，分别与希腊文化部秘书长德拉维拉斯、司法部长哈齐哈基斯等举行会见、会谈，就深入推进广东与希腊的文化体育交流合作交换了意见。

在希腊文化部，黄华华向德拉维拉斯和有关官员介绍了广东文化、体育事业的发展情况并表示，广东将重点加强与希腊在三个方面的合作：一是加强文化交流。推动双方互办文化展览、演出等交流活动，宣传推介希腊文化和岭南文化，增进两地人民之间的了解和友谊。二是加强体育交流。希腊是奥林匹克运动的发源地，广东将举办 2010 年亚运会和 2011 年世界大学生运动会，广东有关部门将与希腊建立更紧密的联系，学习借鉴希腊在举办大型体育运动会方面的经验，更好地推动体育交流和发展。三是加强地方政府间的交往。广东将与希腊地方政府建立友好省际关系，以此扩大双方在各个领域的合作。德拉维拉斯秘书长对黄华华一行的到访表示热烈欢迎，对黄华华省长所提建议做出积极回应，表示将与广东共同推动两地的交流合作提高到新的水平。

在"2017 希腊-中国文化交流与创意产业合作年"的框架下，希腊文化与体育部长利蒂娅·科妮奥尔都女士于 9 月 18 日至 24 日对中国进行正式访问。24 日，科妮奥尔都部长出席了第七届中国北京国际美术双年展，并以"丝路与世界文明"为主题发言。她表示，本次展览不仅是各国艺术家们展示才华的国际平台，更在艺术领域与"一带一路"倡议相呼应，"与我 2004 年第一次到访中国相比，现在展现在我面前的是一个完全不同的中国。我看到中国正在经历令人赞叹的发展，这令人印象深刻。希腊文化与体育部非常高兴可以参与到'一带一路'倡议中来，加强与中国在文化领域的合作交流。'一带一路'倡议建立起互联互通的网络，不仅是在经济层面，更是在文化层面，我们认为这是非常重要的。中国和希腊两大文明都深深扎根本土，并给当代社会带来深刻影响。因此两国当前在文化领域的合作将更具活力，并给两国文明带来深刻影响。